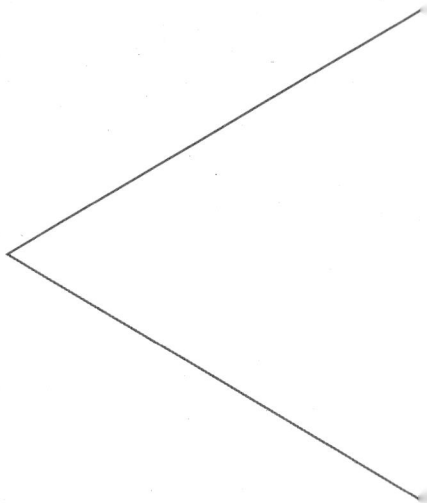

路爱国 著

苏联
崩溃的原因
及教训

生活·讀書·新知 三联书店

图书在版编目（CIP）数据

苏联崩溃的原因及教训 / 路爱国著. -- 北京：生活·读书·新知三联书店，2025. 5（2025.9 重印）
ISBN 978-7-108-07976-3

Ⅰ．D751.25

中国国家版本馆 CIP 数据核字第 2024BK8361 号

责任编辑	张 龙	
装帧设计	康 健	
责任校对	张 睿	
责任印制	董 欢	

出版发行 **生活·讀書·新知** 三联书店

（北京市东城区美术馆东街 22 号 100010）

网 址 www.sdxjpc.com

经 销 新华书店

印 刷 河北松源印刷有限公司

版 次 2025 年 5 月北京第 1 版
2025 年 9 月北京第 2 次印刷

开 本 635 毫米 × 965 毫米 1/16 印张 19

字 数 253 千字

印 数 5,001－7,000 册

定 价 59.00 元

（印装查询：01064002715；邮购查询：01084010542）

目　录

前　言

20世纪见证了社会主义在全球的兴起，也目睹了其遭遇重大挫折。苏联社会主义制度的建立开创了一条人类历史上前所未有的发展道路，在这条道路上，千万民众前仆后继、艰苦奋斗，以愚公移山般的坚忍不拔书写了史诗般的英雄传奇，这个过程可谓波澜壮阔、大气磅礴，构成了一幅宏伟的历史画卷。相比之下，苏联社会主义的衰落却犹如一声抽泣，波澜不惊地终结了历史上壮丽的一页。无论是兴起还是衰落，社会主义发展历程不但直接关系甚至决定了世界三分之一人口半个多世纪的生存样貌，而且对全人类的命运产生了深远影响，无论在理论上还是社会实践上，也无论在全球政治经济秩序中还是资本主义世界体系中，都留下了难以磨灭的历史印迹。

在不到100年的时间内，一场席卷全球的社会运动及其经过革命建立的崭新的社会制度经历如此大起大落，在人类历史上恐怕少有。这一切是怎么发生的？

1917年十月革命后建立的世界上第一个社会主义国家苏联，被认为开创了"人类历史的新纪元"。第二次世界大战后，出现了一系列社会主义国家，资本主义一统天下的局面被打破，世界上前所未有地形成了资本主义和社会主义两大对立阵营。先后建立起来的一系列社会主义国家在历史、文化、生产力发展水平上各有不同，但它们有一个共同的特征，即都以苏联的社会主义制度作为本国制度建设的基本模式。

"社会主义"一词具有多重含义，它可以被理解为一种信仰，一种社会运动，或者一种社会制度。它们之间无疑存在着内在联系。需要指出的是，下面讨论的社会主义主要指作为制度建设的社会主义，更具体地说，也就是苏联所建立的社会主义制度，而社会主义国家则是指那些具备如下主要特征的国家：信奉马克思主义，共产党执掌政权，在生产资料公有制基础上实行计划经济，国家发展的目标是最终实现共产主义。[1]

诚然，在大半个世纪中，包括苏联在内的所有社会主义国家，其发展历程都远非一帆风顺。这些国家虽经历过不少艰难困苦，包括在国家安全、经济发展等各个领域遭遇了严峻挑战甚至短时挫败，但取得了令世人瞩目的巨大社会进步。但是，出乎几乎所有人预料的是，到20世纪后期，社会主义发展历程出现了历史性大动荡，以苏联崩溃为标志，绝大多数社会主义国家纷纷改弦易辙，重返市场经济的道路。

无论在当年的制度建立和建设中，还是在迄今为止的所谓制度转型中，20世纪涌现的社会主义国家既有很多共同之处，也有各自的特色。不过，正如十月革命具有划时代意义一样，苏联的戏剧性解体也成为社会主义发展史上的标志性事件，因此，要解释20世纪社会主义的大起大落，要回答这个崭新的、被认为比资本主义先进的社会制度如何以及为

---

1 除这些基本特征外，人们对社会主义制度还有另外一些描述，例如，有学者指出，"除苏联外的所有共产主义国家，都成立于第二次世界大战后，也都掌控在按照或模仿苏联模式，即斯大林模式，建立的共产党手中。……在所有这些国家中，都可见到高度中央集权结构的一党制政治制度；由政治权力机构决定、宣传的文化和思想真理，中央集中式的国家经济计划；甚至还有斯大林主义遗产最明显的残留物，即高度剪影化的最高领袖"。（霍布斯鲍姆，2011：415）

何遭遇失败，苏联始终是一个绕不过去的坎。换言之，苏联由兴到衰的演变具有很大代表性，在很大程度上反映了这些国家制度转型的某些共同特征及其背后的深层原因。

本书的讨论聚焦苏联，意在通过梳理苏联崩溃的过程中的一些基本历史事实，探寻苏联的失败究竟是怎么发生的，又为何会发生。这里所说苏联的失败，指的是以苏联解体或苏联崩溃为标志的社会制度转型，即从前面界定的社会主义制度转向以私有制为基础的资本主义市场经济。

1991年年底，随着克里姆林宫上空的红旗落地，苏联不复存在。自那时以来，苏联为何解体就成了一个热门话题，引发了大量探索和研究。国内外学者提出种种分析，一方面试图厘清这个过程的来龙去脉；另一方面，试图说明苏联为何从一个强大国家最终走到分崩离析、不复存在的地步。如今，三十年过去了，研究热度似乎明显减低，人们的注意力逐渐转向现实世界不断出现的其他热点事件和问题，而"苏联"则更多地进入了历史学家的研究领域。然而，纵观已有的研究成果可以发现，尽管相关文献的数量可观，涉及的问题堪称丰富、详尽乃至面面俱到，但还很难说已经解开了苏联崩溃的谜团。

例如，在不少研究中，相当普遍的做法是罗列问题，即努力揭示苏联社会主义制度中存在的种种问题或所谓弊端，由此发现它们遍布苏联社会各个领域、各个角落，数不胜数，不但难以避免，不可克服，而且愈演愈烈，最终导致了苏联的崩溃。有人据此得出结论，认为苏联崩溃无非表明，社会主义作为一种社会制度在苏联行不通，在其他任何国家也同样行不通。在这种思路引导下，不少这类研究难免开始带有了"两个凡是"的色彩，即：一、凡是苏联所做的就都是错的，即使取得某些成就或进步也由于代价巨大而不值得肯定；二、凡是实行社会主义制度的国家一定会失败，无论是苏联还是其他国家。

罗列的问题或弊端越多，挖掘问题的范围或领域越广，对苏联崩溃的解释就越正确越全面吗？答案应该是否定的。任何失败固然总有原因可循，但失败本身并不一样，有些失败不可避免且不可挽回，而有些失败虽然未能避免，但却是前进道路上遭遇的挫折，很可能成为成功之母。[1] 探讨苏联如何及为何崩溃，关键在于真实地呈现历史面貌。只有这样，才能找到真正的原因，从而正确地总结经验教训。

本书打算探讨两个不同而又相互联系的问题：第一，苏联崩溃是如何发生的；第二，苏联崩溃为什么会发生。对第一个问题，笔者的基本判断是，苏联崩溃是由苏联党政最高领导人及领导集团一手策划、亲自领导和全力推行的结果。在这个过程中，他们运用手中掌握的党政大权，采取一切可能的合法或非法手段，巧妙地利用了苏联体制中存在的问题，不断创造转型促变的新条件，动员并得到部分社会力量，特别是上层精英的支持，把苏联一步步推向了制度转型的不归路，最终导致国家解体和社会主义制度崩溃。因此，可以说，苏联社会主义的失败，是一场由苏联党政领导层亲自发起并全力实施的反体制运动的直接结果。

有关苏联领导集团在苏联崩溃中的表现，不少研究有所提及，但其决定性作用和意义似乎远没有得到应有的评价。本书试图做进一步努力，以便回答苏联"如何垮掉"的问题。

如果上述观察符合历史事实，那么紧接着的问题自然就是：苏联最高领导人及领导集团为什么要这样做，又为什么能够如愿以偿，用短短几年时间就成功实现了他们推翻苏联体制并导致国家解体的目标？

一个国家的最高领导人，偕同最高领导集团核心成员及上层精英，亲手摧毁由他们领导和治理的社会制度，这在古今中外都十分罕见。那

---

1 有各种各样的失败，例如，齐泽克曾谈道："在新书《共产主义设想》里，巴丢对'失败'有些非常有趣的讨论。（他试图说明）运动、共产主义运动是怎样失败的。第一种是简单的失败：你和敌人交战，而敌人获胜。第二种失败他称之为胜利自身的失败。第三种失败，也是最悲剧性的失败，是一种神秘的自我解构的失败。"（见齐泽克、鲁索、海裔、汪晖，2012）

么，为什么这种情况会出现在苏联？这是本书打算探讨的第二个问题。笔者认为，这个看似难以解释的悖论并非无解，答案可以从苏联社会主义制度本身中找到。如果说，资本主义不可避免地生产了"它自身的掘墓人"即无产阶级，那么不幸的是，苏联的崩溃表明，苏联的社会主义制度同样生产了它自身的掘墓人，那就是以党政最高领导人及领导集团为代表的官僚特权阶层。

不少相关研究习惯于把苏联时期存在的种种问题或缺陷统统归结为体制问题，用以说明社会主义制度本身根本行不通，例如，把经济发展放缓或遭遇困难归咎于计划经济，把各种政治和社会问题归咎于政权专制和不民主，把未能在东西方"冷战"中最终取胜归咎于苏联制度不如西方先进等。结论就是：苏联存在种种问题都是由于苏联制度不合理，而制度不合理必然导致国家崩溃。然而，这种推理是经不起推敲的。首先，迄今为止，人类历史上从未有过完美无缺的国家或社会制度，如果认为只要国内存在这样那样的问题，其制度就必然崩溃，那么今天恐怕很难找到尚未崩溃的国家或社会制度了。其次，无论就程度、性质还是影响而言，世界上实行不同社会制度的大量其他国家面临的问题远超当年的苏联，这类国家似乎理应在苏联之前统统崩溃，但这并非事实。

毋庸讳言，一个国家存在的问题可以说或多或少都与体制有关，苏联也不例外。但是，远非所有的问题或矛盾对一个制度而言都是致命的。苏联发展的历程始终伴随着种种问题和困难，在几个紧要的历史关头甚至面临生死挑战，例如建立政权初期和第二次世界大战。但苏联没有在当年倒下，反而在后来和平发展时期一败涂地，这看起来的确不同寻常。这一"反常"现象背后的原因不是别的，而是苏联国内政治领域发生了巨大变化，即苏联体制内部滋生出了一个与制度对立的异己统治集团，由于缺乏有效的监督和制约机制，他们几乎可以为所欲为，最终从内部颠覆了政权，推翻了制度，分裂了国家。这也正是苏联崩溃的症结所在。笔者相信，只有聚焦于此，才能找到解释苏联崩溃的钥匙，正如一句西谚所说，"这里是罗陀斯，就在这里跳罢"[1]。

本书共十一章，分为四个部分。

第一部分评析现有研究对苏联崩溃提出的种种解释，尤其是其中的不足和难以自洽之处。例如，许多研究热衷于罗列苏联时期存在的问题，包括经济、政治、文化、军事、外交等各个领域，似乎只要存在这些问题，苏联必然崩溃。苏联时期存在种种问题也许不假，但如果把存在的问题直接拿来当作苏联制度崩溃的根源，则无论在解释历史和现实，还是在方法论上都缺乏说服力。可以说，纵观当今世界各国，几乎无一不存在问题甚至危机常见，但制度崩溃却鲜有发生。况且，无论就经济社会发展，还是其他领域的进步和成就而言，苏联建立以来的表现可圈可点甚至十分亮眼，无论怎么说也不在全球最差国家之列。可为什么偏偏是苏联遭遇了这样的制度逆转？要回答这个问题，就需要对具体问题进行具体分析。例如，从分析苏联崩溃的客观过程入手，剖析判断推翻苏联制度的主导力量，从而找到这一巨大事变背后的真正原因。

第二部分追踪苏联崩溃的轨迹，即回顾和说明苏联究竟是如何被推翻的。事实表明，苏联崩溃既非自发产生，也不是冥冥之中受到某种神秘力量的摆布，而是自始至终都有一股强大的力量在主导和推动。这股力量就是当时的苏联最高领导人及领导集团。正是在这只看得见的手的直接主导、指挥和操控下，苏联崩溃的过程才得以在改革的名义下正式启动，在公开性、民主化的旗帜下不断深入，最终一步步实现了其既定目标。这一切都有据可依，有案可查。由此可以得出结论：苏联崩溃完全是苏联最高领导层主导和力推的结果。

第三部分探讨为什么会出现这种现象。第一，为什么苏联的上层领导一心要推翻这个其直接领导的制度；第二，他们为什么能够最终得逞。

---

1 Hic Rhodus, hic calta! 参见马克思：《资本论》第一卷，人民出版社，1975 年，第189 页。

从表面上看，党政领导集团是苏联体制的最大获益集团，因为正是这个体制使他们跻身社会最顶端，成为国内最有权势的特权阶层。按理说，竭尽全力维护苏联及其制度符合他们的利益，但事实并非如此。这个悖论只能从制度本身寻求解释。本研究将指出，苏联的社会主义制度一方面造就了一个官僚特权阶层，使他们拥有超越其他社会群体的地位和特权；另一方面却不能满足他们追求更大利益的需求，尤其是限制了他们谋取无穷财富并可世代相传的可能性，使之不能合法地享有市场经济条件下权贵上层不受挑战的绝对优势地位。因此，作为苏联社会主义制度的产物，这个领导集团逐渐演变为该制度内部最强大的异己力量。因此，如果说苏联制度存在致命缺陷的话，那就是它产生了一个高高在上却得不到有效制约的领导集团和特权阶层，从而造就了自己的掘墓人。社会主义制度或许符合劳动大众的利益，却显然不能满足特权阶层追求自身利益的无穷贪欲。特权阶层与制度之间的矛盾、对立和冲突，成为苏联领导集团推翻苏联的社会主义制度，转向资本主义道路的起因和动力。

第四部分探讨苏联社会主义制度为何能够被颠覆。回头来看，首先，苏联制度始终存在被颠覆的可能性，其中一个根本原因就在于，苏联及其他社会主义国家的生产力发展水平远没有达到发达资本主义国家的程度。其次，苏联的崩溃清楚表明，苏联在如何遏制特权阶层，尤其是规范和监督最高领导人及领导集团这个至关重要的问题上"马失前蹄"，未能避免这一历史性失败。然而，包括苏联在内的大多数社会主义国家似乎从未对此采取过切实有效的措施，甚至从未意识到存在着这样一个致命隐患，这正是社会主义制度的真正痛点。此外，值得进一步探讨的问题还包括：如何认识一国或数国在资本主义世界体系中选择走社会主义道路时所面临的严峻挑战，如何克服强大国家机器的悖论，以及在无产阶级政权建设中如何践行巴黎公社原则等。无疑，在关系社会主义制度生死存亡的一系列问题上，真正的探索才刚刚开始。

最后是结语，总结搞清苏联崩溃的原因及其背后的制度缺陷为什么意义重大。苏联和其他大多数社会主义国家的挫折尽管代价惨重，影响深远，却并不意味着社会主义运动的终结。这应该被看作人类社会在前进道路上遭遇的一次严重挫折。资本主义制度的内在矛盾无法克服，其发展模式不可持续，而人类追求更美好社会的步伐不会停滞不前。社会主义在未来能否在更大范围内变成现实，主要有赖于世界进步力量能否为自己开辟这样一条发展道路——它既能消除资本主义制度带来的两极分化、不平等、战争、人的异化等问题，又能吸取苏联和其他社会主义国家实践失败的历史教训，从而为真正实现人类自我解放提供制度保障，最终把共产主义从理想变为现实。

第一部分

评析对苏联崩溃的现有解释及本书的观点

自从世界上第一个社会主义国家苏联建立以来，对新生的社会主义制度的抨击和颠覆活动就从来没有停止过。作为资本主义世界几百年历史中出现的一个异类，特别是作为挑战资本主义世界体系的新生力量，苏联一直处于强敌环伺的国际环境之中，被抨击与被颠覆也许并不是意外之事。正如后来的发展过程所表明的，在20世纪的大多数时间内，对敌对势力的指责、攻击和颠覆活动的最好回应，主要不是理论和学术论争（尽管这一点从未缺位而且十分重要），而是苏联在各个领域的巨大成就以及社会主义阵营发展壮大这一客观事实。

　　20世纪末，随着苏联解体以及大多数社会主义国家的制度转型，社会主义制度的实践遭遇重大挫折。人们对此的反应自然相当不同。同道者深感惋惜甚至痛心疾首，自以为是的旁观者漠然视之或幸灾乐祸，而一贯敌视社会主义苏联的资本主义势力则为去掉这一心头大患而喜出望外乃至弹冠相庆。苏联解体之后，世界社会主义运动陷入空前低潮，对社会主义制度的大批判以前所未有的气势卷土重来，再次形成一个高潮。与之前相比，这一波批判浪潮不但更加理直气壮，而且无论在理论上还是意识形态上，原先针锋相对的资本主义和社会主义两大阵营在一个问题上似乎找到了共同语言，即认为以苏联为代表的社会主义制度无论在经济，还是政治、外交、军事、文化等各个领域都充满了矛盾、问题和缺陷，它们如痼疾一般难以克服，久而久之，积重难返，危机的总爆发不可避免，因此，苏联及其社会主义制度的失败是必然的。

这样的结论建立在对苏联崩溃所做的一系列解释上。在大量研究著作中，人们提出了各种解释，很多分析多有重复，而鲜有相互质疑或反对，其中最大的不同似乎主要体现在各自列举的原因的数量上，例如从几个到几十个不等。不难发现，用来支持这种分析方式最有力的证据就是苏联毕竟以崩溃告终。正如中国有言：成王败寇。[1] 成功者无可指责，失败者无以辩解。似乎失败就是最大的无理，怎么指责都不为过。在研究苏联崩溃的问题上，很多分析人士也很难摆脱这种成王败寇的思维定式，不以成败论英雄谈何容易。

然而，沿用这种思维方式和研究方法，即某项事业只要失败就足以证明它一无是处，能够对特定历史事件或历史过程做出合理解释吗？其次，把苏联存在的问题罗列得越多、越全面、越详尽，就越能证明苏联的社会主义制度必然崩溃吗？最后，现有研究提出的这些解释是合理的吗？它们在多大程度上回答了苏联为何崩溃这个问题？

本书的这一部分旨在通过梳理和评析现有的研究成果，尤其是指出其中的不足和难以自洽之处，回答上述问题，并提出本书的观点。

1　"成王败寇"，一般的解释是："旧指在争夺政权斗争中，成功了的就是合法的，称帝称王；失败了的就是非法的，被称为寇贼。含有成功者权势在手，无人敢责难，失败者却有口难辩的意思。……成功者是不应当受到指责的，成功的一方一旦当权便是合法，拥有立法权；失败的一方便失去了合法地位，没有发言权；当权者占据了、拥有了公共宣传、历史编撰的自由，失败者被贬损，而没有申辩的机会。"见百度百科 http://baike.baidu.com/view/8512.htm。

第一章　主要原因论

在分析苏联解体的原因时，很多研究着眼于寻找苏联各个领域存在的不足和问题，认为这些问题一方面反映了苏联社会主义制度的缺陷，另一方面又是这个制度的必然产物，因此苏联别无出路，只能以崩溃告终。其中，有些研究倾向于强调其中某个或某几个主要因素发挥了决定性作用。下面简要归纳一些比较流行的观点，同时提出简短评论。

一、经济发展失败，计划经济不合理

或许深受"问题在于经济"这种惯性思维的影响[1]，不少研究强调，苏联制度难以为继的原因首先在于经济发展不成功。概括起来，苏联经济领域存在的问题主要表现在：计划经济体制僵化，运转不灵，致使国内经济发展不平衡；苏联热衷于军备竞赛，导致军事开支负担太重，严重影响了经济发展；计划经济模式逐渐丧失活力，不能适应经济发展的要求，而经济改革又长期推而不动或不见成效，以致出现经济困难甚至危

1　1992 年美国总统大选时，初次参选并最终当选的克林顿提出一句竞选金言："笨蛋！问题在于经济！"（It's the economy, stupid.）在大选中获益匪浅。

机，苏联体制因此无法维持下去。

这种分析俯拾皆是，几乎有关苏联崩溃的任何研究都会提到。例如，有研究得出结论说，经济困难是苏联社会主义制度遭到颠覆的一个重要因素。（周新城 张旭，2008：191—252）还有人认为，计划体制僵化、经济衰退是苏联崩溃的根本原因，而不仅仅是一个重要原因。（周尚文等，2010：530—533）苏联被认为面临"日积月累的经济困难"，而这是不可避免的，因为"经典社会主义体制自始至终伴随着巨大的经济发展问题：技术发展严重滞后、短缺、消费水平低下、资源浪费和其他损失等等"（科尔奈，2007：364）。这一切又与苏联的工业化模式分不开，因为苏联实行的是高度集权体制下的赶超战略，其后果表现为：片面发展重工业，国民经济严重失调；竭泽而渔，造成农业生产长期衰退；高积累导致人民生活水平增长缓慢；严格的计划控制压抑了地方、企业和职工的积极性；赶超战略导致单一所有制的形成。（周尚文等，2010：273—293）"苏联的工业化本身是'大跃进'式的，这种工业化的问题严重"，严重到什么程度？严重到其他国家例如中国"决不能搬用斯大林实行的赶超战略"（陆南泉等主编，2010：238），作为工业化的一部分，苏联的农业集体化被认为同样是一场错误，甚至是更大的错误，是导致苏联经济失败的潜在因素。"农业全盘集体化运动的实施，在很大程度上决定了苏联的命运，既保证了斯大林社会主义模式的形成，促进了国家的强大，也造成经济政治的相对落后，埋下了失败的种子。"（徐天新，载陆南泉等主编，2010：262）

由此可见，这样的观点和评判并不新鲜，苏共最后一位领导人当年也正是以此为据，启动了导致苏联崩溃的所谓的改革开放。戈尔巴乔夫提出，当时的苏联社会处于危机前的状态，几十年的历史并没有完全发挥出社会主义制度的优越性和潜力；生产粗放式经营、高消耗、浪费严重，生产成本远高于美、日两国；对自然资源的毁灭性开采与挥霍，不计后果，不顾环境；经济结构畸形，轻工产品等日用消费品严重短缺。（戈尔巴乔夫，1988）更具体地说，苏联经济中的问题还包括"经济增长受阻"，"几十年粗放经营"，"开采自然资源越来越困难，费用越来越高"，等等。（戈尔巴乔夫，1988：9）

从苏联崩溃之前，尤其是之后，这类分析随处可见。可以说，持有这种观点的人在很大程度上相信，苏联崩溃的源头或罪魁祸首就是计划经济体制，因为苏联经济生活中存在的种种困难和问题都是这种体制的产物。由于计划经济阻碍了苏联的经济发展，使其经济表现乏善可陈，最终陷入全面停滞，因而必然无法维持，最后只能被市场经济取代，就像后来在苏联所发生的那样。

[评析]

用经济因素解释苏联社会主义的失败，可能是种种分析中最流行和被认为最有力的一种，也似乎是人们"共识"最多的一种。这种解释的逻辑是：计划经济体制本身不合理，存在种种致命弊端，阻碍了生产力的发展，从而导致苏联社会主义制度最终失败。但是，这个解释能否站得住脚，需要从理论和实践两个方面来分析。

首先，这种观点在理论上并非无懈可击。人们应该记得，早在20世纪20—30年代，曾经有过一场关于计划经济能否有效运行的大论战，结果，以奥斯卡·兰格为代表的肯定派，从理论上压倒了米塞斯、哈耶克等所持的否定观点。前者的基本结论是："社会主义不仅不是非理性的或不现实的；而且它与瓦尔拉斯的一般均衡的逻辑是完全兼容的。实际上，一些经济学家进一步认为，由于收入分配会更加平等，所以资本主义条件下的市场的一些缺点，将会被社会主义所排除。"（德赛，2006：211）后来，由于苏联工业化的迅猛发展，苏联国力显著增强，社会主义计划经济具有合理性的观点得到了事实支持，加强了其理论说服力，以至于生产资料公有制基础上的计划经济成为所有后起社会主义国家的经济制度模式，认为计划经济行不通的观点在相当长时间内几乎偃旗息鼓。

随着苏联解体以及其他大多数社会主义国家推进制度转型，米塞斯、哈耶克等否定计划经济的理论再度风行。科尔奈把社会主义经济定义为"短缺经济"的观点更是得到众多学者的追捧。他本人出版了大部头专著，对社会主义经济制度进行了全面批判和否定。（科尔奈，2007）其基本逻辑和结论是，公有制和计划经济行不通，因此苏联和其他社会主义国家失败了；私有制和市场经济是唯一出路，因此苏联和其他社会主义国家最终必然选择资本主义道路。

这种看法虽然由于社会主义阵营风云突变而再度抬头乃至风行一时，但在经济理论领域仍存在很大争议，并遭到强有力的反驳。例如，斯蒂格利茨提到，"社会主义制度被认为是损害了私人产权，而社会主义的失败往往归因于这一点"。（斯蒂格利茨，2010：11）对此他反驳说："首先，产权明晰不一定产生效率。……第二，缺乏明晰的私有产权关系并不一定会产生问题。"（同上：11—12）他指出："种种迹象表明，缺乏私有产权关系不是问题的症结所在，人们甚至可以清楚地看到实行私有化和政府直接控制企业可以同样有效地完成其目标。"（同上：12）"某些自由市场主义者认为，迈向成功的第一步是国有企业的私有化。我不知道他们是否正确，但我可以肯定他们的结论没有科学依据。"（同上：295）

苏联社会主义经济制度之所以"行不通"，被认为不仅仅由于缺乏明晰的产权关系，还由于计划经济缺乏激励和竞争，而后者只有在市场机制下才会产生。斯蒂格利茨承认竞争的作用，但认为竞争面临不完全信息和信息成本问题，有时会产生破坏性的结果。竞争的消极作用体现在：增加竞争对手的成本，租赁的浪费（寻租），竞争与合作之间的冲突。（同上：131—132）因此，斯蒂格利茨认为，对社会主义在激励机制上的批判并不像有些人以为的那样重要：第一，在资本主义条件下，在经理层次上的激励结构同样微弱；第二，公有企业可以和公众参股的资本主义企业一样，给经理提供同样的激励。[1]

总之，对计划经济能否有效运作的问题，理论上一直处于争论之中，基本否定和基本肯定的观点依然各持己见；即使否定的看法一时占得上风，例如在苏联崩溃之后那样，也很难说形成了定论，更不要说变成了真理，因此，迄今为止，在理论上还很难完全否定公有制基础上计划经济的可行性。

其次，在实践中，苏联时期的经济发展是否乏善可陈，败绩累累，民不聊生，以致走到了经济崩溃的边缘，只剩下推翻现有制度，重返市场机制一途，国家才能大难不死？对任何尊重事实的人来说，答案显然是否定的，因为这不是历史事实。

事实上，苏联的经济发展非但不是一个失败的记录，反而是取得了有目共睹的巨大成就和进步。就其经济增长的速度、质量及持续时间而言，纵向比较之下，好于该国历史上任何时期；横向比较之下，好于同等水平下起步的其他绝大多数国家。无论从哪种意义上说，苏联时期的经济表现都可谓成就突出，可圈可点，甚至前所未有，根本与失败不沾边。

有关苏联时期的经济增长速度及其变动，不难从已有的大量统计资料、各种论述和著作，尤其是经济史著作中找到，包括苏联政府持续发

1　斯蒂格利茨在书中提道："有人认为，不同的人承担最终的责任会产生不同的后果。私人所有者被认为具有一定的积极性来创造良好的激励机制，因此私人公司可能会更有效率。然而并不存在理论或经验的证据来支持这一观点。"（斯蒂格利茨，2010：201—202）"而且不论是公有制还是私有制公司的经理所享有的生产率提高所带来的成果都只占很小的一部分。这就说明两种体制都不具备充分的积极性来创造良好的激励机制。……在两种体制的公司中，经理都会考虑如何付出少的努力来创造良好的激励，以使组织能更好地运作，同时他们还会权衡回报是否与自己所付出的更多努力相符合。"（同上：202）

布的统计数据。

有些学者和研究机构认为，苏联官方发布的经济增长数据有夸大之嫌，经过计算后给出了不同的估算数据。例如，就苏联时期生产率年均增长速度而言，美国学者的估算与苏联官方数据存在明显的差距（见表1-1）。

表 1-1

苏联生产率年均增长速度

（单位 %）

数据来源	1928—1939	1940—1949	1950—1959	1960—1969	1970—1979	1980—1987
苏联官方数据	11.4	2.1	8.3	5.4	4.1	3.0
不同的估算数据	2.9	1.9	5.8	3.0	2.1	1.4

引自：W.Easterly and S.Fisher, 1995, "The Soviet Economic Decline", *The World Bank Economic Review*, Vol. 9, No.3, pp.342-71。

有研究指出，就苏联经济的平均增长率而言，在1913—1985年的70多年间，有两个时期出现过负增长：一个是1913—1921年，苏维埃政权建立前后第一次世界大战、国内革命和随后的内战期间；另一个是1940—1945年第二次世界大战期间。除此之外，苏联经济在其他年份都保持了持续增长。（Shmelev and Popov, 1989：298-299）就劳动生产率而言，年均增长率在20世纪30年代达到3%，在第二次世界大战后的50年代更是高达6%。20世纪50年代因此被认为是苏联经济增长的"黄金年代"。从那之后虽然国民经济和劳动生产率的增速明显下降，但直到80年代从未出现过停滞或负增长。（Popov, 2010）

根据美国中央情报局的估计，苏联国民收入年均增长率1966—1970

年为 5.1%，1971—1975 年为 3%，1976—1980 年为 2.3%。按苏联学者估计，以上 3 个相应时期国民收入年均增长率分别为 4.1%、3.2%、1.0%。（吴敬琏：《计划经济还是市场经济》，中国经济出版社 1991 年版，第 104页）两组数据虽然差别不小，但都表明，在 1966—1980 年的 3 个五年计划时期，苏联国民收入尽管增长速度呈现下降趋势，但总体一直保持着增长的态势。其他一些综合经济指标也有类似的情况。

不同统计资料的具体数字会由于统计口径或政治因素等影响有所不同，但是，无论是苏联官方统计数据，还是苏联国内外学者和研究机构根据各种测算给出的统计数据，如下事实却得到普遍认可：除了苏维埃政权建立初期和第二次世界大战期间，苏联经济一直保持着持续增长；1960 年之后增长速度开始下降，但直到 20 世纪 80 年代中期苏联开启改革大幕前夕，苏联经济仍然处于增长之中，尽管增速与之前相比低了许多，却并没有出现停滞或是负增长，更没有发生资本主义国家周期性出现的经济危机。

有人可能提出，如果说，苏联经济在增长速度上业绩不俗，那么，计划经济制度的不合理和不可持续是否表现在经济增长的质量上？

事实是，苏联建立后，其生产力突飞猛进，到 1937 年，苏联的工业总产值已位居欧洲第一，世界第二，仅次于美国。依靠快速建立的庞大工业体系和生产能力，苏联在"二战"期间战胜了不可一世的法西斯德国，从纳粹统治的阴影下拯救了欧洲和世界。苏联在经济发展中创造了不少世界第一的成就。人类第一颗人造卫星、第一次载人航天，都是苏联完成的。根据苏联官方资料，到勃列日涅夫执政时期，苏联在经济上继续获得较大发展，人民生活水平也有显著提高。1965—1980 年，苏联的社会总产值、国民收入、国民经济固定生产基金都有较大的增长。如以 1965 年为 100 的话，那么到 1980 年，社会总产值增至 238，国民收入增至 235，国民经济固定生产基金增至 319。（引自《1980 年苏联国民经济年鉴》1981 年）这一发展速度高于同一时期的美国发展速度。此外，苏联已经有 20 余种重要产品的产量雄踞世界之首。正是在这段时间里，苏联的经济实力翻了一番，与美国在经济实力上的差距进一步缩小。

苏联计划经济时期所取得的经济发展和科技进步，加上教育、医疗、社会保障等方面的飞速发展，把一个经济落后的国家改造成了世界第二强国。就连一贯"反共"的丘吉尔也坦言："斯大林接手的是一个还在使用木犁的农业国，留下的是一个拥有核武器的强国。"俄罗斯历史上从农到工的革命性工业化转折，只是在苏联时期才得以实现。（Allen, 2003; 2005）事实表明，日益强大而不是日渐衰落，才是苏联的社会主义时期经济发展的历史轨迹。苏联空前强大的国际地位一直维持到其解体之日，苏联国内曾经的"持不同政见者"也承认，苏联解体时仍然是一个强大的国家，没有人预料到会发生这样的事。（麦德维杰夫，2005）

那么，计划经济体制中存在的缺陷和不足是否足以导致苏联崩溃呢？

在取得巨大成就的同时，苏联的经济发展始终面临种种问题和挑战，在一定时期也遭受到严重挫折。例如，苏维埃政权建立后的几年间，由于政策失误、制度不健全、不利的内外环境等问题，曾经出现过供应紧张、粮食匮乏，甚至还出现过严重饥荒。即使在和平年代，苏联经济中也存在种种问题。例如生产资料和生活资料两大部门发展不平衡，某些生产领域效率不高等，这些都是事实。然而，即使这些问题都与计划不周有关，似乎也难以由此断定，计划体制难以为继，必然以失败告终。

一方面，人们承认，在计划经济体制下，苏联迅速实现了工业化，建立起独立的门类齐全的工业体系，特别是重型工业和国防军事工业，工业产值在一个不长的时期内居于世界前列，并在这个基础上创立了一度领先于国际水平的核技术、航天技术等，把一个落后的农业国变成了一个经济和军事强国。正是依托强大的实力，苏联在"二战"后成为联合国发起国之一，并把东欧纳入其势力范围，成为"冷战"时期唯一能与美国抗衡的超级大国。

另一方面，高度集中的计划体制又被认为问题丛生，乃至成为苏联社会主义制度失败的重要原因。虽然不同场合的表述略有不同，但在苏联崩溃后，关于苏联计划经济行不通的说法在学术研讨、课堂教材，以及包括互联网在内的大众传媒中广为流行。苏联的工业化发展模式虽然有助于迅速实现国家的工业化，但这种"斯大林模式"必然失败几乎成为定论。例如，"百度百科"对苏联计划经济模式曾做出如下评价："在空前的经济增长速度下，掩盖着经济效率极低的现实。这表现在：第一，优先发展重工业，使农业和轻工业长期处于落后状态。第二，在计划经济体制下，片面强调产值和产量，造成产品品种少、质量差。第三，国家从农民手中拿走的东西太多，严重地损害了广大农民的利益，农民没有生产积极性，农业产量长期停滞不前。第四，经济发展粗放，经济效益低下，大量消耗和浪费了资源。第五，国家对经济资源的垄断，造成国家机关内腐败滋生。所以这种经济增长必然是不可持续的。随着时间的推移，'斯大林模式'的一系列弊端日益暴露出来。从长远看，它严重阻碍了苏联的进一步发展，并最终造成了苏联 1991 年解体。"（"斯大林模式"，百度百科，http://baike.baidu.com/view/266775.htm）

还有人强调，苏联的生产力发展虽然突飞猛进，难以否定，但社会为此付出了沉重代价。除上面提到的经济领域的问题外，最被人诟病乃至义愤填膺的是，苏联的工业化被认为给民众带来了巨大灾难，人们的人身和言论自由遭到限制，被迫节衣缩食，长期维持低消费，尤其是农业人口；更有甚者，还造成大面积饥荒。据此，一本通俗历史读物甚至说，苏联的工业化"以杀戮、饥荒和大批的人口迁移为代价"[1]。总之，在一些人眼中，在苏联计划经济体制下，人们如同生活在水深火热的人间地狱，与这种苦难相比，工业化取得的成果再大，也相形见绌，不值一提。

---

[1] 见格伦农等编，2008。通俗著作往往反映了某个时代的某种主流看法。

事实上，依据这样的标准来判断计划经济体制的优劣乃至存亡，必然陷入两难境地，因为苏联经济发展中成就和问题不但同在，而且还很突出。尽管随着时代的变迁，不同时期内对这两个方面的描述难免有夸张甚至过度渲染之嫌。从制度上讲，计划经济是新生事物，是历史上从未有过的经济运行模式，没有先例可循，其建立和完善必然要经历不断的试验和纠错，不可能没有任何失误。与市场那只所谓"看不见的手"相比，计划经济更加依赖政府计划部门这只"看得见的手"，而计划部门在工作中出现疏漏、误判甚至过错，几乎在所难免；再加上苏维埃政权建立时，国家经济处于较低的发展水平，随后又一直面临资本主义世界体系的包围和围剿，四面强敌环伺。这一切对新体制的建立和健全都形成了前所未有的巨大挑战，其发展道路不可能一帆风顺。也正如历史所表明的，迄今为止，世界上还没有哪种经济体制完美无缺，如果经济增速放缓及存在上面指出的那些问题足以证明计划经济不可行，那么受到一些人推崇的市场经济似乎更不可行——这类国家不但同样存在各种各样的问题，而且不可避免地出现周期性经济衰退和危机，大量实行市场经济的发展中国家在付出巨大的经济和社会代价后，甚至仍然没能实现工业化。

苏联的计划经济究竟错在何处？有一些批评者的论证似乎是：计划经济错就错在它不是市场经济。但这种说法之荒唐不言而喻。客观而论，作为一个新生事物，计划经济的问题主要在于取代市场的各种机制有的尚未完善，有的甚至有待建立。这与当时科学发展水平和技术手段的运用有很大关系。例如，斯蒂格利茨指出，苏联的计划经济存在的问题包括过度的集权（也许这是导致中央计划失败的最重要的原因，因为中央计划并不具备驾驭整个经济所需要的所有信息）、产品质量（产品的可能性具有无限性，而精确地规定大部分商品的性质是不可能的）、激励机制（提供了激励机制，但这种激励没有直接用于提高经济效益）、平等（对平等的意识形态方面的约束阻碍了有效激励结构的建立）、政治控制机制

（随着时间的推移，热情减退，革命早期建立的规范逐渐不合时宜，使得缺乏直接经济激励的影响更突出）、错误导向的激励（许多激励被误导，导致例如囤积、行贿、以经济尺度衡量的晋升和业绩不如政治标准等）。（斯蒂格利茨，1998：228—233）不难发现，大多数甚至可以说所有这些问题并不是计划经济与生俱来、无法摆脱的"基因痼疾"，完全有可能通过制度的不断完善和科技的不断发展得以逐步解决。

需要指出，谈论某种制度存在缺陷、问题甚至弊病，与谈论制度本身是否合理，是否必然失败，是两个不同的话题。没人否认苏联的计划体制存在缺陷，但迄今并没有确凿的证据和科学的论证表明，这个体制不能通过自我修复和不断改良得以逐步完善，尤其是在科技和信息革命不断发展的情况下，而一次两次的改革失败，也未必就能得出该制度病入膏肓、无法延续生命的结论。

综合以上观点和评析，概括起来可以说，认为苏联的经济发展表现不佳和计划经济体制存在缺陷导致苏联崩溃的观点根本站不住脚，因为看到并指出存在这些问题和缺陷是一回事，由此导出苏联崩溃的结论则是另一回事。这种推理与历史事实不符，在逻辑上也不能自洽，因为两者之间根本无法形成合理的因果链条。对此，还可以从纵向与横向的进一步对比中得到证明。

首先，由纵向比较可以发现，苏联时期的经济发展成就不但好于该国历史上其他任何时期，也好于苏联转型为市场经济后的表现。

上文提到，苏联经济建设的成就可圈可点，在短短几十年时间内实现了从"只有木犁"到"拥有核武器"的飞跃。在这期间，苏联的经济发展曾由于受到政治和战事影响出现下滑，但从未发生过由于计划经济本身的运行而导致的经济危机。此外，如果硬要用是否发生饥荒之类的灾难性问题作为标准衡量，那么苏联国内并非越来越民不聊生，灾难日益深重，因饥饿致死的人越来越多，而是完全相反，由此表明苏联经济的表现和计划经济的运行不是越来越坏，而是越来越好。苏联在1980年中后期增长速度明显放缓，但即使这样，经济也远没有出现停滞或负增长，根本谈不上什么处于"经济崩溃的边缘"。这是一个不争的历史事实，不同来源的统计资料都表明了这一点。如果认定经济发展出现问题或增长速度下降足以导致一个制度的崩溃，那么苏联的崩溃似乎更应该出现在其经济更困难的年代，例如20世纪20年代和30年代的所谓大饥荒年代，或者"二战"时期，而不是经济仍然呈现正增长的80年代中后期。

相反，苏联解体转向市场经济后，俄罗斯的经济增长率一度大幅下滑，随后起伏不定，总体增长缓慢。统计数据显示，俄罗斯GDP年均增长率如表1-2所示。

表1-2

1990—2018年俄罗斯年均增长率

时间（年）	1990	1991	1992	1993	1994	1995	1996	1997	1998	1999
增长率（百分比）	−3.0	−5.0	−14.5	−8.7	−12.6	−4.1	−3.6	1.4	−5.3	6.4
时间（年）	2000	2001	2002	2003	2004	2005	2006	2007	2008	2009
增长率（百分比）	10.0	5.1	4.7	7.3	7.2	6.4	8.2	8.5	5.2	−7.8
时间（年）	2010	2011	2012	2013	2014	2015	2016	2017	2018	
增长率（百分比）	4.5	4.3	3.7	1.8	0.7	−2.5	−0.3	1.6	2.3	

资料来源：1990—1995年数据来自World Development Indicators database，http://datatopics.worldbank.org/world-development-indicators/；1996—2018年数据来自RF Federal State Statistics Service（俄罗斯联邦国家统计局），http://www.gks.ru/free_doc/new_site/vvp/vvp-god/tab3.htm。

苏联解体后，经济增长率在 20 世纪 90 年代大幅下滑，进入 21 世纪后虽然出现恢复性增长，但随后波动明显。总体来看，在 1990—2018 年的 29 年间，有 11 年即超过三分之一的年头出现负增长。如果说，2000 年之前的经济负增长与经济转型的"阵痛"有关，那么进入 21 世纪，随着市场经济的建立，俄罗斯经济虽然增长的年头居多，但呈现出明显的上下波动，尤其是进入 21 世纪第二个 10 年后，增长速度再次下降，负增长时有发生。有数据表明，直到 2008 年，在苏联解体将近 20 年之后，GDP 才达到解体前的水平[1]，即使在这之后，GDP 也一直在苏联后期的水平上徘徊，并无大的起色。将近 30 年的经济数据表明，俄罗斯在转向市场经济后的总体表现远远不如改革之前的苏联，并且创立了苏联时期从未有过的长达近 10 年的持续负增长的新纪录。按照经济表现不佳或经济领域出现问题必然导致制度崩溃的说法，俄罗斯的市场经济制度也应该已经崩溃才是，但事实并非如此。

其次，由横向比较可以发现，苏联经济发展的历史记录远远好于实行市场经济的大多数国家，如果说不是全部的话。

如果讨论哪种经济制度之下产生的经济和社会问题更多，带来的代价更大更惨重，市场经济当仁不让地占据头把交椅。自 16 世纪资本主义市场经济诞生迄今，经济发展不但一直在大起大落中运行，而且其过程充满了血腥和罪恶。资本主义市场经济的一个重要特征就是周期性经济危机，历史上几次世界性经济大危机的危重情势众所周知。后来虽然推行凯恩斯主义，强化了国家干预，在一定程度上弱化了经济危机带来的冲击和伤害，却并没有也不可能消除周期性危机这个制度现象。按照经济发展一旦出现严重问题必然导致社会制度崩溃的逻辑，资本主义制度，无论在西方发达国家还是在发展中国家，理应早已崩溃，甚至崩溃多次

---

1 2008 年俄罗斯 GDP 相当于苏联时期 1989 年的 102%。相关数据，见 Popov and Chowdhury, 2015。

了。如果说，经济发展出现问题必然导致制度崩溃的逻辑只适用于苏联和其他社会主义国家，而不适用于资本主义制度，那么至少迄今为止，还没有出现任何有说服力的科学论证。

还有，无论从国民经济增长速度上，还是从各产业部门的技术水平和生产力发展上，苏联的表现都大大好于同时期绝大多数国家，甚至可以说好于所有后起的市场经济国家，堪称经济后发国家赶超先行国家的佼佼者。按理说，能够促进经济更快发展、技术更快进步的经济体制应该是弊病更少的体制。苏联比其他后进市场经济国家，更快地缩短了与发达国家的距离。这至少说明，无论这个制度存在多少问题和弊病，在总体上它仍然具有优越性，而与这种优越性相比，问题是第二位的。难道大量发展速度更慢、社会发展更滞后的市场经济国家，其经济体制反而比苏联的计划经济更优越，更具合理性？如果认为经济表现不佳说明经济制度不合理、不可持续，必然导致制度转型，那么理应改制甚至崩溃的也首先应该是那些经济表现远远落后于苏联的发展中市场经济国家。但事实也并非如此。

在世界范围内，苏联在计划经济时期的经济增长表现相当出色，好于绝大多数实行市场经济的国家，包括发达程度更高、更低以及大致持平的国家。如果认为增长速度是衡量经济表现的首要标准，经济表现不佳被看作经济体制不合理的最重要的依据，那么，用这个标准衡量，世界上绝大多数国家实行的市场经济制度显然更不合理，这些国家更应该崩溃才是，或者至少在它们崩溃之前，似乎还轮不上苏联率先上演制度崩溃的悲剧。

总之，在计划经济体制下，苏联的经济发展取得了巨大成就，虽然可能依然未能完全实现人们对这个新制度的美好预期，导致国内产生不满甚至失望情绪，但如果说计划经济完全行不通或存在种种问题和弊端，阻碍生产力发展，从而建立在这种经济机制上的苏联必然崩溃，那么至少历史进程完全不能为此提供事实支持。一句话，把经济表现欠佳当作解释苏联制度转型的原因是站不住脚的。[1]

二、政治制度存在缺陷

作为人类历史上第一个社会主义国家，苏联从建立之初就不断受到来自各方的攻击和围堵，作为支撑苏联国家大厦的苏维埃政权更是首当其冲。按照"成王败寇"的逻辑，不断发展和巩固的共产党政权为苏联赢得了合法的国际地位，苏联解体则使其政治制度重新面临各种指责。一些分析人士认为，正是由于苏联的政治制度不合理，才出现了苏联崩溃这个必然结果。这些批评主要集中在两个方面，一是苏联的政治制度不合理，不可能长期存在；二是苏联领导集团和领导人很坏，把国家引入了歧途。

首先，在一些人看来，苏联崩溃源于其政治制度不合理，其固有的弊端无法得到解决；随着时间的推移，这些弊端日益暴露和恶化，终于使整个社会难以维系。

苏联的政治制度被说成集权主义甚至极权主义的专制体制，主要是因为它以共产党专政替代了所谓的大选式民主。这种评价自苏联建立后一直不绝于耳——从"冷战"时期到苏联崩溃之后，从西方资本主义阵营、苏联国内的所谓持不同政见者，到学术界的相关研究领域。不仅如此，甚至就连苏联最后一位最高领导人似乎也持有这种看法。例如，位高权重的苏联共产党总书记戈尔巴乔夫最初提出的改革口号就是要在苏联建立"人道的民主的社会主义"，其隐含的意思相当明显，那就是，苏

1　有经济学家根据一些国际组织例如联合国统计局、世界银行以及经济合作与发展组织（OECD）和美国中央情报局（CIA）提供的经济信息来源，分析对比了苏联解体前后世界资本主义国家和社会主义国家的历史数据，得出结论说："可见，导致东欧转型的主要是政治而非经济原因。"见陈平，2014年。笔者赞同此种分析。

联现有的制度是非人道、非民主的制度。

在这个问题上，中国国内某些研究者因循同样的思路，认为苏联政治制度的运作存在重大缺陷，执政模式谬误百出，最终难以持续，苏联崩溃实属必然。例如，《苏共执政模式研究》一书讨论"苏共对国家全面领导的特征"时，列出的一系列特征可以说都是负面的，都是不合理、不正确的，在很大程度上附和并重申了西方多年来对苏联政治制度的所有指责，包括"党的行政化、官僚化、特权化""党政不分、以党代政的体制""高度集中的政治体制""政治动员型体制""人治的体制"。（周尚文等著，2010：132—141）除此之外，作者提到的"苏联党政体制的弊端"还有：其一，表现为机构臃肿、党政干部队伍庞大、官僚主义严重，甚至不无嘲讽地说，"苏共执政初期，党员是国家机关干部队伍的主要来源。他们大多数文化水平不高，工作能力欠缺"（同上：142）。其二，表现为助长了党的领导人个人集权和个人崇拜的不良作风。（同上：142—145）

这本书的作者还进一步提出，列宁缔造的，尤其是斯大林领导下的苏联共产党是一股邪恶力量，后来的苏共领导层也未能从根本上改变这一性质；苏联共产党不但凌驾而且对立于整个社会，其所作所为完全是为了维护自己的统治。在"苏共对社会的全面控制"的标题下，作者历数苏共对社会实行全方位控制的表现，包括"对公民生活的干预"，其中又包括"对公民的物质生活的干预和控制""对公民的精神生活的干预和控制""对社会团体的控制"等；苏共干预和控制社会的手段则包括"思想教育和思想控制"，其中谈到苏共对民众进行思想控制的另一个措施就是实行与外界的思想隔绝，说"自十月革命后，苏俄就几乎是一个同外界隔绝的社会，而自20年代下半期之后就变成了一个孤立于世界之外，几乎完全封闭的国家"。（同上：172—173）此外，苏共对社会的控制还表现在对"社会流动的控制"以及"利用克格勃和告密者"等。（同上：158—182）总之，这些作者把苏联社会描述成一个人人自危、朝不保夕的人间地狱："毫无疑问，这样的统治已经把恐怖变成了维护权力的工具。

从 30 年代起，克格勃就成了苏联恐怖统治的代名词。克格勃监视的对象，几乎遍及各级党政机关人员及普通民众，目的是使人们必须遵从既定的社会政治秩序，不能有些许的轻举妄动，人们不敢怒，更不敢言，否则他们的'正常'的社会秩序就会被打破。"（周尚文等著，2010：182）但是，尽管国家的全方位控制十分严密，这种体制"其内部结构却是有严重缺陷的、僵硬的、不合理的，因而是相当脆弱的"。（同上：540）

这类表述难免令人想起西方长期以来的反共反苏反社会主义宣传。美国保守派、"冷战"时期的鹰派总统里根在 20 世纪 80 年代中后期曾把苏联形容为"邪恶帝国"。苏联解体后，一些研究者与之相呼应，"重炒"这一冷战版的"冷饭"，在学术研究的旗号下堂而皇之地再次给苏联（也包括其他所有社会主义国家）贴上了"邪恶帝国"的标签。严格说来，这类言论似乎更像是反共宣传，而不是学术研究，但在苏联解体的大背景下，似乎无论把苏联描述得如何不堪都不为过，只要指责苏联就具有天然合理性。作为学术研究，这种分析方法和研究倾向显然无助于发现真理。

苏共最后一任领导人戈尔巴乔夫也提到苏共当时存在的问题。例如，"党的领导削弱""地方上的许多党组织没能坚持原则立场""工作失败和严重的违法乱纪""某些领导环节出现了轻视法律的态度，对大量存在的瞒上欺下、贪污受贿、阿谀奉承、肉麻吹捧等事实安之若素"。（戈尔巴乔夫，1988：9—13）这些问题在苏联政治体制下很可能的确存在，尤其在苏联后期，但之后的历史发展证明，对这个一心要毁灭苏联的人而言，指出这些问题的根本目的不在于解决它们，而是为所谓的改革制造舆论，以便最终消灭共产党，推翻整个苏联社会主义制度。

还有人强调，在苏联解体过程中，苏联领导人的因素是不容忽视的。领导人的因素确实是一个极其重要的问题，但在有些人的分析中，所谓领导人因素再次变成了西方长期妖魔化苏联的回响。根据这种说法，苏联历届最高领导人，不是个人政治品质恶劣，就是屡犯错误。其中，正如西方长期宣传的一样，斯大林被看作始作俑者，无论苏联的经济模式还是政权模式，其缺陷和问题都可追溯到斯大林身上；甚至即使他的一些言行看起来合理，背后也包藏祸心。斯大林对外部世界的认识和行动也都是错误的；不仅如此，斯大林还要为"冷战"负责，因为"斯大林不合时宜的演说，催生了丘吉尔的冷战宣言"。（左凤荣，载陆南泉等主编，2010：546）总之，斯大林是一切坏事的罪魁祸首。这种说法还认为，"斯大林模式"移植到东欧等其他社会主义国家，使各国深受其害，甚至是遗患无穷。这也就不难理解，为什么有人会提出，在"向中国特色社会主义模式转变过程中"，中国的成功"取决于抛弃苏联模式的彻底程度"。（李风林，载陆南泉等主编，2010：序13）

[评析]

指出乃至批评苏联政治制度的不足和缺陷是一回事，由此断定这种制度不合理，在实践中完全行不通，必然导致苏联崩溃则是另一回事。后一种推理，不但与历史事实不符，在理论和逻辑上也是站不住脚的。

首先，判断一个社会的政治制度是否合理的标准是什么？迄今为止，至少在有关苏联解体根源的分析中，我们并没有看到明确的说明。但从现有的一些讨论中不难发现，对苏联政治体制的批评大多以西方的所谓民主制作为参照对象，即主要是多党制和大选。按照这种逻辑，只要与这个标准不符，就被看作不合理的政治制度，就会产生各种各样的问题和弊端，如同苏联时期一样。显然，这样的论证存在许多漏洞。

苏联的政治制度不同于以往历史上的任何政治制度，包括现代西方发达资本主义国家的所谓民主制。这是一个事实。作为一个新生制度，苏联和其他社会主义国家仍然存在各种问题，人们的自由和民主权利在一定程度上受到限制，也是一个事实。但是，一方面，如何保证人民不但享有形式民主而且拥有实质民主，在世界上任何地方都依然是一个难题。西方国家被当作民主制榜样，但实际上这种民主制与民众真正参政相去甚远，更不要说能让人民确实当家做主的民主了。（王绍光，2008；王绍光主编，2014）另一方面，苏联的政治制度自建立以来，随着国内外形势的变化不断有所改进和完善，人民的自由民主权利逐步得到了提高而不是相反；也正因为如此，人民的收入平等程度远远高于资本主义国家。置苏联政治制度的优势和进步于不顾，抓住其不完善的地方大做文章，不断倒腾多年前的历史旧账，例如斯大林时期在相对严酷条件下采取的一些过火行为及其后果，力图全盘否定苏联的政治制度，并由此断定苏联必然崩溃，这样的结论很难令人信服。

迄今为止，除了阶级基础这个本质差别之外，任何一种政治制度都有其相随相伴的弊病和问题，只是表现形式和方式不同。即使完全以存在问题和弊端的多寡及严重性来判断一个政治制度的合理性，苏联的政治体制与西方所谓民主制相比，也只是小巫见大巫。即使在今天，西方的民主制在很大程度上仍然表现为"钱主"，即资本操控下的民主游戏，或者说多党之间数年一度进行的竞争性选举，即"选主"（同上），更不要谈其建立和发展过程中所伴随的种种历史罪恶。

退一万步来说，即使苏联的政治制度不合理，是个坏制度，也完全不足以证明，就是这种政治制度导致了苏联崩溃。如果把苏联崩溃归因于其政治制度不合理，那么在西方资本主义的政治模式下曾经产生过世界性大灾难，例如遍布全球的殖民主义和导致千百万生灵涂炭的两次世界大战，是否更应该归因于其政治制度不合理呢？当今世界上，在实行包括所谓民主制和其他政治模式的不少国家，不经过所谓民主程序而改换政府的事时有发生，或者通过军事政变，或者通过内外反政府势力联手，结果新政府上台，却实际上不过拉开了另一轮政权更迭的序幕，导致国家陷入无政府状态，社会长期动荡，出现了一系列所谓"失败国家"。近20—30年来这样的例子并不少见。按照政治制度存在缺陷必然导致国家崩溃的逻辑，无论是实行所谓民主制的西方资本主义国家，还是实行包括君主制在内的其他类型政治制度的国家，也应该或者先后崩溃，不复存在，或者已经或正在实现某种类型的制度转型。但在现实中，无论西方发达国家还是发展中国家，这并没有成为一个普遍现象。

事实上，在苏联70多年的历史中，其国家政权一直相当稳固，即使在面临国内外严重困难甚至生死挑战的时候，也没有出现政权易手这样的事情甚至可能性。直到戈尔巴乔夫开始推动改革之时，苏联共产党仍然牢牢地掌握着国家政权，无论在经济、政治领域，还是社会、文化领域，政府一直在正常地行使国家管理职能；而且也许正因为如此，苏联国内既没有出现足以挑战当局的大规模社会动乱，例如最近一些年来某些国家出现的那种"颜色革命"[1]，也没有面临任何分裂势力的严峻挑战，更没有遭遇包括外敌入侵在内的重大军事威胁。如果把能否正常行使政府职能，从而维护整个社会的正常运转作为判断一个政权或政体是否合理的主要标志，那么苏联的政治制度如果不算世界最优，至少也应位于世界"成功国家"的前列。总之，无论从哪个惯常的政治学视角来看，都很难认为苏联崩溃是其政治制度不合理或存在缺陷导致的结果。

三、民众不满，意识形态僵化

另外一个比较流行的观点认为，苏联崩溃是由于它不再得到人民的拥护和支持。这个观点的推理逻辑是，苏联的社会主义模式失去了吸引力，使广大民众从失望变为绝望，最终遭到人民或历史的抛弃。

在这个问题上，科尔奈的观点颇有代表性。他把公众不满看作苏联解体的一个重要原因，认为这种不满源于经济状况不能满足公众的需求：

---

1 实际上，即使"颜色革命"在某些国家得以实现，也只不过实现了政权交替，并没有改变国家原有的社会制度。

"第二个引发变迁的原因与经济状况有关，即公众的不满。社会各阶层，如工人、农民、政府官员、养老金领取者、学生、教师、医疗工作者，都对低生活水平颇有抱怨。由于短缺而引起的愤怒、贫困和不安全感更为普遍。产品的劣质与单一，服务部门的落后，人为环境的破旧与荒芜，以及自然环境的破坏都导致失望滋长，夹杂着沮丧甚至痛苦的愤怒情绪不断迸发。"（科尔奈，2007：364—365）不满情绪不仅由于经济状况不佳，更来自国家的政治压制："公民被政府机构的傲慢与官僚武断的行为所折磨。每个人，尤其是知识分子感到窒息，个人自由受到极大限制；缺乏自由表达权力；政府宣传要么含糊其词，要么宣传不实；存在大量的镇压行为。不管人们从前多么习惯于这些状况，也不管它们融入人们生活的程度有多深，所有这些已经超出了人性所能容忍的限度。"（同上：365）这位作者似乎相信，当苏联国内的不满情绪"已经超出了人性所能容忍的限度"的时候，苏联的崩溃只是一个时间问题，而且这一时刻在20世纪90年代终于来临。

苏联最后一任最高领导人戈尔巴乔夫同样提及国内面临的类似问题，尽管调门要温和得多。例如："依赖心理滋长蔓延；诚实的高质量的劳动反而不大吃香了；'平均主义'思想开始在人们的头脑中扎根。""没有能充分发挥社会主义的潜力来满足如下各方面日益增长的需要：改善居住条件；保证食品的质量乃至数量；把交通、医疗和教育工作提到应有的水平；解决随着社会发展自然产生的其他问题。"（戈尔巴乔夫，1988：9；参见9—13）实际上，在戈尔巴乔夫之前，接任勃列日涅夫担任苏共总书记的安德罗波夫在1981年4月的一次讲话中，还曾这样描述人们的不满及其来源："苏联人民对盗窃、贪污、受贿、官僚主义、不尊重人等情况和其他危害社会的现象义愤填膺。"（毕洪业，2013：4；邢广程，1998：940）

中国国内一些研究者的分析似乎更看重意识形态在苏联崩溃中的作用，认为在与资产阶级意识形态的较量中，无产阶级的意识形态即马克思主义最终败下阵来，成为苏联崩溃的重要原因。例如，一种比较流行的观点认为，苏共垮台的主要原因在于意识形态领域对马克思主义的教条化理解和思想僵化，缺乏理论创新。（吴恩远，2005）[1] 当然，也有人对此提出质疑，认为"在苏共 70 年的思想领域内，既有坚持、发展马克思主义的一面，也有背弃马克思主义思潮的一面；既有对马克思主义的教条主义态度，也有对西方政治、经济体制的教条主义崇拜……至于什么时期什么倾向占上风，则要具体分析，绝非用'教条主义'一种表现就可以概括苏共全部思想特征，更不能把它说成是导致苏联解体的主要原因"。导致苏共垮台的真正思想根源是对马克思主义的公然背叛。（参见上引文）究竟苏共是背离马克思主义，还是"创新"马克思主义，抑或是把马克思主义当作教条，确实是一个非常重要的问题，因为马克思主义及其意识形态一直被当作共产党的灵魂。然而，在什么程度上，坚守信仰可以等同于教条主义，又在什么程度上，背弃信仰可以被看作"理论创新"，目前都很难有清晰的答案。不过，这里需要分析的问题是，认为苏共在意识形态领域的教条主义直接导致了苏联崩溃的观点是否成立。

[评析]

民众不满和意识形态僵化，无论是其中之一还是两者相加，都难以成为解释苏联在 20 世纪末崩溃的原因。

不可否认，苏联国内长期以来一直存在各种矛盾和社会问题，引发

---

1 这种说法在中国比较流行，可能与中国改革后的主导思想和政治宣传不无关系，即 20 世纪 70 年代后期开始的市场经济转型，在意识形态和指导思想上并不是背离马克思主义，相反，是对马克思主义的理论创新，由此摆脱了"对马克思主义的教条化理解和思想僵化"，从而使中国避免了苏联崩溃那样的命运。当然，这种以改革后的中国作为判断标准的分析思路是否合适，在学术上可能尚有待探讨。但由于关注点不同，这个话题不在本书讨论范围之内。

了程度不等的民众不满。这一点，就连苏联政府也从未否认过。十月革命爆发半个世纪后，苏联领导人勃列日涅夫在 1967 年提出了"发达社会主义"理论，或称"成熟社会主义或完全社会主义"理论，宣布阶级和阶级斗争已经消失，苏联进入发达社会主义阶段。但即使这样，无论是官方宣传还是主流话语，也都没有把苏联定义或描述为一个完美的社会。社会主义既不是乌托邦，也不是桃花源。即使阶级和阶级斗争已经消失，由于各种缘由产生的人民内部矛盾也会长期存在。有矛盾就有不满，这完全没有什么可奇怪的。迄今为止，世界上还找不到任何一个国家，其国内的民众全都处于完全心满意足的状态，整个社会不存在任何不满。

那么，一个存在着社会矛盾和民众不满的国家必然会崩溃吗？这取决于一系列条件。其实，笼统地谈论民众不满无助于解释任何问题，因为民众不满既有性质上的不同，也有程度上的差别。更重要的是，只有当社会矛盾和群众不满转化为物质力量，才会对政权或制度构成实质性威胁。当年的"持不同政见者"可以说是苏联国内最有代表性的不满人群。这个在赫鲁晓夫时期出现的知识分子群体虽然人数不多，但影响不小，从最初的一股社会思潮逐渐演变为一场运动，到勃列日涅夫任期内成为国内政治和文化生活领域中引人注目的现象，在一定程度上代表或反映了国内民众对诸多问题的不满。然而，包括持不同政见者在内，民众的不满从未直接威胁到苏联政权本身的存在。一方面，这种不满并没有严重和激化到足以形成遍布全国的民众反抗运动；另一方面，苏联政府一直有能力通过采取各种措施，包括压制和打击持不同政见者，牢牢控制着国内局面。直到政府发起改革之时，苏联国内的政治和社会局势仍然相对平稳，与兵荒马乱、流离失所和社会动荡根本沾不上边。人们在诸多不满中继续着自己的日常生活，既没有出现遍布各地的大规模民众抗议运动，也没有出现有组织的武装反抗，以至于中央政府在冲击之下不得不移交政权，更不要说被迫改变整个苏联的社会制度了。

不可否认，苏联国内长期以来存在各种各样的民众不满，导致不满的原因也各种各样。例如：生活消费品供应不足，个人自由选择的机会较少，出人头地的欲望遭到压抑，个人主义与集体主义的矛盾，官僚阶层的政治和生活特权，行政管理体制下的人事纠葛，等等。但这些不满，第一，并不等于形成了希望苏联社会主义制度垮台的普遍意愿；第二，也从未变成推动苏联改朝换代的物质力量。正如有研究者指出："无疑，苏联有许多不满者——实际上，所有的阶层都不满意，所有人都想着自己的事情：更高的工资、创作自由、出国旅行和购买外国商品等；但是，我要重复、强调的是：这并不意味着人民希望毁掉自己的社会制度，代之以建立资本主义。更换社会制度的想法，是在改革进程中出现的，当时人民开始清楚：改革构想已经破灭了。"（季诺维也夫，2004：42）

相比之下，转型后俄罗斯面对的各种社会矛盾和民众不满更为明显，其深度、广度以及激烈程度都远超苏联时期。经济萧条、思想混乱使整个社会一度陷入动荡之中，造成大量人员伤亡的恐怖袭击频频发生，甚至爆发了与民族分裂势力之间的局部战争。这一切难免造成人心惶惶，乃至一度缺乏基本的安全感。那么，是否可以据此断言，俄罗斯再度面临甚至必将出现不可避免的制度转型？或者，社会矛盾和民众不满只有在苏联这样的国家才会导致制度崩溃？对此做出肯定的回答显然不太合适。

纵观世界，无论在怎样的社会制度下，无论在历史上还是现在，无论是和平时期还是战争期间，也无论是处于盛世还是乱世之中，所有国家毫无例外都存在一定程度和范围的社会矛盾和民众不满。与其他任何国家相比，与本国其他任何历史阶段相比，苏联短短几十年内在社会发展领域取得的进步都可以说是空前的，无论在提高人均预期寿命、普及教育、全民医保、社保福利等领域，还是在提高收入平等程度、降低犯罪率、保障社会安全等方面。即便如此，苏联国内依然不可避免地存在不少社会问题，也依然存在公众不满。但问题在于，如果说存在这类现象必然导致制度崩溃，那么已经崩溃的应该不只是苏联，而是世界上大多数甚至所有国家，尤其是那些社会矛盾通常远为尖锐、公众的不满也往往更加突出，甚至爆发了大规模持续性民众抗议活动的国家。总之，用社会矛盾、公众不满来解释苏联崩溃是缺乏说服力的。

至于说苏共坚持教条主义、缺乏理论创新从而导致了苏联崩溃，这个结论也很难成立。首先，正如上面提到的，苏共究竟是教条式地一贯坚持马克思主义，还是有所发展或修正，抑或是完全背离了马克思主义？由于缺乏深入分析，在这个问题上似乎还没有明确的答案。在这种情况下谈论其后果，至少有操之过急之嫌。其次，无论哪种情况，都不能在苏共如何对待马克思主义与苏联崩溃之间画等号，或把两者视为直接的因果关系。正如公众不满不应被视为苏联崩溃的原因一样，能否在两者之间建立某种因果链条，还取决于其他一些因素和环节。这个问题后面还会谈到。

四、外部因素的颠覆作用

还有一个重要因素被认为在苏联崩溃中发挥了重要作用，那就是来自外部的影响，主要是西方资本主义阵营对苏联进行长期的和平演变活动，包括进行过军备竞赛，最终拖垮了苏联。

相关研究通常会提到，自苏联诞生以来，世界资本主义和社会主义力量一直在进行生死较量，西方世界采取各种软硬方式，试图消灭这个新生制度。武力打击和对抗的军事手段显然没能取得预期效果，苏联本身不但没有被打垮，而且还不断壮大，成为"二战"中打败德国法西斯的主力，而且，"二战"后还涌现出一系列社会主义国家。在这种情况下，西方改变了策略，开始重点采用和平演变的方式瓦解社会主义。这种不流血的努力通过各种方式进行，几十年来持之以恒，最终以苏联解体证明了其瓦解战略的有效性。

因此，不少人认为，西方国家的"和平演变"战略是苏联崩溃的外部条件。例如，有些研究指出，苏联解体表明，在东西方长期冷战中，西方资本主义阵营的和平演变战略终于奏效。和平演变主要指的是，西方运用强大的宣传工具，包括文化、艺术、体育等手段，不断美化西方资本主义，丑化社会主义，无孔不入地宣扬资产阶级意识形态，从而引发苏联国内的思想混乱，瓦解社会主义的意识形态，诱导民心，涣散民意，在社会上，尤其在上层精英和知识分子中，营造对西方资本主义的向往情绪。与此同时，西方政府及其特工机构长期进行策反活动，威胁利诱，在苏联国内各阶层中培植亲西方的反苏力量，尤其是在党政军部门和知识分子中。（见周新城、张旭，2008：191—252；周尚文等，2010：530—533；程恩富、丁军，2011：207—217）

至于为何西方和平演变战略能够奏效，能够引发思想混乱，以致苏联社会主义江山难保，有研究认为，那是因为苏联思想理论"僵化"，传统的宣传教育体制和机制难以及时有效地消除其影响。（程恩富、丁军，2011：207—217）

［评析］

西方资本主义阵营长期以来积极推行和平演变战略，以图达到军事手段无法实现的目的，即推翻苏联和其他社会主义国家，这是一个不争的历史事实。长期推行这种战略对苏联的主导意识形态，即马克思主义理论及建立在这个基础之上的共产主义信仰，确实起到了潜移默化的削弱作用，特别是在领导干部、上层精英和知识分子中间。思想意识领域的变化不但影响社会的舆论导向，更重要的是影响国家发展方向的选择，还进一步影响到具体政策的制定和实施。这对苏联的演变无疑起到了很大作用。但是，把西方和平演变看作苏联崩溃的原因甚至直接原因之一，则难以成立。

首先，众所周知，事物的存在和发展通常是内因和外因共同作用的结果，其中，内因是事物变化发展的根据，外因是事物变化发展的条件，外因通过内因起作用。对苏联而言，西方的和平演变属于外因，如果不能建立起这个外因如何通过内因发挥了重要作用的具体环节，而仅仅指出存在这样的外因，那么无论对这个外因的描述多么全面，多么生动，也难以证明它是苏联崩溃的一个直接原因。不少专注于寻找苏联解体原因的研究，其不足之处恰恰在于止步于此，未能深究不同因素之间的关联。这个问题后文还会谈到。至于苏联是否被本国与美国的军备竞赛打垮，只能根据苏联整体的经济发展状况做出判断，前面对此已有分析，此不赘述。需要强调的是，如果认为，在当时的条件下，大力发展军事工业对苏联经济的发展只有负面影响，也完全不是事实。

其次，论及西方的和平演变与苏联崩溃的关系，除内因、外因的考量之外，还要看到精神力量向物质力量的转化程度。马克思曾经指出，批判的武器不能代替武器的批判，物质力量只能用物质力量来摧毁。[1] 西方的和平演变战略虽然少不了间谍破坏、人员策反等物质手段，但主要形式在于不惜工本开动宣传机器，不遗余力丑化和攻击社会主义，美化资本主义，从意识形态入手，着眼于转化人们的思想和信仰；也就是说，长期使用的是"批判的武器"。西方凭借本身的经济实力，在这个所谓"没有硝烟的战场上"投入了大量人力物力，也确实产生了一定效果。例如，在一定人群中助长对苏联社会主义制度的不满情绪，滋生向往西方的物质条件和消费文化等心理。但是，"批判的武器"无论多么强大，其本身并不能摧毁苏联，因为"物质力量只能用物质力量来摧毁"。相信西方的和平演变是苏联崩溃原因所在的任何断言，至少还需要说明下面两个问

1　原文："批判的武器当然不能代替武器的批判，物质力量只能用物质力量来摧毁，但是理论一经掌握群众，也会变成物质力量。理论只要说服人，就能掌握群众；而理论只要彻底，就能说服人。所谓彻底，就是抓住事物的根本。但人的根本就是人本身。"马克思：《〈黑格尔法哲学批判〉导言》，《马克思恩格斯选集》第一卷，人民出版社，1972 年，第 9 页。

题：第一，苏联国内干部和民众被演化的程度，以及如何衡量不同群体的演化程度；第二，苏联国内思想的演变是否以及如何转化成足以推翻苏联制度所需的物质力量。

另外，苏联的社会制度并不是唯一一个与西方主流意识形态不同的制度。世界上还存在其他意识形态，其他信仰，以及其他类型的国家体制，即使在同一个所谓"市场经济"体制下，这种差别也仍然十分明显。即使西方没有对这些国家主动采取和平演变策略，很多国家的对外开放程度足以令这些国家的民众熟知西方的物质文化及生活方式等，但并没有让它们纷纷改弦更张，从根本上改变本国的政治体制、宗教信仰和文化传统。总之，在没有回答这些相关问题之前，很难判断外部因素在苏联解体中究竟发挥了多大及何种作用，更不能认定这是导致这一结果的原因或原因之一。

第二章　领导人犯错说

有些研究指出，导致苏联崩溃的最主要原因在于，苏联最高领导人及领导集团不断犯错，使国家的发展越来越困难，各领域积累的问题越来越多，最终到了难以解决的地步；这个责任主要且只能由执政的苏联共产党承担。"显然，苏联演变的决定性原因不是和平演变战略这一类外因，而是苏联国内的因素。国内的因素，最根本的是共产党犯了错误。这是因为共产党处于执政地位，如果共产党不犯错误，苏联的社会主义制度是不会垮台的。"（周新城、张旭，2008：186）[1] 因此，苏联领导集团对苏联崩溃负有不可推卸的历史责任。

1　作者接着指出，共产党犯的错误可分为两类：一是在坚持马克思主义、社会主义的条件下，具体工作中所犯错误；另一类是背叛马克思主义，放弃社会主义道路，提出并执行一条错误路线。"如果出现这样的错误，社会主义制度就必然遭到颠覆，向资本主义演变就是不可避免的。"（周新城、张旭，2008：186）尽管如此，作者仍然认为，"苏联演变的原因是多方面的。如果大体划分一下，导致苏联演变的因素有三类"。第一类，帝国主义推行的和平演变战略，是苏联演变的外部条件；第二类，社会主义实践中的失误和弊端，是重要的内部因素；第三类，以戈尔巴乔夫为首的苏共领导集团推行的人道的民主的社会主义路线，是苏联演变的主要的、根本的、决定性因素。（同上：249—251）

苏联领导集团究竟存在哪些问题，他们犯下的错误表现在哪些方面和哪个时间段，又在什么程度上导致了苏联解体的后果？对这些问题，归纳起来，现有研究给出的答案大致如下。

一、历任领导人屡犯错误，积重难返

一些人认为，自苏联诞生之日起，从列宁、斯大林到赫鲁晓夫、勃列日涅夫和最后的戈尔巴乔夫，不同时期的苏联最高领导人毫无例外地都犯了这样或那样的错误（有的被说成是罪行），表现为或者指导思想不正确，或者决策错误，或者工作失误，或者行为方式不合适，等等。有的研究对此进行了分类归纳，把这些错误归结为政治错误、思想错误、路线和政策错误以及组织错误等。总之，由于各届领导人屡屡犯错，尽管其程度和后果有所不同，但前后相加，使各种问题日益增多，积重难返，最终导致了苏联崩溃。（程恩富、丁军，2011：207—217）

列宁领导缔造了苏维埃政权，但他担任最高领导人的时间相对较短（1917—1924）。在这一时期，新生政权面临的主要挑战是抵御内外敌人，结束战乱，巩固政权。由于社会主义新制度尚在构筑之中，不少政策和组织措施呈现出应对当时特殊局面的特点，例如实行战时共产主义以及随后向新经济政策的转变、国家安全组织契卡的建立等。列宁领导了无产阶级革命，建立了世界上第一个社会主义国家，对发展马克思主义理论做出了重大贡献，在社会主义谱系中拥有无可争议的地位。尽管他担任国家最高领导人的时间较短，国家制度尚在建设之初，政府的政策措施尚在探索当中，但在苏联解体之后，列宁常常不能幸免地也被置于被告席上，甚至他领导革命，试图建立一个新制度本身也被说成是一场错误。更有甚者，不惜编造历史，说十月革命不过是一个巨大的阴谋，是一次在西欧一小撮阴谋家和冒险家及情报机关的帮助下，由"德国奸细"列宁和"英美特务"托洛茨基密谋组织、挑唆完成的一次"政变"。（对

这类说法的分析批评，参阅吴恩远，2010）

继列宁之后，斯大林担任苏联最高领导人近30年之久（1924—1953）。在这一时期，苏联体制基本定型。就此而言，把苏联社会主义制度称为斯大林体制并非完全离谱。也许正因为如此，斯大林习惯性地几乎成了批评苏联体制的主要矛头所向。从农业集体化、工业化到苏联解体，凡是苏联体制存在的问题，无不与斯大林建立的模式及他在工作中的错误有关；凡是苏联取得的各项成就，则几乎都与修正或者改革"斯大林模式"有关。在有些批评者眼中，从工业化到农业集体化，从优先发展重工业到重视军工生产，从实施五年计划到建立中央计划体制，斯大林推行的主要经济措施几乎都是错的，不是造成了种种恶果，就是为后来的发展埋下了隐患。斯大林本人更是被描写为暴君一类的人物，甚至经常把他与他亲自领导打败的希特勒相提并论。这类说法不胜枚举。此处只想指出，对一些人而言，如果说苏联领导人应该为苏联解体负责的话，那么位列其首的通常就是斯大林，尽管苏联解体时他已经离世将近40年了。与苏联体制最相关的名字无疑是斯大林，以至苏联的解体经常被认为是斯大林社会主义模式的终结。

斯大林之后，继任者赫鲁晓夫（1953—1964）对斯大林发起全面批评甚至否定，在苏联国内以及在世界社会主义阵营和资本主义阵营中，都引起过极大震动。赫鲁晓夫在其任内实施了很多"去斯大林化"的政策，其中有些也许不无道理。例如，组织了对过去一些案件的复查和平反工作，为一些无辜受害者恢复了名誉。但是，他与前任领导人及其路线的公然决裂，对苏联体制及其历史性建树的大力抨击，则无疑在事实上打开了从内部摧毁苏联体制的大门，或者说，迈出了体制"内爆"的第一步。赫鲁晓夫在经济、政治、军事、文化领域推行一系列"改革"，大力修正苏联对外政策，其所作所为在苏联党内外和国内外，在各国共产党内部，以及在世界各种势力中，都引起了很大争议。有的人认为他背叛了共产主义事业，与反共、反社会主义的势力同流合污。另一些势力，例如当年的帝国主义阵营，则认为他在反斯大林的道路上走得还不够远，未能从根本上改变和摧毁斯大林体制。苏联国内后来的某些党内领导人例如戈尔巴乔夫等所谓"改革派"很可能也这样想，否则如果赫鲁晓夫"改革"彻底，从根本上消除了他们眼中"斯大林模式"的种种弊端，也就轮不到他们启动推翻苏联的所谓改革了。

勃列日涅夫担任苏联党和国家领导人的时间比赫鲁晓夫更长（1964—1982）。在这一期间，他改变了赫鲁晓夫时期的一些做法，重新确立了党的地位高于一切的原则，对斯大林的评价也比其前任更趋肯定。这个时期是苏联经济发展的繁荣时期，国民经济以较高速度持续增长，大大增强了苏联的经济、军事和科技实力，人民生活水平得到显著提高，以至于在 1967 年，勃列日涅夫提出了"发达社会主义"的概念，宣称苏联已"建成发达的社会主义社会"。不少人认为这是苏联发展最好的时期，是国家实力和国际影响力都处于鼎盛状态的阶段。但到 20 世纪 70 年代后半期，苏联经济虽然仍在增长，增长速度却开始持续下降，轻重工业比重失调加剧、农业不振、消费品生产不足造成供应紧张等问题日益突出。这一时期苏联政府开始对苏联经济进行改革，改革措施包括减少中央指令性计划指标、改革管理体制、改进管理方法、扩大企业自主权、强调物质刺激的作用等。这些改革在当时一度取得明显效果，促进了经济发展。但批评者认为，这些改革不但不彻底，且仍局限于计划经济框架之内，只不过有限地利用了市场机制，更重要的是，改革半途而废，以至于在勃列日涅夫之后，经济疲态日益显现，国家面临空前挑战。就政治和经济体制而言，勃列日涅夫领导下的苏联被认为基本上属于守成时期。当年最高领导人犯下的错误主要在于未能从根本上改变这个体制，自然也就未能消除产生各种问题的源头。

总之，在那些把苏联存在的种种问题归结为主要领导人不断犯错的人看来，无论在指导思想上还是在政策措施上，苏联每一届领导人都犯了这样或那样的错误，导致问题和弊病丛生，以致日积月累，制度本身变得千疮百孔，再也无法维持下去。当然，对于那些全盘否定社会主义制度实践的人而言，不管是发展、守成还是改革，苏联乃至所有社会主义国家各届领导人的最大错误在于没有彻底抛弃斯大林的计划经济模式，或者说，没有以资本主义制度取代社会主义制度。

二、主要领导人在改革中多次失误

另有一部分人坚持这样的观点，即苏联最终崩溃与苏联最后一任最高领导人及领导集团的改革举措不当直接相关。例如，有人认为，戈尔巴乔夫改革失败的原因有三：一是戈尔巴乔夫的激进改革缺乏计划和步骤，其行为缺乏连贯性，试图一蹴而就地转变苏联的政治经济体制；二是激进的改革使苏联社会内部出现种种失控的政治离心力，以至在国内经济与财政状况进一步恶化的情况下，当时学界和政界的一些人士开始认为，如果不能全面废除苏联制度，就没有办法继续改革；三是苏联领导层内部思想的转变，这种转变是从赫鲁晓夫在苏共二十大上批判斯大林开始的。（祖博克，2014）

由于苏联领导人在改革中操作失误，犯下一系列错误，结果非但未能解决经济体制中原本存在的问题，反而越改越乱，触发了苏联社会潜伏的一系列矛盾，以致逐渐形成政治危机、经济危机、民族危机、社会危机同时爆发的全面危机局面。到1990年，苏共对社会和改革进程的领导权不断被削弱直至丧失，整个社会趋于失控，最终导致了苏联社会的剧变。"戈尔巴乔夫等苏共领导人在政治、经济、思想意识形态、民族政策、对外关系等各个领域中犯下的一系列错误及其本身素质等综合因素导致了苏联解体。"（吴恩远，2014。另见潘德礼，1992；刘友田，2013；谭索，2006）这个看法在中国国内的研究中似乎更常见。持这一观点的人往往拿中国改革作为对照，认为如果苏联领导人没有犯下一系列改革错误，或许可以避免苏联崩溃的结局。（田文林，2014：40—44；

吴恩远，2016）

苏联解体发生在苏共最高领导人戈尔巴乔夫大力推行"改革与新思维"之后，因此，把苏联崩溃与改革举措及其不当直接联系起来，似乎不无道理。在这些研究者看来，所谓改革举措不当包括：盲目信奉西方经济学，用新自由主义思路主导改革（主要体现在"500天纲领"上）；改革措施不当，改革的突破口选择有误，例如仓促推进私有化；急于放权导致管理混乱；政治改革严重超前；等等。

那么，为什么改革会出现重大失误？一种意见认为，苏联领导集团尤其是改革时期的最高领导人戈尔巴乔夫及领导集团背叛马克思主义，他们在"人道的民主的社会主义"幌子下推行改革，其实只不过是实现改旗易帜的一种方式。"苏联的演变恰恰就是以戈尔巴乔夫为首的苏联共产党领导集团自身丧失了社会主义信念，主张走人道的民主的社会主义道路的结果"。（周新城、张旭，2008：186）戈尔巴乔夫的改革就是要改掉所有社会主义制度的基本特征，重走资本主义道路，这个目标最终以苏联解体得以实现。另一种也是更流行的看法，认为苏联改革的初衷并非推翻社会主义制度，只是由于主要领导人在改革过程中领导无方，屡屡犯错，导致局面失控，才产生了这个意想不到的后果。（邢广成，2009）

[评析]

苏共主要领导人及领导集团在苏联崩溃中发挥了怎样的作用，无疑是一个至关重要的问题。如上所述，已有的研究从不同角度提供了一些分析。但是，这些分析大多通过现象的描述，例如指出历任最高领导人的种种"错误"或"过失"，把它们当作原因或原因之一，与苏联崩溃直接联系起来。不能不说，这种论证方式存在缺陷。

苏联建立以来，无论在经济、社会、文化领域，还是在军事、外交领域，历任最高领导人做出的决策当然不可能全部正确，也不可能完全正确。指出这些错误并找出其原因，无论对社会主义国家的执政者而言，还是对历史学家或其他相关学术领域的研究者来说，自然有重要意义。但是，罗列种种所谓错误或失误，开出一张张错误清单及其由此推出所谓后果，虽然最容易做到，实际上却最缺乏科学性。这是因为，判断领导人和政府决策的曲直对错，首先需要有明确的判断标准，这一点并不像初看上去那么简单。而且不同的方针、政策和策略的效果和影响也依历史时段的长短有所不同，绝不是简单的即时投入／产出分析可以定论的。

当然，判断决策是否正确的标准即使没有直接说明，也必定隐含在所有这类论证之中，而这些标准在很大程度上与研判者预设的立场直接相关。评判苏联以及整个社会主义历史实践时更是如此。例如，有人认为，凡是有利于维护苏联社会主义制度的决策就是正确的，导致改变或颠覆这一制度的决策和措施则是错误的。也有人的看法恰恰相反。在这种情况下，谈论所谓领导人是否犯错很容易变成主观判断。这个现象在中国国内有关苏联解体的研究中十分明显。例如，有的研究指出，苏共后期尤其是最后一任最高领导人所犯的最大错误是背叛马克思主义，背离社会主义道路；但另一些人则相反，认为斯大林之后的苏共及领导人保守僵化，固守马克思列宁主义教条，延续斯大林模式，不肯与时俱进，未能及早带领苏联走市场经济道路，才是他们真正的错误所在。不难发现，这两种观点虽然都在分析苏联领导人的错误，但做出的判断几乎完全相反。

在重大的战略性决策上，有关苏联领导人的功过是非的争论从未停止过，苏联崩溃后更是达到了一个高潮。例如，关于十月革命和武装夺取政权，关于以重工业为主导的工业化，关于农业集体化，关于建立公有制和计划经济，关于肃反和镇压反革命，关于"解冻"和反斯大林运动，关于与资本主义阵营进行和平竞赛等。苏联领导人在这些问题上的重大决策是正确还是错误，站在不同的立场上必然给出大相径庭的答案。例如，如果相信市场经济是所有国家无可逃避的宿命，那么苏联有关社会主义制度建设的所有决策就都是错误的，实行时间越久，国家在错误的道路上就走得越远。这正是一些相关分析的一个共同结论，尤其在苏联崩溃之后。相反，如果认为建立不同于资本主义的经济模式具有正当性，反映了历史发展的必然趋势，那么苏共领导人倡导和鼓励市场经济的决策则会被认为带有修正主义色彩，背离了马克思主义的正确路线。这种分析也并不少见。总之，一些人眼中的错误，在另一些人眼中恰恰是正确的，原因就在于判断者的立场和出发点不同。

依据苏联既定道路和方针来评判领导人具体决策的正确与否，可以被看作另一个判断对错的合理视角。如果领导人制定的政策措施实现了预期目标，就可以被认为是正确的，剩下的问题不过是能否以更小的代价得到更好的结果。可惜的是，苏联崩溃的现实使从完善社会主义制度出发，总结经验教训的那类研究几乎成了无用之功。因为无论在政治上还是学术上，随后流行的研究更关注的不是如何改进、完善苏联体制，而是如何"改制"，即如何彻底抛弃计划经济，以市场经济取而代之。

领导人屡屡犯错说还有一个不足，即单方面强调他们所犯的错误，却很少同时提到没有犯错或正确的决策。这样一来，似乎苏联的路线方针政策从头到尾完全由一系列错误组成。这显然不符合事实。照理说，如果按照是否实现政府既定目标或如何推进社会主义建设的标准衡量，历任苏联领导人总该做出过一些正确决策，否则无法解释苏联时期经济和社会发展取得的巨大进步。

由于对犯不犯错没有清晰的标准和界限，所谓苏联领导人屡屡犯错，从而导致苏联垮台的结论，其论述根基难免不牢。而如果需要回答不仅是苏联为何崩溃这个特殊问题，而是社会主义制度在苏联为何遇挫这个一般问题，那么即便认可苏联领导人确实屡犯错误，但要把这一事实作为答案或者答案之一，其理由更不充分，局限性也更明显。有学者曾指出，每个国家、地区、历史时期与个人都在许多方面具有其各自的特殊性，因此用某种特殊属性来解释某种现象，未必能得出正确的结论。"正因为如此，只有能够确切地说明大量的各种历史现象的理论，才是真正令人信服的理论。"（奥尔森，1999：14）每个国家或时代的历史往往过一段时间之后又被重写，而且每次重写都能编出不同的故事。造成这种现象的原因之一就是，"如果对历史的解释不限篇幅，同时对选择答案的原则又毫无规定，则历史学家尽可以编出无数逼真的故事，而按其偏好挑选他认为最合理的解释。这样，一代又一代的学者可以写出一本又一本绘声绘色的巨著，但其中哪一本都给不出最终的答案，同时也没有对历史的因果关系增添什么新的见解"。（同上：16）

例如，坚持这一观点的人恐怕很难证明，从古到今，无论哪种制度，哪个国家，其领导人的决策和行为一贯正确，从未出现过失或错误。可以说，现代历史就是包括西方国家在内的各国领导人和统治阶级犯错甚至犯罪的记录。如果领导人犯错便意味着其领导下的国家制度崩溃，那么如今世界上应该早已不存在尚未崩溃的社会制度和国家了。远的不说，从资本主义形成以来，代表资产阶级掌权的西方国家政府，几乎无一不是依靠政府的强制力量，通过血与火的征服与掠夺起家的。正是在西方国家政府领导人及领导集团的决策下，开启了导致亿万生灵涂炭的两次世界大战。而且持续不懈地无情镇压国内外民众的反抗，也无一不是这些国家领导人及领导集团决策的具体实施。直到今天，在政府的主持下，西方大国尤其是美国对外推行战争或以战争相威胁，对内实施各种方式的阶级压迫，即使形式或手法有变，其内容和实质却一如既往，细说起来，可谓罄竹难书。

当然，从西方国家统治阶级的总体利益和立场出发，这些决策和行为并没有什么错处，更谈不上犯罪；但是，即使在这些国家的统治集团内部，领导人及领导集团的决策也并非不存在争议，甚至不乏公开辩论。例如，据报道，1951 年 5 月 15 日，针对道格拉斯·麦克阿瑟将朝鲜战争扩大到中国的观点，奥马尔·N.布雷德利（General Omar N. Bradley）将军向参议院委员会指出："坦白地讲，从参谋长联席会议的角度来看，这种战略将会使我们卷入一场在错误的地点、错误的时间，以及与错误的敌人之间所发生的错误的战争之中。"那场战争至少在一部分人看来，从本国利益出发，决策是错误的——它导致了一场错上加错再加错的战争。

历史表明，无论以何种标准衡量，各种制度下的国家领导人及领导集团鲜有不犯错误者，连续犯错甚至犯罪也屡见不鲜。这类问题有时导致政府下台或领导人更换，但在绝大多数情况下，这些国家的基本制度没有因此伤筋动骨，更不要说制度崩溃了。相反的例子倒是，在封建制度退出历史舞台被资本主义取代之际，无论封建统治阶级及上层领导集团做什么或者不做什么，这个进程必然发生，因为这个变化不以人们的意志为转移，更不受当权者决策的"正确"与否所左右。也就是说，处在制度大变革的时代，掌权者无论采取怎样的决策和行动，其作用也许可以缓解或加速这个过程，但无法避免该制度最终失败的命运。如果认为苏联历届领导人犯错便足以终结苏联的社会主义制度，那么错或许不在领导人而在制度本身，而且这是需要深究的，并非依靠简单罗列领导人所犯错误就能给出答案。

当然，这并不是要否认，从发展和完善社会主义制度出发，总结苏联和其他社会主义国家领导人在决策中的经验教训的可能性和必要性。这有助于在实践中少犯或不犯同样的错误，少走或不走类似的弯路。但是，这与领导人犯错导致制度垮台完全是两个不同的问题。把两个不同的问题混为一谈，我们自己难免会犯张冠李戴的错误。

至于说，苏联主要领导人在改革中犯了错误导致苏联崩溃，这个观点本身同样难以成立。这一点，只要观察其他社会主义国家的演变就很清楚。例如，与戈尔巴乔夫的改革相比，中国的改革普遍被认为是成功的，与前者形成鲜明对照。中国改革当局的决策和行动被认为既正确又稳妥，少有甚至没有错误和失误，在国内外得到高度赞扬。很多有关苏中改革对比的研究指出，苏联和中国经济转型的最大差别无非是改革方式不同，前者采取"休克疗法"，力图速战速决，毕其功于一役；后者崇尚"渐进主义"，采取了水滴石穿、摸着石头过河的策略，但"条条大路通罗马"，两者的目标和方向都是发展市场经济。今天看来，两国也都基本上实现了自己的目标。这就是说，如果苏联社会主义制度崩溃是由于苏共领导人在改革中犯错，那么中国政府在改革中没有犯错，至少没有犯前者那样的错误，却也实现了同样的制度转型。这表明，至少就实现目标而言，犯不犯错至多在一定程度上影响到制度转型带来的代价，却既不影响改革的大方向，更不影响最终的结局。这个观察同样适用于其他社会主义国家的转型变化。

再者，没有证据表明，戈尔巴乔夫的一系列改革措施目标在于完善计划经济，而不是以市场经济取而代之。就此而言，他以人们所说的改革中"犯错"实现了自己的既定目标，即通过所谓"犯错"获得了成功。只有在这个意义上，"犯错"导致苏联崩溃或许有了一定道理，但其中的奥妙和吊诡之处还真难以与外人言。

在学术问题上，犯错说的一个重大缺陷或许在于它违背唯物辩证法，偏向于用相对静止、孤立的眼光看问题，而不是用发展、运动的眼光看问题。坚持这个观点的人大多只是把他们主观定义的领导人在不同时期所犯的错误一一罗列出来，却很少揭示它们之间的前后关联和相互作用，更没有说明，这些所谓错误如何在特定时间和特定条件下导致了苏联崩溃。同时，根据两分法，苏联历任领导人不至于从未做出过正确决策（无论如何定义），但这部分讨论往往被排除在视野之外，包括错误决策与正确决策在不同历史阶段的博弈及其后果。在这种情况下，单纯依靠罗列领导人的所谓种种错误，很难在它们与苏联崩溃之间建立令人信服的因果关系。

第三章 全盘否定论

与把苏联崩溃归咎为某个或某几个主要因素不同，有些研究提出的思路和结论可以称为综合因素论，即首先指出苏联社会存在着种种问题，进而认为所有这些问题都毫无例外地与苏联的社会主义制度有关，因此，苏联的存在本身就是不合理的，最终崩溃只不过是必然的结局。

一、所有问题综合作用的结果

苏联为何崩溃？在种种解释中，有些研究更擅长于所谓综合分析，即试图找出苏联存在的所有问题，最后发现，所有领域、国内国外各种问题无处不在。总之，经过仔细搜寻，人们发现苏联社会中无一不是问题，处处是缺陷。例如，有研究提到，"苏联的演变是一个由多种因素造成的复杂的历史事件，其中有国际的因素，也有国内的因素；有党外的因素，也有党内的因素；有历史的因素，也有现实的因素；有政治的因素，也有经济的、社会的、民族的因素"。（周新城、张旭，2008：183）一句话，问题多到几乎难以胜数，苏联制度走向崩溃完全不可避免。有人更据此认为，千错万错，都离不开苏联体制本身的致命缺陷或不合理存在。（盖达尔，2008）

在无论是赞成还是反对苏联的社会主义实践的人中，各种因素的综合作用导致苏联崩溃的看法似乎得到了相当程度的普遍认可。有人为苏联解体找出了四大原因：体制僵化、经济衰退；苏共领导人戈尔巴乔夫应对失误、领导无方；西方长期的和平演变战略终于奏效；领导集团腐败。还有人把苏联崩溃的原因概括为三类：外部条件，即帝国主义推行的和平演变战略；内部因素，即社会主义实践中的失误和弊端；以戈尔巴乔夫为首的苏共领导集团推行的人道的民主社会主义路线。（周新城、张旭，2008：249—251）还有人把中国国内关于苏联解体的解释概括为五种"主要原因论"，即传统模式必然论、戈尔巴乔夫改革失控论、人民群众抛弃论、军备竞赛拖垮论和民族宗教失策论；并指出，五大原因论虽然比较流行，但经不起认真推敲，因此应该以三大原因取而代之，即思想原因、组织原因和政治原因，而在这三大主要或根本原因中，"长期的思想理论混乱是基础性原因，长期的组织政策失误是关键性原因，而实行'改革新思维'的政治背叛是直接的致命性原因和首要原因"。（程恩富、丁军，2011）三大原因看似比五大原因少了两个，但具体内容并不简单，因为作者接着说："三大主要原因涉及思想与政治、理论与实践、领袖与群众、个人与集团、制度与政策、统一与解体、改革与'改向'、长期与短期、内因与外因、政治与经济等关系及其正负效应，其综合作用的必然结果是苏联剧变和解体。"而且作者同时并不否认其他因素与苏联解体有关，只不过认为不如这三大原因重要："而其他原因即使客观存在，也是排在三大原因之后或是局部的原因。"（同上：2011）

有人根据俄罗斯某研究者的文章以及自己的分析，称俄罗斯学术界、舆论界对苏联解体、苏共瓦解提出了9种理论或9种观点，即"帝国论"、"民族主义论"、"民族—人口论"、"社会经济论"、"现代化危机论"、"阴谋论"、"综合论"、"三垄断论"（意识形态、权力、利益垄断）和"体制模式论"。据此，作者认为，其中的"体制模式论"是"各种理论观点的提高、深化和升华的集大成者"，是"其最大的概括、最精的提炼、最高的升华，具有最大覆盖面的结论"。也就是说，苏联社会主义体制本身是不合理的，其他种种问题无不由此而来，因此苏联的瓦解是必然的。（马龙闪，2013）如此说来，这个不合理的体制竟然存在了如此之久，反倒有些不可思议。

还有人把各方提出的种种原因综合为"关于苏联解体原因的十说"，具体内容为："葬送说"——苏联最后一任领导人戈尔巴乔夫葬送了苏联的社会主义事业；"和平演变说"——苏联解体是西方推行"和平演变"战略的结果；"民族矛盾说"——苏联解体是苏联实行大俄罗斯主义，导致民族矛盾激化的结果；"上层自决说"——苏联解体是苏共上层精英的决策的结果；"经济没搞好说"——苏联解体的原因是在与西方的经济竞赛中败北；"斯大林模式说"——苏联解体是因为高度集中的计划经济行不通，阻碍了生产力发展；"错误路线说"——苏联解体是由于党和国家主要领导人推行错误的"改革"路线；"意识形态说"——苏联解体是接受西方意识形态的结果；"抛弃说"——苏联解体是因为苏共本身丧失了人民群众的支持，遭到了人民的抛弃；"历史合力说"——苏联解体是包括以上各种因素在内的多种原因交错的结果。[1] 自然，其中每一说都并非单一因素，都包含了更多内容。

有些人似乎感到，多因素的概括依然不足以全面展示苏联制度的不合理性，因此，经过对各个历史时期各个领域的仔细深挖，他们发现苏联体制值得思考的问题（或者说缺陷和弊端）实际上多达几十甚至上百个，致使苏联在剧变前"濒临崩溃边缘"，最后终于以制度剧变而告终。（陆南泉等主编，2010）

不难看到，在寻找苏联解体根源的努力中，人们可谓掘地三尺，无比仔细地审查了苏联社会主义制度的方方面面，显微镜、放大镜、望远镜轮番上阵，没有放过任何犄角旮旯，从经济体制到政治制度，从社会

1　见《关于苏联解体原因的十说》，《北京日报》，2006 年 04 月 03 日，人民网 http://theory.people.com.cn/GB/49157/49163/4264644.html。

结构到民族矛盾，从历史条件到主要领导人品格，从社会治理到个人自由，从舆论和意识形态到宗教，从内部矛盾到外部因素，从历届政府的路线方针政策到改革当局的具体运作，等等。结果发现，这个制度几乎无处不充满重大缺陷甚至致命弊端。因此，苏联崩溃不是偶然的，而是所有这些因素综合作用的结果，是长期积累的各种矛盾的总爆发。

总之，这类研究提出了种种有关苏联解体的原因，其数量之多，涉及时空之广，以至很难把它们全部罗列出来。看过这些分析之后，读者难免会产生这样的疑问：苏联社会主义制度如此千疮百孔，苏联的崩溃如此不可避免，苏联为什么没有更早崩溃？也就是说，如果说苏联崩溃并不奇怪，那么，苏联能够存在 70 多年反倒成了有待解释的问题。

以上引述的这些观点出处不同，分析者对苏联制度的总体评价也存在差异。但是，一个事实是，虽然不同研究提出的导致苏联崩溃的因素不尽相同且往往各有侧重，但在国内的相关研究中，这些分析和观点之间鲜有相互批驳甚至切磋，似乎既不否认这些问题的存在，也不否认它们与苏联崩溃有关。如果说存在某些分歧的话，也主要体现在对各种因素权重的分配上，即哪些因素在苏联解体中发挥的作用更大，更重要，或更有决定意义。

二、制度本身千疮百孔，难以维系

有些人断定，苏联崩溃这一结果，以及其社会中存在的难以历数的所有问题，根源完全在于制度，即社会主义制度本身行不通，因此，失败是必然的。这种说法，不仅在西方坚守资产阶级意识形态的人士当中，而且在社会主义国家内部后来坚决反水的人士中间，一度相当流行。他们认为，社会主义制度本身具有先天缺陷，这个制度无法克服也无力解决这些问题，因此，苏联体制难以为继，最终必然垮台。在坚持这种观点的人看来，资本主义是世界上唯一合理的制度，正如英国前首相撒切尔夫人所言，"除此别无选择"[1]。在这种思路下，苏联社会主义实践的失败实属必然，无须大惊小怪，其存在本身才是最大的问题。

在阐述这个观点的研究者当中，布热津斯基和科尔奈两人颇有代表性。

布热津斯基的观点集中体现在《大失败——20世纪共产主义的兴亡》一书中，这是他写于苏联解体之前的著作。（布热津斯基，1989）这本书可称为全盘否定社会主义制度的集大成者，一切之前和之后提到的所谓社会主义制度的"缺陷"甚至"罪行"都能从书中找到。或许出于作者极端的反共立场，全书充满了对共产主义（即现实中的社会主义制度）的切齿仇恨和不遗余力的攻击。

在布热津斯基看来，苏联的社会主义制度几乎就是邪恶的代名词，即使在谈到一些无可否认的历史事实的时候，例如苏联工业化的进步和福利制度的建立，他也总是不忘立即指出，这些成绩完全无法与所付出的巨大代价相比，因此根本不值得肯定。苏联当年的"新经济政策"时期曾被不少人尤其是那些反对苏联制度的人看作1917年革命以来最好的时期。即使如此，布热津斯基仍然不忘指出，苏联建立以来从来就没有过什么好时期。"对20年代的这种田园诗般的回顾"，只不过是与后来更糟的斯大林时期进行对比所造成的印象。因为在这个时期，"新的一党制在全国范围内得到巩固，大规模的社会暴力制度化，正统观念被强行灌输，以及长期地以意识形态的目标来决定政治手段（包括最专制的手段）的采用"。（布热津斯基，1989：21）

布热津斯基认为，苏联的制度从一开始就是罪恶的，对此，无论是列宁还是斯大林都难辞其咎。他说，如果"是制度造就了斯大林，那么，这又是谁的制度呢？正是列宁创建了造就斯大林的这一制度，而又是斯大林接着创建了使自己能够犯下那些罪行的制度。……事实上，列宁主义不朽的遗产就是斯大林主义"。（同上：24）他把共产主义与法西斯主

1　简称 TINA，即 There Is No Alternative。

义相提并论，说："实际上，要说希特勒是一个列宁主义者，或斯大林是一个纳粹分子，是毫不夸张的。"（布热津斯基，1989：10）为了支持这个说法，虽然没有任何确凿证据，他却可以信誓旦旦地"绝对有把握地"相信，斯大林时期受到迫害的"估计不少于2000万人，可能高达4000万人"。（同上：32）并且，"我们可以毫不夸张地说，有数百万人惨遭杀害"[1]。（同上：28）但事实是，根据后来解密的苏联历史档案，在1930—1953年即所谓斯大林时期的23年间，苏联受到镇压（包括处死、监禁、流放等）的总人数为约378万人，平均每年约16万人，其中被处死的总共约79万人，平均每年约3400人。[2]

---

1 他在书中引述说："英国历史学家罗伯特·康奎斯特在其所著《大恐怖》（1969年）一书中收集了最可靠的材料，做出了最全面的估计。他经过认真计算后同意上述估计的上限。总之，斯大林可能是人类历史上杀人最多的人，从统计数字看其至超过了希特勒。"根据这些自己估计甚至编造出来的所谓统计数字，作者居然还直接做出了结论："这些大谋杀是建设苏维埃制度的产物。苏维埃制度随着实施大屠杀而出现，而发展，而官僚化，最后确立了自己的地位。"（布热津斯基，1989：32）

2 苏联解体后，苏联的历史档案解密公开，《苏共中央政治局大镇压事件复查委员会的简要报告（1988年12月25日）》中给出了被镇压者的官方数字。报告中写道："研究国家安全机关的文献资料确定，1930—1953年间根据由苏联人民委员会国家政治保卫总局、内务人民委员部、国家安全人民委员部—国家安全部等机关起诉的刑事案件，有3778234人受到镇压，其中被判极刑（枪决）的786098人。在被镇压的人中间，由执法机关判处的有1299828人（其中枪决129550人），非执法机关判处的有2478406人（其中枪决656548人）。"也就是说，斯大林时期的23年间，有约378万人受到镇压（包括处死、监禁、流放等），平均每年约16万人，其中被处死的总共约79万人，平均每年约3400人。对各种不同估计数字的分析解说，见吴恩远：《从档案材料看苏联30年代大清洗数字的夸大——兼答郑异凡先生》，载《世界历史》，2003年，第四期，26—40页。作者指出，"1990年苏联国家安全委员会（克格勃）公布的数据：1930—1950年，被法庭及非法庭机构判处了所谓'反革命'罪的人总共3778234人，被判死刑786098人；1992年8月3日，俄罗斯联邦安全部公布了1917—1990年'由于犯国事罪以及根据刑法典犯类似罪'的总人数，共3853900人，其中死刑827995人"。

这里暂且不论，与同时代资本主义国家的犯罪率和处死率相比，与在帝国主义发动的世界大战中伤亡的庞大人数相比，斯大林时期遭到镇压的人数是多是少，比例是高是低，以上事实至少表明，布热津斯基引用和编造的数字是完全错误的，可谓谬之千里。他在其著作中不断引用和重复这些所谓确有把握而事实上完全不靠谱的估计，不惜成倍、成10倍甚至20倍地夸大数字，来支持自己反苏反共的观点，甚至说什么"社会付出的代价是，至少约5000万人丧生"（布热津斯基，1989：283）。无非表明，在反共意识形态的主导下，事实并不重要，重要的是把他们痛恨的苏联社会主义制度定义为极端黑暗的从而不应存在的坏制度。在这里，哪里还看得到所谓学术中立性和客观性的一点影子。

　　对"二战"后苏联的经济发展，布热津斯基不得不承认："一个制度化的，由中央全面控制的社会主义体制形成了。而苏联的经济也一直以比较高的速度持续增长。"（同上：35）但紧接着就说："那场运动（指斯大林逝世后3年出现的反斯大林运动）把下述情况公之于世：苏联国民积怨甚深，无法解决的旧仇过多，人民遭受了巨大苦难，国民被无辜地大量杀害。这一切都是斯大林'成就'的无形代价。"（同上：35）这种典型的"成绩不抵代价"论述手法被作者一用再用，目的就在于说明苏联体制一无是处。为此，他甚至可以完全无视资本主义一路走来的血腥道路，包括直接导致空前的死亡人数的两次世界大战，说什么"在全部人类发展历史上，改造社会的实验使人类付出的代价，从未像在20世纪中人类遭遇共产主义后所付出的代价那样高昂和无价值"。（同上：281）

　　在布热津斯基看来，不但是苏联，其他任何国家只要建立了社会主义制度，都是该国的悲剧；换言之，只要是社会主义国家，那就没有一个是好的，没有一个值得肯定，包括中国在内。例如，他说："中国以狂热而又相当野蛮的方式将农民重新组织成所谓的人民公社，结果带来了极大的灾难。毫不夸张地讲，数百万计的农民（据某些估计有2700万）

死于接踵而至的混乱、暴力和饥荒。"（布热津斯基，1989：184）"中国从 1966 年到 70 年代中期进行了一系列的残酷清洗，成千上万的党员干部和军队指挥员（其中包括一些参加过长征和中国革命的最受人尊敬的杰出人物）遭到屠杀，数百万人被监禁和被放逐到劳改营。尽管人们永远无法知道准确数字，但这一时期的情况在许多方面同斯大林主义最黑暗的恐怖和清洗年代的情况十分相似。"[1]（同上：185）

把社会主义制度说成一无是处的另一个当代学者是科尔奈。他在研究中曾经提出了当年颇有影响的所谓"短缺经济""软预算约束"等概念，认为这是计划经济的内在缺陷，但当时并没有过多涉及经济以外的领域。苏东剧变后，他在其大部头著作《社会主义体制——共产主义政治经济学》中，对社会主义制度进行了与其说是全面评析，倒不如说是全面攻击和否定。在他看来，不仅是苏联，而是所有社会主义国家的命运都一样，因为"各种消极因素最终可以归纳为四个原因迫使社会主义体制最终发生变迁。虽然特定的问题或矛盾对于每个国家而言在程度上会有所区别，但是社会主义体制下的所有国家，都是因为这些病症而陷入困境"。（科尔奈，2007：364）

科尔奈提出的四个原因，一是日积月累的经济困难。"经典社会主义体制自始至终伴随着巨大的经济发展问题：技术发展严重滞后、短缺、消费水平低下、资源浪费和其他损失等等。"二是公众的不满。这与经济状况有关："社会各阶层，如工人、农民、政府官员、养老金领取者、学生、教师、医疗工作者，都对低生活水平颇有抱怨。由于短缺而引起的愤怒、贫困和不安全感更为普遍。产品的劣质与单一，服务部门的落后，人为环境的破旧与荒芜，以及自然环境的破坏都导致失望滋长，夹杂着沮丧甚至痛苦的愤怒情绪不断迸发。"三是掌权者丧失自信。"当社会主

---

1 作者不断地故伎重演，尽管不知道准确数字，却可以信誓旦旦地做出斩钉截铁的结论。

义国家经济困难日益恶化的同时，资本主义体制却被证明是充满活力的，这的确使社会主义的掌权者更为不安并对经典体制丧失信心。一些国家如西德、日本以及所谓的新型工业国在经济增长、技术发展和出口方面都取得了突出的成绩。"第四个原因是外部示范效应。这里指的主要是社会主义国家之间的相互影响，一些国家出现的社会动荡传播到其他国家，带来连锁反应，"这造成了社会主义国家的'多米诺骨牌效应'。此外，决定性的导火索是苏联外交政策的变化，这一变化导致苏联放弃了对东欧的统治"。（科尔奈，2007：364，365，366）

　　总之，科尔奈笔下的社会主义始终是一幅极其灰暗、濒临全面危机的社会图景。这一点并不奇怪。站在反社会主义立场上，对这个制度就只剩下了诅咒。他说："（社会主义）体制带来了它自身根本无法解决的冲突，致使运行机制出现了功能性障碍。"（同上：2）在他眼中，这个体制成了世界上最邪恶的体制，人人避之唯恐不及——"社会主义鼎盛时期，它曾统治着世界上近三分之一的人口。社会主义不仅在过去和现在影响了体制之内的人，还深深地影响了社会主义世界之外的人。千百万人都曾经心存恐惧，担心终有一天自己也将处于共产党的统治之下，或者在爆发战争时，他们将不得不抵抗社会主义国家的军事力量。在世界的一些地方，这并不是想象中的危险，而是真实的苦难经历：在一些国家内部或者不同国家之间，社会主义的支持者和反对者们不惜兵戎相见，相互残杀。社会主义制度的存在及其命运影响了无数人的世界观，特别是知识分子"。（同上：3）他的结论就是："经典社会主义体制无法走出自己的影子，局部改革永远不可能突破自身，因此，必须要有体制上的彻底变革。"（同上：7）不难看出，科尔奈先前以学术面目出现的所谓经济研究，最后证明不过是这位反共作家全面攻击社会主义制度的铺垫而已，其反苏联反社会主义之不遗余力甚至歇斯底里的程度，比起那些一贯反共的西方政客和所谓学者有过之而无不及。

　　无独有偶，在中国，像这类从探究苏联崩溃的原因开始，到全盘否定苏联社会主义制度的研究也并不罕见。例如，有的研究提出："就苏联解体的原因而言，可以也应该有多种视角进行研究：政治的、经济的、文化的、社会的、历史的、现实的、外部的、内部的、主观的、客观的……"（周尚文等著，2010：539—540）按照这种说法，既然苏联崩溃了，那么这个制度本身必定一无是处，无论从哪个领域哪个视角来看，都只会发现处处有缺陷，无事不错误，从而必然导致制度崩溃这个最终结果。不难想见，不管研究者的初衷如何，这类所谓研究客观上很像是对苏联社会主义体制的控诉状，其所有的分析都无非为了说明，这个制度下的经济模式、执政模式等如何弊病丛生，如何难以为继，以及如何必然垮台等。[1]（程又中，2000；许新等，2001；陆南泉等，2010）总之，苏联"剧变的根本原因在于斯大林—苏联模式的社会主义制度本身"（陆南泉，载陆南泉等主编，2010：1180）。

为了说明苏联及其社会主义制度本来就行不通，有人提出，苏联模式从一开始就错了，后来更是越来越僵化，完全维持不下去，所以必然衰落："苏联长期当作社会主义本质特征来首先加以捍卫的公有制、按劳分配、计划经济和无产阶级专政的形式，即国有制和集体农庄所有制、等级工资制、指令性计划体制、一党执政的苏维埃国家体制，作为手段，虽然在一定时期和一定条件下发挥了解放生产力和发展生

1　例如，《超级大国的崩溃——苏联解体原因探析》一书对苏联的阴暗面进行了全面搜集。结论就是：苏联的实践一步不对，步步不对；开头不对，始终不对；不仅某个方面不对，所有方面都不对。该书的封底直言不讳地概括了所有这些不对之处："苏联为什么会解体？领导人的错误路线、方针和政策是直接原因；政治经济体制存在的严重弊端是根本原因；政治上的理想主义和专制主义、经济上的教条主义、民族关系上的沙文主义、对外关系上的意识形态化和霸权主义是深层次原因。"该书把解释和分析苏联解体，变成了对苏联的"评过摆坏"。（许新、陈联璧、潘德礼、姜毅，2001）肯定什么就为之评功摆好，而否定什么就为之评过摆坏，这种研究方法值得商榷。

产力的作用，但对于展现社会主义的最主要本质和实现社会主义的目的却并不完全和始终相宜。"（程又中，2000：601）所以，必须进行"一系列的根本性变动"，就是说，被当作社会主义本质特征的这些形式"必须尽早抛弃，以免过多过久地伤害生产力的主体和在更大程度上挫伤劳动者的积极性和创造性，此外别无选择"。因为"苏联几十年在观念上长期坚持、在实践中严格遵守的上述'框框'并非真理，而是谬误"。（同上：612）

另有研究力图论证，苏联崩溃是由于苏联建立的是一个坏制度。这个制度先天不足、弊端丛生，人民不接受这样的制度，从而最终抛弃了它。那么，为什么苏联当初能够建立起来，并且存在了这么多年？有人解释说，那是因为人民受到了蒙蔽："可以说，是人民抛弃了斯大林模式的社会主义和不代表先进生产力、先进思想与人民利益的苏共。这也充分说明，历史唯物主义和唯物辩证法的一个真谛，那就是只有人民群众才是创造历史的主人。人民群众可以被蒙蔽一时，但不能长久被蒙蔽。制度的好坏，应该以人民能否接受为标准。"（李凤林，载陆南泉等主编，2010：14）

不过，与中外学术界种种说法相比，来自共产党内部尤其是党的领导人对苏联社会主义制度的质疑可能分量最重，对社会思潮和制度转型的影响也最大。戈尔巴乔夫宣称，他发起改革的目标是要在苏联建立"人道的民主的社会主义"。这个说法隐含的意思再清楚不过，即苏联的社会主义模式既不人道，也不民主。如果说，如何判断一个社会制度是否民主仍有待商榷的话，那么，一个连人道也谈不上的社会制度岂不犹如人间地狱，除了人人喊打之外，哪有任何理由在世界上立足。出自共产党领导人的这一表述犹如一言九鼎，不但否定了苏联的社会主义模式，而且对究竟什么是社会主义也提出了质疑。这样一来，要不要建立和建设社会主义自然而然也就变成了一个大问题。

尽管在苏联崩溃之后，各种研究蜂拥而至，其中不少把苏联及其社会主义制度说得一无是处，但在当年，却几乎没有任何人预测到苏联和其他社会主义国家后来的剧变，包括公开反苏反共的学者布热津斯基。他在自己 1989 年出版的书中提到，有一则来自莫斯科的杜撰新闻报道说 2017 年苏联已经覆灭。对此他评论说，这则报道"事实上并不像初看时那么遥远，那么离奇。当然，也可能完全是另外一种情况，目前的制度继续延续，到 2017 年时并没有发生什么变化。届时，又将有一位苏联领导人向苏联人民许诺给他们带来繁荣，并再次谴责他的前任们造成了一系列的失误。他所谴责的人中，既包括勃列日涅夫和斯大林，也包括戈尔巴乔夫"[1]。也就是说，与事后头头是道的各种分析不同，直到苏联解体前夕，即使把苏联说得一无是处的那些人，似乎也并不一定相信这些问题会导致苏联制度崩溃。

[评析]

首先，如前面提到的，单纯依靠罗列苏联社会存在的种种问题，无助于解释苏联崩溃这个社会现象，而把数量不等的问题叠加在一起，以为罗列的问题越多，越面面俱到，就越有助于提高解释力，这实际上陷入了一种认识论误区。[2]

1　布热津斯基，1989 : 287。该书原版精装本 1989 年出版，平装本 1990 年出版，离苏联崩溃已近在咫尺。这段如此缺乏"预见性"和自我打脸的话，可能让作者后来肠子都悔青了。

2　2011 年，美国《外交政策》杂志发表一篇文章《关于苏联崩溃：你知道的每件事都是错的》(Leon Aron, "Everything You Think You Know About the Collapse of the Soviet Union Is Wrong", *Foreign Policy*, No. 187, July/August 2011, pp. 64-70)，作者认为，已有研究提出的有关苏联崩溃的所有原因都是错的。在该文作者看来，"道德的复活才是精髓"，也就是说，苏联崩溃是由于人们觉醒了，俄国人的品质发生了变化，认识到"当务之急是把人民从'奴隶'和'农奴'改造为公民"，"不能容忍自己的权利和自由遭到剥夺"等。然而，这位作者虽然指出其他研究和分析的不足，但这个说法除了又增加一个错误之外，同样无助于澄清人们对这一历史过程的认识。

在这里，也许重温毛泽东的《矛盾论》不无裨益。毛泽东论述了矛盾的普遍性和特殊性，指出二者相互区别、相互联结又相互转化，论证了主要矛盾和次要矛盾的原理，说明了找出主要矛盾和次要矛盾的方法论意义，并论述了矛盾对立双方相互转化的根据和条件。不难发现，罗列问题的研究方法恰恰背离了这些原理，眉毛、胡子一把抓，不去说明这些问题之间的关系，包括主次矛盾和矛盾的主次方面，以及它们在不同条件下的相互转化，这就不可避免地混淆了存在的各种问题与导致苏联崩溃的原因这两者之间的界限，或者说把两者混为了一谈。

其次，把苏联时期说成漆黑一团、一无是处，完全不符合历史事实。不可否认，苏联的社会主义制度绝非完美，在实践中遇到种种问题，存在各种缺陷，往往旧的问题解决后，新的问题接踵而来。实际上，苏联发展的历史就是一个不断应对各种挑战和解决各种问题的过程。但同样不可否认的是，无论在推动生产力发展还是在提高社会人文发展水平上，也无论在改善收入平等还是在维护民族团结方面，苏联都远远优于同等经济发展水平而制度不同的国家。如果罔顾历史事实，透过有色眼镜观察苏联，就只能是为批判而批判，无助于人们对客观世界的认识。马克思曾经对资本进行了深刻的批判和控诉，并在科学研究的基础上，做出了资本主义必然灭亡的结论："资本主义私有制的丧钟就要敲响了。剥夺者就要被剥夺了。"[1] 尽管如此，马克思从不讳言资本积累与生产力变革之间的关系，认为这种生产方式大大提高了劳动生产率，促进了社会生产力的发展。他指出："资产阶级在它的不到一百年的阶级统治中所创造的生产力，比过去一切世代创造的全部生产力还要多，还要大。"[2] 反观这类全盘否定苏联社会主义实践的所谓研究，它们基于意识形态立场任意剪裁事实，为我所用，几乎出于本能地遮盖真相和篡改历史，表现出的除

---

1 《资本论》第一卷，人民出版社，2004年，第831—832页。

2 《共产党宣言》，人民出版社，1997年。

了偏见还是偏见。正如一句名言所说，偏见比无知离真理更远。这类从偏见出发的所谓研究，其学术或科学价值究竟几何，其分析和得出的结论究竟有多少可信度，都非常值得怀疑。

再次，如果用"全盘否定"的有色眼镜观察世界上任何一种制度或任何一个国家，包括发达国家和发展中国家，可以肯定，除了问题和缺陷外，别无所有。历史上更是如此。拿发达资本主义国家来说，其资本原始积累无不是一个使用暴力剥夺劳动者、消灭以个人劳动为基础的私有化的过程，它不是田园诗式的过程，而是"用血和火的文字载入人类编年史的"。"资本来到世间，从头到脚，每个毛孔都滴着血和肮脏的东西。"[1] 资本主义发展过程中的累累罪恶，在任何历史书中，甚至在许多西方经典小说中都不难看到。今天的西方发达资本主义国家，尽管那里资本积累的手法有所改变，经济发展也达到很高的水平，但它们国内各个领域中依然问题成堆，更不要说不发达的资本主义国家了。无论苏联体制存在怎样的问题和缺陷，都完全不能与资本主义制度的黑暗和罪恶相提并论。那么，为什么只有苏联才会由于存在所谓种种问题而遭到全盘否定，同样的逻辑却不被用来分析资本主义和其他形式的剥削制度？这种戴着有色眼镜、采取双重标准的所谓研究，恐怕不会也不能回答这个问题。

1　见《马克思恩格斯全集》第23卷，人民出版社，1972年，第783、829页。

第四章　本书的观点：抽心一烂 [1]

历史上，无论是国家解体还是制度消亡并不罕见，这些事件的背后自然也各有缘由。苏联崩溃也是这样。但是，要找出事件发生背后的原因却并非易事，因为这取决于多种条件。几乎可以断定，要破解苏联崩溃之谜，仅仅依靠强调或罗列苏联社会存在的问题完全达不到这个目的。遗憾的是，这正是大量相关研究所采用的方法。

1　1867 年，曾国藩与幕僚赵烈文谈话。曾国藩说："京城中来人说，都城里气象甚恶，明火执仗之案经常发生，而市肆里乞丐成群，甚至于妇女也裸身无裤可穿，民穷财尽，恐怕会有异变。为之奈何？"赵烈文说："天下治安一统久矣，势必分崩离析。然而主德隆重，风气未开，若无抽心一烂，则土崩瓦解之局不成。我估计，异日之祸，必先颠仆，而后方州无主，人自为政，殆不出五十年矣！"清王朝于 1911 年土崩瓦解，果然未出 50 年，应验了赵烈文的预言。本书采用"抽心一烂"意指国家领导核心腐烂、崩塌，正如赵烈文所说，"若无抽心一烂，则土崩瓦解之局不成"，在苏联，如果没有这个条件，社会主义制度也根本不可能以这样的方式迅速崩溃。

一、依靠罗列问题不能合理解释苏联崩溃

一个国家内部存在某些问题、缺陷和困难并不一定表明这个国家必然解体，也不一定表明其国家制度必然崩溃。道理很简单：两者之间不存在简单的因果关系。

任何一个生命体在其生存期间都不可避免地会受到各种各样的健康问题的困扰，包括医学上分类定性和新发现的疾病以及自身的先天缺陷。然而，一个生命体的终结，却不一定直接源于这些已有的疾病或缺陷，无论是全部还是其中某些部分。在《国际疾病分类》中，根据世界卫生组织的建议，死亡原因被定义为："所有直接导致或间接促进死亡的疾病、病情和损伤，以及造成任何这类损伤的事故或暴力的情况。"[1] 人死各有其因，例如死于车祸、空难等交通事故，致命的暴力行为，无意的个人行为如不小心跌落悬崖。这些都与他们生前存在的疾病或健康问题毫无关系。因病而亡者无疑与自身健康状况有关。但在这种情况下，往往只有其中某个关键问题发挥了决定性作用，医学上被称为根本死因或直接死因，其他健康问题有的或许起到了辅助或诱发作用，但有的则完全与生

---

1 死因还可细分为：（一）根本死因（primary cause of death）。就是引起死亡的初始的原因，是指引起死亡的原发性自然性疾病或暴力因素。（二）直接死因（direct cause of death）。是指直接因其死亡的原因。如果根本死因不经过中间环节直接引起死亡，则此死因既是根本死因，又是直接死因，也是唯一死因。（三）辅助死因（contritutory cause of death）。是指主要死因之外的自然性疾病或损伤。它们本身不会致命，但在死亡过程中起到辅助作用。（四）诱因（inducing cause of death）。即诱发身体原有潜在疾病恶化而引起死亡的因素。（五）联合死因（combined cause of death）。又称合并死因，是两种或两种以上难以区分主次的死因在同一案例中联合在一起引起死亡而共同构成死因。包括：（1）病与病联合致死；（2）病与暴力联合致死；（3）暴力与暴力联合致死。引自赵子琴《法医病理学》第3版，人民卫生出版社，2004年。

命的终结无关。即使纯粹的医学外行，恐怕也没有人能接受用开列一张类似体检表的方式来断定某人的死因，无论这张表的内容和类别多么详尽。分析个体生命的终结尚且如此，更不要说分析苏联这样一个大国的社会制度崩溃了。把苏联时期存在的问题统统看作苏联崩溃的原因，用这种研究思路得出的结论显然难以客观、公正。

世上从不存在绝对健康、从不生病的人。人生不同阶段的健康和疾病状况因人而异，例如有大有小、有轻有重或时大时小，但可以说，带病生存是任何生命体存在的常态。历史上已有的和现存的任何社会制度或国家也是如此。当今各国的存在并非由于自身的制度完美无缺，而是由于种种条件，例如生产关系依然与生产力相适应，国家内部的问题能不时得到解决或应对，虽有社会矛盾但尚未激化到总爆发的程度，矛盾和冲突各方的力量对比等。不少国家长期面临严重问题，导致社会动荡不定，民众在苦难中备受煎熬，但统治者仍然有能力掌控大局，国家貌似苟延残喘却也并未坍塌或崩溃。如果以存在种种问题就断定某个国家的制度必然崩溃，那么，当今世界上200多个国家和地区恐怕没有几个还能幸存至今。

奥尔森曾谈道："当历史事件的结果为已知时，历史学家能够使用任意数量的材料来支持自己的观点，他总可以编造出别人难以驳倒的某种'解释'的。甚至当他找不到任何特殊属性来充当其解释的根据时，总可以从丰富多彩的复杂现实世界中找出不同结果的不同原因的。任何两个国家、两段历史时期或两次重大历史事件都会具有许许多多的不同点，从而可以找出几乎无数的材料来说明其中原因，由此得出令人眼花缭乱的解释。然而，除非构成这些解释的不同因素在其他情况下也能适用，否则又回到前面指出的只根据单一样本的数据就进行推理的老矛盾中。正因为很容易找出一种或几种属性来解释某一件人类或社会的现象，所以我们必须坚持一种判别真伪的原则，即对历史规律的任何解释必须适用于两个以上的事件才算成立"。（奥尔森，1999:14—15）

以发掘问题为导向的研究，常常只专注于发现和罗列问题，却很少顾及各种问题之间的联系。例如，不断有人提到所谓导致苏联崩溃的历史因素，包括斯大林和其他历任苏共领导人的错误，还有所谓国际因素，主要是西方世界的压力、帝国主义推行"和平演变"战略等。这些因素都在历史上客观存在且不可改变，如果认为这些问题导致了苏联崩溃，那就只能承认，无论后人采取怎样的行动，由于这些既定历史事实和外部条件的客观存在，苏联社会主义实践的失败必然发生——但这个结论似乎又与常常提到的另一类所谓导致苏联崩溃的因素相矛盾，即政策因素。

所谓政策因素，就是认为苏联党和国家采取的经济、政治、军事等政策不当，或在实行某种政策的过程中犯了错误。例如，经济政策偏重重工业而忽略轻工业，消费品不足，经济没搞好，再加上与西方进行军备竞赛，导致苏联在经济发展上表现不佳；党和国家主要领导人推行错误的"改革"路线，尤其是苏共领导人戈尔巴乔夫在改革中应对失误、领导无方，葬送了苏联的社会主义事业；民族、宗教政策不对头，导致民族矛盾激化；等等。两相对照可以发现，如果把历史和外部因素看作根源，就意味着这个制度的失败已经不可避免，无论采取什么政策都不可能改变历史命运，即不可能避免苏联社会主义制度失败的命运。那么，究竟是历史决定还是政策决定，这是需要解释的。依靠罗列问题不可能也没有对此提供任何可信的解释。

用罗列问题来证明苏联必然崩溃不但在学术上站不住脚，在政治上也是有害的，因为这在客观上把学术研究变成了一场对苏联制度的大揭发、大批判，符合或重申了有史以来对社会主义提出的所有疑问、批评和污蔑，起到了在全盘否定社会主义制度上添油加醋的作用。在这种语境下，以往很多反苏反共的作品包括西方政府的宣传，无论带有多么鲜明的政治偏见，无论如何罔顾事实，此时似乎都成了无比正确的科学论证；其摇身一变，在有关苏联崩溃的研究中变得地位显赫，甚至几乎成了真理的化身。那些一贯反苏反共的人士则通过大肆宣扬所谓苏联的问题或阴暗面，证明自己不仅立场、观点正确，而且具有先见之明。面对这一轮以学术为名汹涌而来的反苏、反社会主义浪潮，坚持马克思主义立场观点的人即使难以认可，但只要以同样的方法分析苏联崩溃，就难以对这种政治倾向做出有力回应，以至于步步退却，处于失语状态，在客观上相当于与对手同流合污，把自己变成了资产阶级右翼的同盟军，有意无意地加入了攻击苏联和社会主义的大合唱——尽管出发点不同，或许这也并非他们的本意。

沿着这一思路走下去，最后的结论只能是苏联模式这也不行那也不行，苏联崩溃顺理成章，社会主义无非"死路一条"，只有资本主义才是社会发展的唯一选择。但是，这个结论虽然一度似乎成了新的"政治正确"，却经不起用同样研究方法进行的拷问。很明显的事实就是，如果罗列问题的话，那么，资本主义制度的阴暗面数不胜数，把罪恶、阴暗面、缺陷通通集中起来，现存资本主义，无论是发达还是不发达阶段的资本主义，都远远超过包括苏联在内的所有社会主义国家，或者更确切地说，两种制度根本不能相提并论。如此，资本主义早该进入历史的垃圾堆，又怎能被当成比社会主义更好的制度选择？

迄今为止任何一种社会制度都存在问题和矛盾，苏联社会主义制度也不例外，尽管其形式、性质和程度有所不同。但这些问题和矛盾能否导致制度崩溃，需要认真、仔细地探究，而不能因为既然苏联崩溃了，苏联制度下存在的所有问题都成了崩溃的根源。苏联崩溃之前，虽然对苏联的攻击和批评从不曾停止，但少有人或几乎没有什么人从这些所谓阴暗面出发，预测到苏联的崩溃。这至少表明，苏联的这些所谓阴暗面无论数量多少，无论其制度本身令反苏势力多么深恶痛绝，都不足以让他们得出苏联必然崩溃的结论。苏联崩溃之后再这样去做，把相干和不相干的因素集合在一起用来解释这个历史事件，其科学性和可靠性当然值得怀疑。

成败各有其因。一场战斗或战役的成败，或一场社会运动的成败，虽然都离不开各自的历史和社会大环境，但也有导致事件本身成败的即时和直接的原因。在同一种社会制度下，国家政权的更替时有发生。这些变动通常不难得到说明。例如，有合法和不合法之分，或源于外部势力入侵、内战、军事政变，或通过民主大选实现。更大范围的社会变革大致也是这样。在资本主义取代封建主义的过程中，什么是推动变革的基本条件，哪些因素发挥了何种作用，通过什么方式或手段实现了什么目的，尤其是什么力量最终掌控了事件的发展，即谁是"实施变革的力量"或变革的代理人，向来都是探讨重大历史事件的入口。但遗憾的是，在有关苏联崩溃的研究中，这个视野反而往往隐匿不见了。

世所公认，苏联社会主义制度的诞生是布尔什维克领导的武装起义即十月革命的直接结果。有些奇怪的是，在讨论苏联崩溃的时候，关于什么是导致这一结果的主要动力的问题却似乎变得模糊不清了，很少有研究指出，究竟是什么力量，通过什么方式和手段，直接颠覆了苏联制度。

苏联崩溃是一个集三重变更于一体的历史事件：政权更替、制度变更、联盟国家解体。这一变化不但影响当时生活在其中的人，还深刻影响整个人类社会的进步历程。苏联崩溃的一个严重教训在于，社会主义制度可以"带病"生存，通过不断"治疗"和改善得以维护并发展。但如果对其存在的致命隐患视而不见，那就必然招致颠覆性后果。这也是本书对苏联崩溃的原因进行重新审视的一个出发点。

二、搞垮苏联的是苏联最高领导人及领导集团（或称执政集团）

正如各种社会运动或制度建设的成功一样，历史上也有各种各样的失败。但是，失败并不等同于非正义。众所周知，1871 年，作为无产阶级推翻资产阶级统治，建立无产阶级专政的第一次伟大尝试，巴黎公社以失败告终。巴黎公社的失败当然有种种原因，值得认真总结，但是完全不能由此认为，这次失败说明巴黎公社一无是处，甚至其建立和存在本身就是错误的。马克思在关于巴黎公社的发言中有这样一段话："即使公社被搞垮了，斗争也只是延期而已。公社的原则是永存的，是消灭不了的；在工人阶级得到解放以前，这些原则将一再表现出来。"[1]同样的道理也适用于法国大革命。这场革命失败了，它倡导的自由、平等、博爱的理想迄今仍然未能变成现实，但不可否认的是，这种精神对后来的历史进程产生了深刻影响。革命的失败无碍其伟大。以成败论英雄不是判断重大历史事件的合理前提，也不是分析历史过程的科学思维方式。这一点，目前在探讨苏联社会主义制度的实践及其失败上尤其重要。

前面的讨论指出，为了解释苏联社会主义制度的失败，现有的研究提到了种种原因，它们或许各有各的道理，但今天看来，这些解释依然难以给出令人满意的答案。相反，开列出来的原因越多，越细致入微，越面面俱到，历史真相似乎就越模糊，越难以经得起事实和逻辑的检验。

本书的基本观点是：苏联最高领导人及领导集团的所作所为把苏联推向了崩溃的深渊。换句话说：苏联崩溃是苏联最高领导人及领导集团一手造成的，是他们亲力亲为的后果。[2]

首先，苏联崩溃是苏联党政领导人及领导集团精心谋划、亲自指挥、全力实施和推进的产物，是自上而下发起的一场制度大变革的结果。这个过程在光天化日下发生，有迹可循，有据可依，历史事实俱在。

苏联社会自始至终一直存在和面临种种问题，尽管人们对各种问题的后果判断不一，但没有人否认问题的存在，正如有史以来在任何国家

1　《卡尔·马克思关于巴黎公社的发言记录——摘自 1871 年 5 月 23 日总委员会会议记录》，《马克思恩格斯全集》第 17 卷，人民出版社，1972 年，第 677 页。

2　这里分析的主要是苏联。由于内外部条件不同，其他社会主义国家的制度转型各有自身的特点，党政领导上层发挥的作用也不完全一样，因此不能一概而论，需要对具体问题做具体分析。

任何地方一样。但是，如马克思所说，"批判的武器当然不能代替武器的批判，物质力量只能用物质力量来摧毁"。苏联社会存在的问题无论多么严重，它们本身既不会自动消失，也不会导致制度自动坍塌，除非出现能够推翻现存制度的物质力量。历史上，一切重大的历史变革都是在某种社会力量的推动下发生的，总有一只看得见的手在发挥作用，例如法国大革命、十月革命、中国的革命等。似乎从来不存在这种情况，即生活在某个制度（即使是公认的坏制度）下的人一夜醒来，这个制度突然自动消失了。苏联崩溃是苏联最高领导人及领导集团直接导演的"活剧"。借用医学上的说法，上层领导这个因素是导致苏联制度消亡的根本死因或直接死因。

古今中外，似乎鲜有当权者亲手推翻自己统治下的国家制度的例子，即使在那些面临严重困难和危机的国家。苏联既没有被外部敌人的进攻所摧毁，也没有被国内社会运动或造反起义打垮，而亡于本国最高领导人及领导集团的蓄意而为，这不能不说是一个相当独特的历史现象，值得深入深究。

其次，苏联崩溃源于"内爆"，即从内部打开了溃败的缺口。这个来自内部的决定性力量就是党和国家的最高领导人及领导核心。如果不是这样，苏联在发展中无论遇到怎样的困难和挑战，都不会在不到一个世纪就落到了国家分裂、制度崩溃的境地。

共产党与其他所有政党和派别的最大区别不但在于信仰不同，而且在于其坚持信仰的坚定性。无产阶级革命运动的历史表明，坚定的共产主义信仰所产生的力量足以使其有能力面对任何强大的敌人。就信仰的坚定性而言，堪与之相比的或许只有宗教。但是，与宗教不同，共产主义信仰并非纯粹是某种精神的产物，而是建立在共产主义学说之上。共产主义学说不是脱离实际的空想，这是由马克思和恩格斯创立的无产阶级的思想体系，是经过100多年无产阶级革命实践检验的科学真理，是无产阶级和全人类长远利益的集中体现。因此，共产主义信仰被认为是一种科学信仰，也是有史以来最崇高的信仰。共产主义学说在正确认识自然界、人类社会和思维发展客观规律的基础上，揭示了资本主义生产方式的固有矛盾，证明了资本主义必然灭亡，社会主义必然胜利这一不可阻挡的历史发展趋势。对共产主义学说的信仰体现着无产阶级革命者的向往和追求，成为他们强大的精神支柱。领导人丧失信任，是当年强大的苏联走向崩溃的重要原因。

再次，无论当时面临多少困难和挑战，苏联当局如果打算维护既有的社会制度而不是反向为之，事实上完全有能力做到这一点。

除了宫廷政变之外，一国政权面临的最大挑战莫过于外部强敌入侵或国内民众揭竿而起。在这样的挑战面前，有些国家的政府倒台，权力易手，甚至国家本身分崩离析，但也有不少国家以不同方式应对了挑战，使政权得以延续，国家制度得以续存。"二战"期间，德国法西斯对苏联发动了疯狂的军事进攻，苏联面临前所未有的生死考验。在极端艰苦和困难的条件下，苏联不但成功打败了外敌入侵，而且大大强化了自身的力量，并确立了作为世界两个超级大国之一的地位。在20世纪80年代，苏联既没有来自外部的强敌入侵，国内也没有出现大规模民众造反，如果不是当局主动弃权求变，苏联崩溃完全不可能发生。设想一下，假如面临足够强大的内外挑战，凭借自己强大的国家机器尤其是无比强大的军队，以及包括核武器在内的军事装备，苏联有足够的力量来应对。如果面临的挑战巨大，苏联决心不惜代价，动用一切力量放手一搏，那么其结局即使不是苏联取胜，也必定两败俱伤，而最不可能的结果就是以苏联单方面崩溃收场。现实中，苏联的这种"和平"崩溃出乎所有人的意料，也正因为这样，才有美国学者会长舒一口气，发出了"'世界末日'得以幸免"的感叹。（Kotkin, 2001：173-174，184，187）

苏联以这种和平方式崩溃让其老对手美国大跌眼镜，学者们也一度百思不得其解，不明白这个所谓"世界迄今最大的警察国家"，拥有令人畏惧的早期暴力记录，会突然之间把自己归零；更难预料的是，苏联这样做却没有激起一丝涟漪。他们承认，在20世纪80年代，苏联社会实行完全就业，政权稳定；国家外债很低，信用评级极佳；直到改革之前，不存在严重的国内失序；直到改革时还保留了虽然有所减少但依然力量惊人的军队、内务部和克格勃的忠诚。那么，为什么改革开始后，在国内某些地区分裂势力的威胁下国家存亡摆在面前的时候，苏联领导人不动用其指挥下的巨大力量，对谋求独立的加盟共和国施以毁灭性打击？（Kotkin，2001：173-174）苏联拥有强大的军队。设想一下，如果最高领导人和莫斯科精英集团以无情的决心维护帝国，不惜动用军队保护制度，那么即使在形势已经不可挽回的情况下，恶战之后的崩溃，无论对苏联还是苏东地区，以及整个世界，将会是一种怎样的景象？在这个意义上，苏联的消失只能被看作自我崩溃，而不是被推翻。一个制度或国家如此驯服地投降，就像苏联崩溃这样的自残，在历史上十分罕见。（同上：184，187）

这个问题同样困扰着其他思考者。例如，有人提出："为什么历史上最强大的政治机器（具有2000多万具有铁的纪律的党员）一下子自我毁灭了呢？为什么直接代表工人阶级和其他所有劳动人民利益的最强大的政党和专政一下子就到了残缺不全、孤立无援的地步呢？"（佩特罗夫，2001：130）"苏联共产主义的动摇，实际上并没有给在外因影响下出现的多党制思潮提供什么重要论据，恰恰相反，苏联的一党制证明，社会和文明的毁灭是由于内因造成的，而外因的作用不大。"（同上：130）

在对待东欧国家的制度变革上，如果苏联领导层不是主动缴械投降的话，他们的无所作为同样令一些人大惑不解。"人们不禁要问：当成千上万抗议群众走上街头威胁社会秩序和把社会推向混乱和绝境的时候，国家、警察和军队到哪里去了？如果说民主德国、捷克斯洛伐克或波兰的军警力量不足，那么这些国家不是有苏联驻军吗？在民主德国有100万苏联驻军，在匈、捷、波也有苏军。人们很自然会提出这个问题。……回答也很简单：每个国家的自卫力量只要没有死亡就会做出反应。东欧国家的武装力量没有消亡，完全有能力恢复秩序。……问题是当这些国家的武装力量准备制止无政府状态时，戈尔巴乔夫的秘密情报部门（军队和克格勃）便进行干预，说不要动武。……这就是戈尔巴乔夫最具危害的和最严重的犯罪行动，是他宣判了东欧共产主义的死刑。"（佩特罗夫，2001：208—209）

因此，结论只能是，"戈尔巴乔夫毁灭了共产主义，毁灭了共产党这一工人阶级专政的重要基础，这也是出现剧变的决定性因素。如果共产党保持住自己的社会功能的活力，思想精神健康，坚持团结统一，即使经济上遭到破坏，共产主义仍会重新复活。苏共作用的削弱为共产主义大厦的倒塌创造了重要的前提。作为一支政治力量，共产党（书记处、政治局、中央委员会）的党员们占据着国家机关以及政治经济组织中的领导地位。总书记和最高党的机关掌握着最强大的职权和监督权，他们是共产党专政的首脑。所以，上层的每一点'头疼脑热'都可能在整个机体中一起中毒。每一次头脑混乱都可能引起机体中其他部位的瘫痪"。（同上：129—130）作为前社会主义阵营的一员，民主德国的一位前领导人也指出："所有要素统统表明，苏联是被从上层摧毁的，是被那些所谓的政治、经济、文化精英们摧毁的，从根本上讲，是被共产党内部的不同派别摧毁的。"（克伦茨，2017）

最后，需要明确指出，苏联最高领导人及领导集团不但是苏联崩溃的主要根源，而且可以认为是唯一的根源。正因为苏联的领导上层决意改变国家的社会主义道路，苏联时期存在的所有问题和缺陷，才从在现有制度框架下有待解决，并且有可能解决，变成了除非推翻原有制度，否则无法摆脱的困局。

一些研究较早注意到这个现象，认为上层领导对苏联崩溃负有不可推卸的责任。（佩特罗夫，2001；季诺维也夫，2004；麦德维杰夫，2005；雷日科夫，2008；等）不过，这些分析在指出领导层责任的同时，大多仍坚持多因素论，即苏联崩溃是由国内国外、党内党外、各个领域的问题共同作用的结果，尽管对不同因素各有侧重。例如，有学者认为："苏联国家体系迅速解体的前奏是苏共思想理论的崩溃和苏共自身的瓦解。"（麦德维杰夫，2005：283）但是，"尽管我认为意识形态的衰落是苏共和苏联解体的主要原因，但是还存在其他许多因素刺激并加快了苏联解体的进程，或者为苏联解体提供了具体的条件"。这些问题包括反俄罗斯的民族主义、俄罗斯的分离主义、冷战和西方施压、社会主义阵营的瓦解、戈尔巴乔夫和叶利钦的作用、苏联基础和承重结构的脆弱性等。（同上：226—227）有的研究把导致苏联解体的矛头直指最上层，但即使这样却仍然认为，苏联的剧变是多种因素造成的。（雷日科夫，2008）中国国内的一些研究也是这样，即使注意到苏共领导上层在苏联崩溃中的作用，也依然认为这只是诸多原因中的一个，甚至还不一定是最重要的一个。

在强调领导人的作用上观点最鲜明的可能是科兹和威尔的研究。他们指出，苏联"党国精英"的所作所为，即"来自上层的革命"，导致了苏联的解体。"我们的结论是，苏联体制的瓦解，不是源于与经济崩溃一道而来的群众暴动，而是源于其自身的统治精英对个人利益的追逐。"（科兹、威尔，2002：10）

本书基本赞同科兹和威尔的分析，即苏联的崩溃源于上层，是上层亲自发动并一力推行的结果，而不是由其他所谓种种原因导致。但是，笔者很难认可他们提出的"戈尔巴乔夫改革失控论"。科兹和威尔认为，戈尔巴乔夫推行的是社会主义改革，"目标就是民主化和复兴苏联社会主义"，"他（戈尔巴乔夫）是诚心诚意地想要革新社会主义，而不是用资本主义来取代它"。（同上：5）只不过随着形势的发展，出现了一个叶利钦领导的亲资本主义联盟，使戈尔巴乔夫"无法完成社会主义的改革进程"。在笔者看来，戈尔巴乔夫发起和推动的根本不是社会主义改革，而不过是以改革为名，行推翻社会主义制度之实。随着时间的推移，越来越多的证据表明，包括戈尔巴乔夫本人后来也越来越坦率地承认，他领导的上层改革集团所推行的改革并不是为了完善社会主义，而是为了摧毁苏联的社会主义模式。例如，为了把推翻苏联说成是自己领导的正义行为，他呼应西方一直以来对苏联的污蔑和攻击，把苏联定义为"极权主义社会"。他说："归根到底，大家看到，苏联所实现的'模式'不是社会主义社会的模式，而是极权主义社会的模式。"（戈尔巴乔夫，2002：29）因此，事实并非如科兹和威尔所说的那样，由于戈尔巴乔夫改革失控，才产生了苏联解体这样事与愿违或出人意料的结果。

科兹和威尔认为，苏联毁于党国精英之手，这就是他们所说的"来自上层"的革命的含义。在他们看来，党国精英似乎指国家统治集团成员，但对此并没有给出一个明晰的定义。他们谈到这场"革命"来源于"统治集团中的主体部分"，即所谓"亲资本主义联盟"，并得到了知识分子、经济学家和私营企业主这个新阶级的支持，同时又认为，"所有这些人都属于苏联内部的特权集团，不管是在身份地位方面，还是在物质财富方面"。（科兹、威尔，2002：199）但他们同时也指出，不但当时大多数苏联民众从总体上拥护社会主义，不赞成走资本主义道路，也不支持加盟共和国分裂，而且除了发动政治经济体制改革的最高层领导外，苏联社会主义制度下的官僚也都抵制改革，或者说，传统体制下的中层和下层领导难以接受最高领导人倡导的改革，只不过随着改革的进展，统治集团越来越多的人认识到改制能给他们带来前所未有的巨大利益，他们才转而加入亲资本主义联盟，成为推动苏联转制的有生力量。（见上引书，第七、第八章）这个分析固然不错，可能也符合实际，但这正说明，如果没有最高领导人及领导集团的发动和领导，所谓党国精英即使有变天之意，实际上也很难有所作为，他们很可能只不过仍然一如既往地按照中央指示，继续执行他们维持原有体制运转的职能。也就是说，制度变与不变关键还是在于最高领导人及领导集团（就像部队中的领军人物指挥千军万马一样），而不取决于他们的下属，也就是包括其他政治和社会力量在内的广义的所谓党国精英。

在中外历史上，不要说一个制度的根本性变革，即使同一个制度下的政权更迭，都是在可见的物质力量的作用下实现的，都有一只看得见的手在起作用，例如起义、战争、政变、革命等。有些奇怪的是，在不少有关苏联及其他社会主义制度变革的研究中，这只手似乎不见了，好像不存在特定人群，也不必依靠任何人群采取任何行动，体制本身存在的所谓问题便足以令一个制度自行崩溃。这就如同相信，依靠不满或诅咒这种非物质的意念或说"批判的武器"就能摧毁一座大厦一样。这种推论缺乏说服力，因为它完全忽略了一个最重要的环节，即导致这一结果的直接行动者或物质力量。在苏联，摧毁社会主义制度的这个物质力量不是别的，正是苏联的执政上层。没有它，苏联转制和崩溃过程不可能启动，更不可能实现。

在苏联，作为上层建筑的核心部分，国家政权不但开启了从根本上改变经济基础的大门，而且一手主持并完成了这一剧变过程。这无疑是社会主义发展中最重大的历史教训。那么这个历史过程是怎样发生的，又为何会发生？只有回答这些问题，才能找到解开苏联崩溃之谜的钥匙；只有认清苏联体制最致命的缺陷所在，才能为未来的社会主义的发展和建设提供有价值的借鉴。

下面各部分讨论的内容分别是：首先，苏联最高领导人及领导集团如何一手策划、主导并完成了苏联的制度转型。现有材料足以表明，这不是一个推断或假说，而是无可争议的历史事实。其次，分析苏联最高领导人及领导集团这样做的动机和目的，以及导致其目的最终得以实现的基本条件，也就是苏联体制真正的缺陷所在。最后，总结社会主义国家在解决这个问题上所做的努力及其经验教训，探讨怎样的制度设计才能避免苏联崩溃这样导致历史车轮倒退的悲剧再次发生。

第二部分

苏联执政集团如何以改革为名搞垮苏联

前面的讨论指出，苏联最高领导人及领导集团是导致苏联崩溃的罪魁祸首。下面分析他们如何成功地做到这一点，如何完成了他们充当苏联掘墓人的使命。

为方便起见，苏联最高领导人及领导集团有时简称"上层"或"执政集团"。通常所说的社会精英阶层，指的是政治、经济、社会、文化等各领域掌握各种权力和各类资源的阶层，包括所谓知识精英，有人把两者统称为党国精英。（例如科兹、威尔，2002）这里所说的上层虽然同属广义上的社会精英阶层，却只是指其中最上层那一部分，即国家最高统治集团，他们掌握着关系全国命运的决策权，决定着国家发展的道路和大方向。

第五章　执政集团以改革之名发起和主导改制

一、指导思想和目标

　　苏联社会主义制度的转型从改革开始，而做出改革决策的是党和国家的领导核心，即苏联党政最高领导人及领导集团。用现在中国流行的话说，苏联的改革完全来自"顶层设计"。可以说，苏联崩溃的历史过程如下：领导集团以改革为名，亲手开启了制度转型的大门，通过在全国范围强力推进所谓改革方案和具体措施，不但彻底推翻了社会主义制度，颠覆了原来的国家政权，而且导致作为一个统一国家的苏联最终解体。

　　苏联的改革开始于戈尔巴乔夫执掌党政大权之后。进入 20 世纪 80 年代后，苏联最高领导层发生重大人事变动，在不到 3 年时间内，3 位苏共中央总书记和国家领导人先后离世：勃列日涅夫于 1982 年 11 月去世；继任者安德罗波夫一年多之后于 1984 年 2 月去世；契尔年科继任刚满一年后于 1985 年 3 月去世。戈尔巴乔夫在 1985 年 3 月接任苏共中央总书记。在接管党政军大权后不久，他就开始着手实施所谓改革计划。上台后不到一年，他就在 1986 年 2 月党的大会上宣布："现在的情况是，不可能再把我们的措施束缚在局部的发展上了——需要的是一次彻底的改革。"（科兹、威尔，2002：67—68）也正是在这次大会上，戈尔巴乔夫提出了要加强所谓民主化和公开性，开始把自己蓄谋已久的想法变成苏联共产党的指导思想，并由此转化为国家的大政方针，在全国推行和实施。在随后的几次讲话中，戈尔巴乔夫明确提出要"进行深刻的全面改革"，并在同年6月首次提出"彻底的公开性"这个口号。他的这些有关"彻底改革"的呼吁得到了西方的重视，在东欧国家引起震动。（黄宏、纪玉祥主编，1992：18—24）在戈尔巴乔夫"改革与新思维"的指导下，苏联政府出台了一系列方针政策和具体措施，开始把苏联一步步推向崩溃之路。

对于执政上层在这一期间发挥的决定性作用，戈尔巴乔夫本人并不讳言，他说："我们现在的改革似乎也可以叫作'来自上面的革命'。确实，改革是由共产党倡导开始的，是在共产党的领导下进行的。……总的来说，改革已经从党、从党的领导开始了。我们好像是从金字塔顶端向底部走。……是的，改革的倡导者是党的领导，改革的纲领是在党和国家的最高机关里拟定和通过的。确实，改革不是自发的过程，而是受到指导的过程。"（戈尔巴乔夫，2002/B：43）在是谁一手制造了这场历史性剧变的问题上，戈尔巴乔夫也许最有发言权，他说："在苏联的条件下根本性的改革只能由上而下，由党与国家的领导开始。这是由这种制度的'性质'本身决定的，那就是对社会和国家生活的超集中领导。这同样是由于习惯于执行'上面'做出的指示和决定的群众的惯性。"（同上：76）

有关苏联的改革过程，现有大量历史资料、分析研究和当事人的记录可供查阅，包括戈尔巴乔夫本人及领导班子成员和其他亲历者的各种回忆录，例如戈尔巴乔夫尚在台上的时候即已出版，阐述其改革的指导思想的著作《改革与新思维》。（戈尔巴乔夫，1987）到如今，几十年过去了，苏联当局发动改革的意图和目标，采用的方针和策略，早已不像当年那样出于政治需要不得不遮遮掩掩，言不由衷，改革的真相已经大白于天下。概括起来，戈尔巴乔夫及领导集团推行改革的指导思想和目标主要有以下几点。

首先，否定社会主义思想和实践，主张指导思想多元化。在戈尔巴乔夫主持下，苏联共产党不再把马克思列宁主义作为指导思想，不再把共产主义作为奋斗目标，代之以所谓"人道的民主的社会主义"。这就意味着，戈尔巴乔夫的所谓社会主义改革，实质上意味着在意识形态上转向资产阶级思想和价值观，在社会制度上转向资本主义。这样的所谓改革不亚于一场革命，无疑将带来翻天覆地的变化。最后的结果也明白无误地证明了这一点。

所有的社会改革通常都包含两个基本指向，一是现存社会中哪些需要否定和抛弃，二是哪些需要倡导和建立。两者相辅相成，缺一不可，但改革的前提通常是维持现有制度的本质特征不变，只是在此基础上加以改善和推进。戈尔巴乔夫的改革来自他的新思维，其中的主要内容就是"公开性"和"民主化"。1986 年 6 月，他在苏共中央全会上就首次提出要争取"彻底的公开性"。（黄宏、纪玉祥主编，1992：26）在 1987 年 1 月的苏共中央全会上，戈尔巴乔夫比较全面地阐述了其行动的指导思想和目标，强调改革"就是指对社会进行真正革命的和全面的改造"，并提出了改革旧体制的途径，即推行公开性和民主化。所谓公开性，表面上指放宽意识形态的控制，对社会生活的各个方面进行公开讨论和辩论，"让党和人民了解一切"。所谓民主化，表面上指发扬民主形式和扩大人民自治，实现政治制度的民主化。（同上：34—38）在当年 2 月的一次讲话中，戈尔巴乔夫进一步指出，所谓民主化，就是"既在经济中发扬民主，也在政治及党内发扬民主"，并指出公开性和民主化之间的关系，即公开性是"社会民主化的一个必不可少的条件"。不无启示的是，他这次讲话的标题是"信念是改革的支柱"，明白无误地道出了党政领导人的信念或思想在改革中的核心作用。（同上：39）后来他又明确提出，改革目标是建立"人道的、民主的社会主义"。

从指导思想、手段到目标，戈尔巴乔夫以上这些说法听上去非但没有错误，而且用意良好，甚至令人振奋，在改革最初阶段也确实起到了笼络人心的作用，获得了不少支持。但实质上，戈尔巴乔夫的这些所谓改革信念建立在否定过去的前提下。首先是对斯大林的否定，因为斯大林被看作苏联历史和苏联社会主义体制的代表和象征，正如戈尔巴乔夫后来承认的那样："现在在许多事情变得清楚明了之后，我对斯大林的看法自然改变了。如果我的看法不改变的话，我就不会开始改革。"（戈尔巴乔夫，2015：43）戈尔巴乔夫最重要的改革伙伴之一雅科夫列夫有着同样的思想认识。他说："从我个人方面来说，我的世界观改造在社会改革之前很早就开始了，尽管还不是彻底的改造，但我已做好了进行彻底改造的准备。"（雅科夫列夫，2016：24）"我个人毫不怀疑，苏联注定要进行根本性革新。"（同上：339）随着改革的进展，戈尔巴乔夫离从全盘否定斯大林到最终推翻苏联制度的目标越来越近，雅科夫列夫也终于道出了改革的真相，他说："原来意义上的改革实际上已经结束。它也不能不结束，因为1987—1988年事实上已经提出了要更换社会制度的问题。"（同上：202）

戈尔巴乔夫并非批评甚至否定斯大林的第一个苏联最高领导人，但他却是从否定斯大林开始，到一步步否定苏联共产党的领导，否定苏联制度，直到否定苏联本身的第一个也是最后一个苏联最高领导人。戈尔巴乔夫及领导集团以上述思想为指导，以社会主义改革为旗号，彻底改变了苏联的国家性质。

其次，在政治上推行多党制和议会政治，取代共产党的领导；推行军队的非党化和非政治化；效仿西方的政治模式重塑苏联的政治制度。

历史上，所有存在过和现存的社会主义国家无不以共产党执政作为其政治制度的基本特征。这常常被蔑称为"一党专政"，始终遭到来自多方面的质疑，其中既有仇视社会主义的内外敌对势力，也有国内甚至共产党内部的持不同政见者。这里暂不讨论孰对孰错，只想指出，无论喜欢与否，在社会主义制度下，共产党执政具有天然合理性。这是因为，共产党是马克思主义政党，它以马克思主义为指导思想，以在全球实现共产主义为奋斗目标。社会主义制度完全是在共产党领导下建立的社会制度，被认为是从资本主义向共产主义过渡的社会形式，因此，共产党与社会主义制度可以说是相互依存、互为条件的，两者缺一不可。社会主义国家为什么从来没有实行多党制，也不可能实行多党制，道理就在于此。当然，这些国家通常也主张不断扩大民主，包括党内民主和党外民主，但这与多党制没有关系。[1]

戈尔巴乔夫上台不久率先提出的改革内容就是公开性和民主化，并把其中的民主化作为其改革最重要的目标之一。他在 1987 年 7 月的一次讲话中，还首次使用了"多元论"这一术语。（黄宏、纪玉祥主编，1992：56）在《改革与新思维》一书中，戈尔巴乔夫提到，"社会全面民主化"是苏联"现有政治制度变革的纲领"。（戈尔巴乔夫，1987：67）戈尔巴乔夫 1988 年 1 月发表长篇讲话，标题就是"民主化是改革的实质、是社会主义实质"。（同上：71—72）而在当年 2 月的苏共中央全会上，他再次强调，改革"主要的事情是民主化。这是达到改革目的的具有决定性意义的手段"。（同上：74）可见民主化在他推行的改革中的重要意义。

扩大民众的民主权利，改善党和国家领导人的选举机制，理顺共产党和政府之间的权力和责任，合理配置从中央到地方各级领导机构的职责，不断增强和完善民众对各级政权的监督功能，这些有利于推进民主化的举措原本无可厚非，但戈尔巴乔夫所说的民主化显然另有所指。

戈尔巴乔夫把苏联称为"布尔什维克的社会主义"，说"苏联所实现的'模式'不是社会主义社会的模式，而是极权主义的模式"。（戈尔巴乔夫，2002/B：29）"过去年代的最重要的教训之一就是必须谴责和推倒极权主义。这是一种毁灭人的人性的制度，把人变成奴隶的制度。"（同上：99）正如有文章指出，他的逻辑是，苏联的"极权社会主义"引起了"人与政治、政权，人与生产资料、财产，人与文化的异化"。政治上共产党的领导，意味着共产党"对政权的霸占"，造成政治垄断，形成人

1　可以说，共产党领导和社会主义制度，两者中只要有一个缺失，就表明国家性质已经发生了根本变化。

与政治、政权的异化；经济上公有制占统治地位，排除了人们对所有制的选择，造成经济垄断，形成人与生产资料、财产的异化；思想上马克思主义居于指导地位，妨碍了"吸收世界上一切进步的思想"，造成精神垄断，形成人与文化的异化。所有这些的关键就是共产党对一切权力的垄断，这是产生异化的根源。因此，要克服异化，就必须消除各个领域的垄断，尤其是共产党的垄断权，根本改造整个社会大厦——从经济基础到上层建筑。[1] 也就是说，要彻底抛弃所谓产生异化的社会主义，代之以所谓人道的、民主的社会主义。

这清楚地表明，戈尔巴乔夫的所谓民主化，就是要取消共产党的领导权，按照西方资本主义国家的政治模式改造苏联。

在这种思想的指引下，戈尔巴乔夫发起的改革一路推进，直到通过修改宪法第六条，最终取消了苏联共产党的领导地位，包括共产党对军队的领导，确立了资本主义的多党制、议会制、总统制。这一重大变化完全来自苏共内部，在苏共最高领导人及领导集团的带领下开始，又借苏共领导集团内部高层人士之手完成。叶利钦的崛起和作用为此提供了一个典型的案例。1985 年担任首都莫斯科市委第一书记的叶利钦，乘改革浪潮汹涌之机崛起，变成了迅速兴起的反对派运动的领导人，1990 年 6 月，他当选俄罗斯共和国议会主席，成为苏联境内最大共和国的首脑和实际掌权者。两个月后，1990 年 7 月，叶利钦戏剧性地退出了苏联共产党，彻底抛弃了这个让他得以上升到领导地位从而手握大权的工具，次年成为俄罗斯共和国首任总统。俄罗斯的总统地位，再加上掌握的共和国的议会，使叶利钦获得了向国家政权发起冲击的强大阵地。（科兹、威尔，2002：183）

1　见中国发展和改革研究院课题组：《中国道路与中国模式·第二章 苏联模式与社会主义道路的探索·第一节 苏联模式及其评价》，2009 年 12 月 3 日，人民网 - 理论频道，http://theory.people.com.cn/GB/10506005.html。

叶利钦随后降下苏联国旗，升起了传统的俄罗斯国旗，暂停了共产党及其报纸在俄罗斯的活动。苏联各共和国纷纷宣布独立，"那些一度担任共产党一把手的共和国领导人，现在纷纷步俄罗斯的后尘，在各自的权辖范围内取缔了共产党组织。例如，在乌兹别克斯坦，总统伊斯拉姆·卡利莫夫把共产党的名字简单地换成大众民主党，就接管了前乌兹别克斯坦共产党的财产，而该党的首脑还是同一个卡利莫夫"。（科兹、威尔，2002：198）

总之，在改革过程中，苏联共产党失去了执政地位，并一度遭到解散。在苏联解体后独立的前加盟共和国中，共产党遭遇了同样的命运。皮之不存，毛将焉附？共产党领导和社会主义制度互为条件，共产党领导地位的丧失，意味着社会主义制度的终结。反之亦同。这样的重大转折，标志着戈尔巴乔夫及领导集团的改革蓝图终于变成了现实。

再次，以市场经济取代计划经济，通过推行国有资产分散化和国有企业私有化，以私有制取代公有制，彻底改变国家的经济基础。

除了公开性、民主化之外，戈尔巴乔夫提出的另一个明确目标是推动经济领域的彻底变革，以取代所谓高度集权的、死板僵化的、无效率的旧经济机制。（同上：84）"戈尔巴乔夫提出的解决方案就是对苏联经济体制进行彻底的改造。"（同上：68）具体来说，有两个改革主题，"第一个是苏联经济制度的民主化；第二个是引进市场经济成分"。（同上：69）第一个主题要求用一种更加分散化和民主化的计划形式取代指令性计划，第二个主题在于强化市场力量，或者说强化"商品—货币关系"的作用。（同上：69—70）在这里，甚至在随后的改革过程中，戈尔巴乔夫似乎并没有明确提出要以私有化消灭公有制，以彻底的市场化取代计划经济，但是不难看出，在他最初的设想中，就已经明显表露了放弃经济计划，完全转向市场体制的意图。因为他提出了两个目标，即用所谓分散化和民主化取代指令性计划，以及强化市场力量或强化"商品—货币关系"，可并没有提到要推进到什么程度。但沿着这个思想一路前行，必然会通过推行私有化、自由化、市场化，彻底改变原有的社会主义经济基础。这正是苏联经济改革发展的实际轨迹，也是戈尔巴乔夫提出要"对苏联经济体制进行彻底的改造"的用意所在。

戈尔巴乔夫最初提出，要把改革苏联的经济体制作为实现加速发展的主要手段。在加强利润和市场作用的原则指导下，苏联当局提出了经济变革的三个主要方向：一是提高国有企业的经济自主性；二是发掘私人的主动性，即发展私人企业；三是通过建立合资企业吸收外资。随后，又陆续通过了《个体劳动法》《国有企业（联合公司）法》《合作社法》等，开始朝着扩大企业经营自主权、恢复私有制和建立市场经济的方向迈进。到1991年夏天之前，苏联当局已经就经济问题通过了一百多项法律、决议、命令。但戈尔巴乔夫经济改革的成效显然乏善可陈，不但没有推进经济发展，反而导致生产下降、国民生活水平降低，引发了民众的不满。（菲利波夫，2009：237—247）此时，进一步的市场化改革蓄势待发，但戈尔巴乔夫即将下台，没有时间完成他亲自开启的向市场化转型的重任了。

戈尔巴乔夫的经济改革措施现在看起来似乎相当温和，但是，思路已经明晰，大门已经开启，接下来无非是朝着这个既定目标前进，直到完全改变苏联原有的经济制度。这个目标最终在苏联崩溃后的俄罗斯和其他前加盟共和国得以实现。其中，俄罗斯疾风暴雨式的私有化最有代表性，而操刀完成向私有制和市场经济转型的前戈尔巴乔夫领导集团的重要成员叶利钦，与发起苏联剧变的戈尔巴乔夫一样，同样是国家最高领导人，只不过此时的国家已经由苏联变成了俄罗斯。

有关苏联／俄罗斯私有化进程的叙述和研究很多，既来自苏联／俄罗斯当事者和相关者，也来自中外学术界。[1] 经济领域大规模的私有化发生

1　包括但不限于：丘拜斯主编，2004；雷日科夫，2008；谭索，2006，2009；郭连成，2005；曹英华，2013 年；戈尔巴乔夫，2002/A；麦德维杰夫，2005；莫德罗，2012；张树华、单超，2013。

在苏联解体之后，在俄罗斯政府的主持下完成。苏联于 1991 年 12 月 25 日正式解体。几天之后，12 月 29 日，俄罗斯总统叶利钦就签署了《关于加快国有和市政资产私有化的总统令》。同月，俄罗斯政府公布了《俄罗斯国有和地方企业私有化纲要基本原则》，决定 1992 年 1 月 2 日起，实行大规模的私有化运动，私有化由此进入了正式实施的快车道。随后，为了从组织上保证私有化进程，俄罗斯政府组建了国有资产管理委员会，专门负责推进私有化。在政府全力推动下，商业、服务业及小型工业、运输和建筑企业的私有化于 1992 年开始，通过政府主持的拍卖、招标、租赁、赎买和股份制等方式，于 1993 年基本完成。俄罗斯大中型企业的私有化则分阶段完成，从 1992 年 7 月至 1994 年 6 月底大力推行"证券私有化"，到 1994 年 7 月至 1996 年 12 月底的"现金私有化"，至此，俄罗斯私有企业的产值已占国内生产总值的 70% 以上。[1]

俄罗斯的私有化过程以方式的激进闻名于世，号称"休克疗法"。但激进也好，渐进也好，私有化过程都离不开"看得见的手"即政府。实际上，无论在苏联还是之后的俄罗斯，改变经济制度的整个过程完全处于政府直接操控之下，由主要领导人和政府发起，精心策划，全力推进，最终得以完成。诚然，在改革最初几年，戈尔巴乔夫并没有明确提出全力推进私有化和市场化。有人据此认为，苏联改革的先行者戈尔巴乔夫并没有打算搞私有化，认为"在戈尔巴乔夫的思路中，既没有包含生产资料大规模私有化的内容，也找不到用自由市场取代计划体制的倾向"。（科兹、威尔，2002：71）然而，从随后的经济变化过程来看，这个判断并不正确。戈尔巴乔夫的私有化思想虽然没有像后来叶利钦那样直言不讳，但从一开始就蕴含在他的改革思路当中。例如，攻击和否定苏联的公有制，为私有化制造舆论；宣扬扩大国有企业自主性和发展私有企业，

1　参见百度"苏联解体"词条，http://baike.baidu.com/view/34098.htm?fr=aladdin；周新成《俄罗斯的全面私有化之痛》，《国企杂志》，2011 年 6 月 3 日。

以倡导"多种经济成分并存"和"非国有化"为契机转向以私有制为主的经济模式等。到 1990 年，戈尔巴乔夫更是明确强调，"除了向市场过渡，别无选择。全世界的经验都证明了市场经济的活力和效率"[1]。他打算建立以私有制为基础的市场经济的意图溢于言表。只不过由于他在一年多之后即下了台，没有足够的时间实现自己的预想，只能由继任者叶利钦来完成了。苏联 / 俄罗斯经济体制改革从开启到完成的过程表明，苏联上层决策集团意欲摧毁原有经济基础和经济制度的目标既明确又坚定，是必置之死地而后快。

除了俄罗斯，苏联解体后形成的其他独立国家也都以改革为名，纷纷走上了私有化和市场化快车道。所有这一切，毫无例外地都是在这些国家的主要领导人亲自领导和指挥下完成的。这些领导人很多也都是苏联党政领导集团的成员。

综上所述，苏联的剧变来自"顶层设计"，而顶层设计的依据来自党政领导集团，尤其是最高领导人的指导思想。有什么样的指导思想，就有什么样的组织路线、宣传路线和行动路线，这在苏联所谓改革过程中体现得淋漓尽致，并由此锁定了苏联崩溃的命运。

二、开动国家机器，动用立法和行政手段

为了以改革为名实现颠覆苏联制度的目标，戈尔巴乔夫及领导集团利用掌握国家权力的独特优势，动用权力赋予他们的所有资源，不惜运用各种手段，其中最重要的就是把改革思想变成国家的大政方针，通过立法和修改现行法律法规使之合法化，再经由政府的强制性行政措施自上而下贯彻执行。

1　见戈尔巴乔夫提交苏联最高苏维埃的文件《稳定国民经济和向市场经济过渡基本方针》，《真理报》，1990 年 10 月 18 日。（黄宏、纪玉祥主编，1992 : 375）

众所周知，国家权力是一种特殊的政治权力，也是一个国家政治、经济和社会生活最核心、最重要的支配力量。国家权力拥有特殊的强制性，通过国家各级官员／干部和强制机关得以实现，因此具有普遍的约束力。国家权力的重要性无须多说。需要强调的是，国家权力的大小强弱在不同国家存在很大差别。国家权力能否有效实施，能否在实践中具有所需的力度，能否发挥应有的潜能，主要取决于政府的强弱。一个不争的事实是，苏联革命后建立的政府，就政府功能本身而言，不但与历史上的历代政府，尤其是当时被取代的政府相比，而且与世界其他国家包括西方强国的政府相比，都堪称强政府；生产资料公有制和计划经济的建立，更是赋予政府对整个经济和社会前所未有的掌控能力。国家权力也因此成为苏联最高领导人及领导集团推动制度转型的最重要、最有效的工具。

国家权力通常包括立法权、行政权和司法权。但苏联体制的特点是党政一体化，权力高度集中，从中央到地方拥有一套各级政府自上而下垂直联动的管理体系。这种体制虽然被诟病为党政不分、政企不分，但其运转效率较高也得到公认。在这种体制下，可以说，最高领导人只要搞定共产党，就搞定了政府，搞定了国家，也搞定了社会。戈尔巴乔夫上台后做出改革决定，并把它上升为国家意志，充分利用立法、行政和司法权，不断使之规范化、条款化，成为各级政府、单位和民众都必须遵守的行为规则，使自上而下的改革具有了特殊的强制性和普遍的约束力。

就这样，首先，苏联领导人先把改革思想变为党的指导思想和行动纲领，再以国家法律和政府条令等形式颁布，由党政各级各类机构负责贯彻推行，一步步把改革流程推向深入直至终结。其中的一些重要举措是：

戈尔巴乔夫上台后不久，在1985年10月15日苏共中央全会上做了《苏共纲领修订本草案》《苏共章程修改草案》《1986至1990年苏联经济和社会发展基本方针草案》的报告，开始贯彻其改革思想，并以此为依据制定国家经济和社会发展方针。1986 年 2 月 25 日，在苏共第二十七次代表大会上戈尔巴乔夫做了政治报告；大会 3 月 6 日闭幕，通过了他提出的上述 3 个文件。（黄宏、纪玉祥主编，1992：12—14，22—23）

1986 年 6 月 19 日，在苏共中央全会上，戈尔巴乔夫做了《关于苏联1986—1990 年经济和社会发展五年计划和各级党组织在实现这一计划方面的任务》。也正是在这次报告中，他首次提出"彻底的公开性"这个说法。（同上：26）1987 年 1 月 27 日苏共中央全会上，戈尔巴乔夫做了《关于改革和干部政策》的报告，重申改革的必要性，提出了改革条件下的干部政策。（同上：34—35）

1987 年 6 月 25 日，戈尔巴乔夫在苏共中央全会上做了《关于党的根本改革经济管理的任务》的报告。6 月 26 日全会闭幕，通过了《关于根本改革经济管理的基本原则》。（同上：53—54）

1988 年 2 月 18 日，苏共召开二月全会通过了《关于中等和高等学校改革的进程与党实现这种改革的任务》。（同上：75）

1988 年，苏共第十九次全国代表会议（6 月 28 日—7 月 1 日），戈尔巴乔夫做了《关于苏共第二十七次代表大会决议的执行情况和深化改革的任务》的报告。该会在 7 月 1 日闭幕，通过了《关于苏联社会民主化和政治体制改革》《关于公开性》《关于同官僚主义作斗争》《关于司法改革》等七项决议。（同上：100）

1988 年 7 月 29 日，在苏共中央全会上，戈尔巴乔夫做了《实现第十九次代表会议决议的实际工作》的报告。全会通过了《关于党组织工作总结和选举的决定》《党的机构改革的基本方针的决定》，决定成立由戈尔巴乔夫担任主任的起草社会政治体制改革建议的委员会。（同上：103—104）

1988 年 11 月 28 日，苏共中央举行例行全会，讨论并通过《关于在国家建设领域实行政治体制改革的措施的决定》。（同上：115）

1990 年 2 月 5—7 日，苏共召开扩大的中央全会，通过了向苏共二十八大提出的行动纲领草案。2 月 5 日，戈尔巴乔夫做报告，阐述纲领草案的主要内容。其中包括：强调根本改造苏共的必要性；党的地位不应当依靠宪法来强行合法化，要准备实行多党制；用"人道的、民主的社会主义"作为党的指导思想；建议实行总统制，准备建立各种形式的联邦关系，继续推行新思维外交路线；等等。2月7日，会议经过激烈的辩论，通过了向苏共二十八大提出的题为"走向人道的、民主的社会主义"的行动纲领草案（正式发表于2月13日《真理报》）。（黄宏、纪玉祥主编，1992：237—254）

1990年3月11—16日，苏共中央召开全会，讨论修改宪法、修改党章和召开苏共二十八大等问题。戈尔巴乔夫在3月11日举行的第一次会议上做了报告，强调要让党章最后成为"经过革新的党，即人道的、民主的社会主义的党生活中的根本法"。（同上：273—274）

1990年7月2—13日苏共二十八大举行，戈尔巴乔夫做了苏共中央政治报告。他强调虽然面临严重困难和问题，但绝不能使改革进程倒转，重复苏共的目标是"人道的、民主的社会主义"，"今天的苏共是一个全民的政治组织"，"起着议会党的作用"。（同上：330—331）7月13日，苏共二十八大通过了"纲领性声明"、党章以及关于经济改革、军事政策、农业政策、民族政策、青年政策、文化政策等9项决议及其他文件，"纲领性声明"题为"走向人道的、民主的社会主义"，这是苏共二十八大通过的最重要的文件，它确定苏共将致力于"人道的、民主的社会主义"。明确了：全面否定斯大林建立的政治经济制度；二十七大的党纲和党章规定，苏共的最终目标是实现共产主义，二十八大的党纲和党章把"人道的、民主的社会主义"规定为党的奋斗目标和基本理论口号；不再提苏共是"工人阶级的党"，只提苏共是"按自愿原则联合苏联公民"的"政治组织"，代表"苏联人的共同利益"；不再提党是领导力量与核心，改称苏共是"自治的社会政治组织"，同其他政党、社会政治团体将是平等竞争、合作的伙伴关系；把政治多元化和多党制看作"真正民主的特征"；不再提以马列主义理论为指导思想，提出意识形态多元化；否定国内甚至国际范围的阶级斗争，主张"全人类价值观优先""全人类利益高于一切"；未明确规定公有制占主导地位，宣布"反对全面的非国有化，反对强加某种所有制形式"，要"发展多种的和平等的所有制形式"；提出"向市场经济过渡"，说"市场经济是排除过时的国民经济行政命令管理体制的唯一选择"；等等。正是在这次大会上，7月12日，叶利钦宣布退党。13日，莫斯科市市长波波夫和列宁格勒市市长索布恰克在莫斯科市苏维埃举行的记者招待会上也发表了联合退党声明。（黄宏、纪玉祥主编，1992：337—344）

至此，作为执政党的苏联共产党已经正式认可：作为无产阶级政党的苏共和作为社会主义国家的苏联，其性质都已经改变。这种改变为随后苏联社会的演变和发展所确认。"8·19"事件之后，1991年8月24日，戈尔巴乔夫宣布辞去苏共总书记职务，并建议苏共中央"自行解散"。戈尔巴乔夫还颁布命令：停止各政党和政治运动在苏联军队、内务部和国家安全委员会以及其他护法机关、铁道部队、各军事单位和国家机关的活动。戈尔巴乔夫命令，没收苏共财产，转由人民代表苏维埃负责保护。有关其今后使用问题，应严格根据苏联和共和国的所有制法与结社法予以解决。（同上：613—614）苏共最高领导人及领导集团以这种自杀的方式，把国家政权拱手交出，结束了苏联共产党70多年的执政历程。

其次，紧随着苏联共产党发布的一系列指导思想和行动纲领，国家大法和政府法令随风而动，规范和引领了整个社会演变的模式和方向。

1987年6月30日，苏联最高苏维埃会议通过3项法律文件：《国有企业（联合公司）法》《全民讨论国家生活重要问题法》和《对公职人员损害公民权利的不合法行为向法院起诉法》。（同上：54—55）

1988年12月1日，苏联议会通过《关于修改和补充苏联宪法（根本法）的法律》，为革新苏联国家权力结构奠定了法律基础。（同上：116）

1990年3月6日，苏联最高苏维埃会议通过《苏联所有制法》，取消国有制垄断，虽然没提保护"私有制"概念，但允许公民拥有某些生产资料。该法自1990年7月1日生效。（同上：271）

1990年3月14日，苏联人民代表大会通过《关于设立苏联总统职位和苏联宪法（根本法）修改补充法》，对1977年宪法第6条（规定苏共是社会的领导力量和政治体制的核心）做了修改。基本内容包括：苏联共产党不再是唯一的领导核心，可以成立其他政党，一切政党"应在宪法和苏联法律的范围内进行活动"；实行总统制，苏联总统是国家首脑，由公民通过无记名投票直接选举产生；总统是武装力量的最高统帅，有权任命和撤销军队高级指挥人员等。戈尔巴乔夫在3月15日当选为苏联第一届总统并宣誓就职。（黄宏、纪玉祥主编，1992：276—278）新宪法正式终结了共产党的领导，实现了所谓军队国家化。与之前相比，这些变化可谓翻天覆地，但完全符合戈尔巴乔夫改革的最初设想。当初戈尔巴乔夫未能设想到的大概只是随着一年多之后苏联解体，他本人由首任苏联总统变成了末任总统。

1990年4月3日，苏联最高苏维埃两院（即联盟院和民族院）通过了关于加盟共和国脱离苏联的法律。（同上：292）1990年6月13日，苏联最高苏维埃通过决议，决定放弃计划经济，逐步实行可调节的市场经济，并指示部长会议于当年10月间完成转向实行市场经济所需的一切法律的起草工作。（同上：321）

1990年9月24日，苏联最高苏维埃会议通过《稳定国民经济和向市场经济过渡的统一方案》以及《稳定国内经济与社会政治生活的补充措施》两项决议。前一项决议决定，将组成以戈尔巴乔夫为首的领导小组，制订向市场经济过渡的统一方案。这表明议会对市场经济方案的争论暂时告一段落。同日，美联社说苏联议会通过向市场经济过渡的决定表明苏联已抛弃计划体制，赞成推行自由市场经济，标志着决心要在苏联实施以市场经济为基础的经济体制。（同上：365—367）

1990年10月19日，戈尔巴乔夫在苏联最高苏维埃会议上提交《稳定国民经济和市场经济过渡的基本方针》，其中说，"除了向市场经济过渡，别无选择"。为了向市场经济过渡，必须创造某些基本条件，这就是

"经济活动的最大自由""各种所有制一律平等""生产者竞争""自由形成价格""开放经济，使其与世界经济体系彻底一体化。任何经济组织都有权进行对外经济活动"。当天，苏联最高苏维埃会议原则通过了总统提出的这个基本方针。（黄宏、纪玉祥主编，1992：375—376）

1991年12月8日，俄罗斯、白俄罗斯和乌克兰三国领导人在白俄罗斯签署了关于建立独立国家联合体的协定，即《别洛韦日协议》，宣布苏联作为国际法的主体和地缘政治现实，将要停止存在。（同上：709—710）1991年12月21日，苏联11个加盟共和国在哈萨克斯坦首都阿拉木图以创立国的身份签署了《关于建立独立国家联合体协议的议定书》，联合体国家首脑签署《阿拉木图宣言》，宣布随着独联体的成立，苏维埃社会主义共和国联盟将停止存在。独联体首脑会议致函苏联总统戈尔巴乔夫，通知他苏联已不复存在，苏联总统的设置也已取消。（同上：726—727）

1991年12月25日，戈尔巴乔夫在电视台发表"告人民书"，宣布辞去总统职务。当天19点32分，克里姆林宫上空的苏联国旗悄然降落，由俄罗斯联邦的红白蓝三色旗取代。（同上：732）苏联自此彻底进入了历史。

再次，为了执行党和国家的大政方针，苏联各级政府及其各部门出台各种细则规定和具体措施加以配合，最早的例如1986年5月5日苏共中央和部长会议通过《关于改进轻工业计划工作、经济刺激和完善消费品生产管理的决定》。（同上：24）1989年4月11日，苏联部长会议拟定《关于改革经济关系和国家农工综合体管理的决定》，规定取消苏联农业原料收购阶段的国家补贴，修改价格政策，以建立协调的价格体系。（同上：148）前面曾经提到，到1991年夏天之前，已经就经济问题通过了一百多项法律、决议、命令。

以上这些或有过于烦琐之嫌的引述旨在表明，从戈尔巴乔夫开启改革大幕到共产党下台和苏联解体，每一步都是上层精心设计、强力引领的结果。只不过，事态的发展有时看似超出戈尔巴乔夫及领导集团的预料，尤其是随着改革过程的深入展开，他们的有些做法已似乎身不由己，或者出于无奈，但这不过是事态变化的速度和方式问题。苏联崩溃这个最终结果，其实早在戈尔巴乔夫发起改革的时候就已经注定了。对此，不少人士早已心知肚明，例如，美国《今日美国报》1989年3月8日刊登记者采访布热津斯基的记录，标题就是"我们在目睹共产主义的死亡"。（黄宏、纪玉祥主编，1992：136）当然，直到苏联崩溃前夕，包括苏联国内的很多人仍然没有意识到这一点，这除了人们的轻信、天真或一厢情愿外，只能说戈尔巴乔夫及领导集团和平演变手段的高明和狡猾，最终使他们导演的这场指鹿为马，"打着红旗反红旗"的反社、反共、反苏运动取得了胜利。

当然，戈尔巴乔夫并非把苏联引向崩溃的唯一的国家最高领导人，另外还包括加盟共和国的一些前领导人，尤其是俄罗斯领导人叶利钦。众所周知，戈尔巴乔夫和叶利钦在一些问题上存在分歧，两者之间被认为存在竞争关系。但实际上，他们的最终目标是一致的，只不过后者在实现这些目标时立场更激进，更急不可耐罢了。戈尔巴乔夫改革的一个重要目标是以私有制为基础的市场经济取代以公有制为基础的计划经济，并为此做了不少准备。1990年，戈尔巴乔夫领导的政府提出了"稳定国民经济和向市场经济过渡的基本方针"，得到最高苏维埃通过，把改革推上了以私有化为先导的市场经济轨道。为此，主张迅速转向市场经济的"沙塔林方案"成为政府经济改革方案的选项之一。1990年8月，在戈尔巴乔夫和叶利钦的监督下，以总统经济顾问、总统委员会成员沙塔林院士为首的13人小组，制定出《向市场过渡——构想和纲领》，即"500天计划"（又称"沙塔林方案"），试图在500天内在苏联建成"市场经济"。20世纪80年代末，沙塔林即以反对中央控制，支持自由市场和私有化而闻名。

叶利钦成为俄罗斯总统后，立即着手以国家和政府的名义开始推行私有化计划。1991年底苏联解体后，俄罗斯继承了苏联大部分家底，在叶利钦领导下，采纳了一套比"沙塔林方案"更为激进的经济改革方案即"休克疗法"。1992年初，依靠国家的行政力量，这套改革方案在俄罗斯联邦全面铺开。

"休克疗法"的主要内容是自由化、稳定性和私有化。（科兹、威尔，2002：215）其中最重要的是价格自由化和国有企业私有化。在当时的条件下，由于国家掌握着包括人力、物力和财力在内的各类资源，要贯彻中央领导层的决策并不困难。价格自由化被认为是最容易实施的部分，政府做出决定后，相关行政部门即刻停止价格管制工作，这个目标就基本实现了。在这个过程中，尽管出现了价格大幅上涨，随之出现了要求重新管制某些价格的呼声，但政府我行我素，依靠行政权力继续维持既定方针。"休克疗法"的其他两个主要目标，即稳定化和私有化，也都得到严格执行，其中，在行政部门的全力推动下，私有化进行的速度甚至快于预期。为了加快私有化进程，政府决定把国有财产分给个人，采取向俄罗斯人分发私有化证券的方式，把国有财产迅速化为私有。这个大规模私有化过程在 1992 年 10 月正式启动，到 1994 年 6 月底，俄罗斯已有 70% 的工业企业实现了私有化。（张树华，2012）苏联的中央计划体制在 1991 年末就已大体上瓦解。（科兹、威尔，2002：216）1992 年，中央配置资源的最后一个重要手段——国家指令——被取消。（科兹、威尔，2002：223）这几项激进措施推行后，基本上消除了中央计划的残余因素。

尽管"休克疗法"只是政府的决定而不是法律，（它在 1995 年末才正式成为法律。同上：223）尽管在执行期间曾面临巨大的经济、政治和社会压力，俄罗斯政府被迫做出了某些修改，但这一阶段的激进改革总体上沿着 1992 年制定的"休克疗法"的轨道前行，实现了中央决策层的意图，奠定了未来俄罗斯经济发展的模式和方向。如果说新体制或市场经济体制的建立尚需时日，那么旧体制或计划经济体制却已然退出了历史舞台。

总之，同时不无吊诡的是，苏联的强政府凭借掌握国内各类资源和实行中央计划，把苏联变成了世界两大超级强国之一；而这种超强的国家能力一旦掌握在戈尔巴乔夫和叶利钦这样的领导人手中，反过来又成了摧毁苏联体制的最有效的工具。

三、采取组织措施，网罗和重用志同道合者

毛泽东曾说："政治路线确定之后，干部就是决定的因素。"[1]这在实行党政一体化领导的政治体制下尤其如此。戈尔巴乔夫本人也明白这个道理。为了把改变苏联制度的设想变成现实，戈尔巴乔夫一方面大力网罗志同道合者，把他们拉入最高领导集团充当自己的左膀右臂，并以同样的原则改造各级各类党政部门，全面执掌立法、司法和行政大权，确保上层的决策在全国范围内得到贯彻执行。另一方面，戈尔巴乔夫及领导集团还充分利用共产党的组织原则，以党的纪律严格约束干部，迫使他们服从和执行上级的改革决策，包括那些对改革持不同立场的人。

戈尔巴乔夫的干部政策在很大程度上保证了他提出的改革如愿推行。

戈尔巴乔夫在1985年3月成为苏共总书记。一年多之后，在1987年1月苏共中央全会上，他做了题为《关于改革和干部政策》的报告，明确强调："干部对改革的态度，对加速国家社会经济发展任务的态度，并非口头而是行动上的态度，才是干部政策中的决定性标准，才是干部政策的一种定音器。……对改革的态度、对实行改革采取的实际行动，是评价干部的决定性标准。"（黄宏、纪玉祥主编，1992：37）其实，在正式提出改革之前，戈尔巴乔夫就已经形成了这种用人思路，即以是否拥护他的所谓改革作为选用干部的标准，并着手网罗志同道合者组建自己的领导班子，让他们担任要职。其中最为典型的，一个是掌管意识形态的雅科夫列夫，另一个是担任外交部部长的谢瓦尔德纳泽。

戈尔巴乔夫上台后，带了一大批新人进入领导层，"亚历山大·雅科夫列夫也许是戈尔巴乔夫班子中最有影响的人物。他被任命为中央书记

1　毛泽东：《中国共产党在民族战争中的地位》（1938年10月14日），《毛泽东选集》第二卷，人民出版社，1991年，第526页。

处书记，负责意识形态事务，其中包括任命大众传媒首脑的工作"。（科兹、威尔，2002：66）"据内部人士透露，雅科夫列夫实际上是1985年夏以来戈尔巴乔夫国内国际政策的设计师"，（同上：78，注释76）并由此被称为"公开性的教父"。

那么，这位雅科夫列夫何许人也？他一直在做意识形态方面的工作，曾担任苏共中央宣传部代理部长，失势后于1973年出任驻加拿大大使长达10年。有研究指出："和别人不同的是，雅科夫列夫是一位知识分子，老想着修正和创新马克思主义理论。"（同上：67）现在来看，这个说法严重误判了雅科夫列夫的真实思想和意图。苏联崩溃后，雅科夫列夫本人坦承，他念念不忘、一心想要的并不是"修正和创新马克思主义理论"，而是彻底抛弃马克思主义理论以及以此为理论基础的整个苏联制度。

1991年10月4日，在苏联解体前夕，作为戈尔巴乔夫高级顾问的雅科夫列夫在苏联社会政治研究基金会的成立仪式上宣称："马克思主义最终使我们陷入了灭亡、落后和良心泯灭。"他认为，用马克思主义学说武装的布尔什维克共产主义，由于在其基因中包含着原始罪恶，在同历史的较量中失败了。（黄宏、纪玉祥主编，1992：655）苏联崩溃后，1994年，这位苏共高级领导人出版了一本著作《一杯苦酒》，对马克思列宁主义、十月革命及布尔什维克党更是进行了全面彻底的否定，其言语之恶毒远超马克思主义在理论上的许多论敌。他提出，要"毫不妥协地推翻阶级斗争和无产阶级专政的理论——马克思主义的基本教条"；要"坚决否定号称历史火车头的暴力革命；坚决否定'剥夺剥削者'的罪恶主张——要斩草除根地否定它们"，要"肃清布尔什维主义"。（雅科夫列夫，1999：104—105）雅科夫列夫承认，改革期间，他就不相信社会主义可以"完善"，也不主张对社会主义进行"完善"。他说："仅从完善中不会带来什么好处。"（同上：181—182）他把苏联的历史与苏共的历史看成一杯难以下咽的"苦酒"。犹如自白的这本著作完全表明，他是苏共内部一个死心塌地的反共、反社会主义分子。

戈尔巴乔夫把这样一个强烈反对马列主义、敌视和仇恨十月革命的人，拉入了党的领导核心，让他来做"改革的设计师"和"总统顾问"。戈尔巴乔夫的"慧眼识珠"始于1983年访问加拿大，他在那里结识了时任苏联驻加拿大大使的雅科夫列夫。两人气味相投，一拍即合，成了"一见如故的政治知己"。雅科夫列夫很快被召回国内。1985年戈尔巴乔夫上台后，雅科夫列夫迅速连升几级，当上了苏共中央宣传部部长、苏共中央书记处书记，一跃成为党内主管意识形态的核心人物。从此，雅科夫列夫作为戈尔巴乔夫改革的"智囊"和"战略家"，说戈尔巴乔夫想说而不便说的话，做戈尔巴乔夫想做而不便做的事。《莫斯科新闻》曾这样形容两人的合作方式：雅科夫列夫"先在理论上提出某种思想，随后，这些思想便会成为戈尔巴乔夫言论中的日常口号"。

在进入党政最高决策层，掌握了苏共意识形态大权后，雅科夫列夫开始履行他的职责，在国内到处做报告、发表讲话和撰写文章，鼓吹所谓"民主化"和"公开性"。雅科夫列夫深知，要实现颠覆苏联的预期目标，没有策略上的仔细考量难以做到。对此，他强调说，苏联的权力机构以暴力为基础，"非常强有力和渗透一切，想要用正面攻击攻克这些机构是不可思议的。攻克的办法只能采用迂回战术、灵活智取和从正面意义上利用言行不一这种久经考验的方法"。（雅科夫列夫，1999：175）雅科夫列夫的这种"迂回战术"，实际上就是从苏共内部，用欺诈和"言行不一"开道，连推带搡、连哄带骗地把苏联推向不归路。这与戈尔巴乔夫的战术高度一致。为此，他利用手中的权力撤掉了一批重要报纸、杂志的主编，换上"自己人"，例如《星火画报》的主编和《莫斯科新闻》的总编，（张捷，2010：118—122）以便在宣传上从歪曲和否定苏联革命和建设的历史、揭露和批评苏维埃制度入手，为一举击溃社会主义做舆论与心理准备。从1990年冬季起，随着形势的发展演化，雅科夫列夫开始走上公开反共并与苏共公开决裂的道路。他在1991年8月15日被苏共中央监察委员会开除党籍；次日，他本人宣布退出共产党。到这个时候，作为改革期间苏联最高领导集团核心成员的雅科夫列夫，已经完成了他那个念念不忘的颠覆苏联的"神圣"使命。

谢瓦尔德纳泽是帮助戈尔巴乔夫推进所谓改革的另一个代表人物。如果说雅科夫列夫在对内贯彻戈尔巴乔夫改革新思维上担起了大任，那么谢瓦尔德纳泽则是对外贯彻戈尔巴乔夫新思维的主要推手。不仅如此，两人都"积极参与了苏联外交政策'新思维'原则的确定和实施"。（菲利波夫，2009：278）实际上，"对外政策方面的'政治新思维'是在国际舞台上实现'改革思想'的尝试。'政治新思维'的主要原则可以归结如下：放弃那种认为当代世界分裂为相互对立的两大社会政治体系——资本主义体系和社会主义体系——的观点，承认当代世界是统一、互相联系的；放弃那种认为当代世界的安全维系于两大相互对抗的体系的力量平衡的信念，承认利益平衡才是这种安全的保障；放弃无产阶级的、社会主义的国际主义原则，承认全人类价值优先于其他任何价值（民族价值、阶级价值等）"。（同上：278）戈尔巴乔夫的国内外政策是他所谓改革新思维硬币的两面，两者相辅相成，而雅科夫列夫和谢瓦尔德纳泽正是戈尔巴乔夫实现其改革目标的左膀右臂。

如同选择雅科夫列夫一样，戈尔巴乔夫上台不久就从格鲁吉亚选调谢瓦尔德纳泽接替葛罗米柯担任苏联的外交部部长，并在1986年3月让他成为苏共政治局委员。（黄宏、纪玉祥主编，1992：23）最高苏维埃主席戈尔巴乔夫任命谢瓦尔德纳泽为苏联外长来加强他身边的所谓改革力量。后者也果然不负主望，5年间被公认是戈尔巴乔夫"新思维"外交最得力的执行者。1991年底苏联正式解体前夕，他与戈尔巴乔夫一同辞职。但当年，在1985年6月30日，接到戈尔巴乔夫的电话，得知自己将成为苏联外长时，谢瓦尔德纳泽吓了一跳。那时他只去过9个国家，不会外语，除了在格鲁吉亚接待过外国使团，没有任何外交经验。其实，这一看似突兀的任命背后存在必然性。据说，谢瓦尔德纳泽与戈尔巴乔夫早在20世纪60年代就已在莫斯科认识了，并颇有几分志同道合与惺惺相惜的感觉。

谢瓦尔德纳泽与戈尔巴乔夫最大的共同点在于，他们都否定苏联，以及对社会主义的理论和实践必欲摧毁而后快。越到改革后期，他们的这种思想就越少遮掩。1991年6月13日，谢瓦尔德纳泽在访问美国期间巡回讲演时声称，苏联的社会主义是一个错误。他对埃默里大学毕业生说，"一个大学者曾说过，在科学上只有真的也才是美的"，而苏联领导人"确信这一点，因为他们看到了我们自己的例子，看到了苏联建设的社会主义社会的状况。我们所建设的社会主义是丑陋的，到头来事实证明是错误的"。他说："我们在苏联所进行的事业取得成功符合所有美国人和地球上所有有着良好意愿的人的利益。"（黄宏、纪玉祥主编，1992：508）

谢瓦尔德纳泽在实践中忠实地执行戈尔巴乔夫"新思维"指导下的外交路线，一方面与西方缓和关系，背弃社会主义的国际主义和反对帝国主义的原则立场；另一方面积极开启并最终促成了以苏联为首的社会主义阵营和苏联本身的解体。

谈到这段历史，谢瓦尔德纳泽本人颇为自豪，他说："我一生中最辉煌的时刻就是我担任苏联外长的那个时期。我很骄傲，我作为苏联外长在莫斯科工作了5年多。其间，世界发生了巨大的变化：我们推倒了柏林墙，推动了东西德的合并；我们实现了从阿富汗和东欧一些国家的撤军；我们结束了'冷战'，结束了'两极世界'……"[1]

雅科夫列夫和谢瓦尔德纳泽只不过是戈尔巴乔夫动用组织手段，选择重用志同道合者重组最高领导集团，以便强力推行所谓改革的两个典型案例。实际上，"不换思想就换人"一直是改革期间戈尔巴乔夫及上层选拔干部、重组政府的基本原则。一贯反共的布热津斯基也看到了这一点："他（戈尔巴乔夫）指出，如果党员干部不愿适应新时代的精神，对

---

[1] 见关键斌《谢瓦尔德纳泽 苏联最后一位外长的悲凉生活》，《环球人物》第2期，2006年4月6日。

他们也不是不能撤换的。……他在一次向街道上的人群即席演讲时说：'我们国家的一些人要么就改变自己对事物和对人民的态度，要么就靠边站，给别人让开路。'"（布热津斯基，1989：74）根据这一原则，戈尔巴乔夫及领导集团对苏联各级干部进行了"大换血"。有研究提到，西方学者阿斯卢德说："戈尔巴乔夫时期干部的撤换是 1937 年以来最为频繁的时期。"（佩特罗夫，2001：138）"还在他（戈尔巴乔夫）执政初期，苏联的政治生活处在从未有过的变革冲击之下。在 3 年当中（1986—1988）召开了111 次政治局会议，平均每年 37 次，每月 3 次以上（几乎每星期一次）。"（同上：139）作者指出，从 1985 年到 1990 年，其间 11 次重要会议都围绕领导人撤换的问题，即以"改革""民主化"画线，撤换和提拔干部。"党的 6 月代表会议（1988 年）上撤换干部达到高潮。……从 1988 年开始，他（戈尔巴乔夫）把共产党从经济和国家管理中排除出去，把权力转移给国家代表机构。"（同上：141）"清洗和更换领导干部，不仅是清除那些不合适的高层政治干部和国家干部，更主要的是清除党的中央机构、苏共书记处和政治局，目的是利用一切手段加速'改革'。除了党的第二书记利加乔夫之外，中央和政治局中其他所有岗位都换上了戈尔巴乔夫的人。在 12 名政治局委员中有 8 名是在戈尔巴乔夫担任总书记后上来的。……对'改革'的进程及其恶果负有责任的主要高层人物结成'三人帮'：戈尔巴乔夫、谢瓦尔德纳泽和雅科夫列夫。"（同上：142，143）

除了以改革画线组建最高决策层之外，官僚集团的第二梯队也被彻底改组。"很多高层机关和部级单位都成了全面清洗的对象，而部长会议首当其冲。在头几年，部长会议主席团中85%的人被撤职或替换，在1985 年 6 月到 1988 年 6 月期间，14 名主要成员中替换了 12 名，其他 2名成员因赞同'改革'被留了下来。……到 1988 年初，各部 66%的在编人员被撤职、转岗或裁减。……所有部长、中央机关的部门领导、各委员会负责人纷纷遭替换、开除或数次调换岗位，干部更换率超过 100%。"（同上：148）"由戈尔巴乔夫换上来的干部中，60%—70%的人是从地方来到中央或首都的。这些党员把'改革'看作自己升官的良机，总想一步登天，尽管他们并没有显露出什么才能。"（佩特罗夫，2001：148—149）"随着部长的撤换，工业、商贸、金融、计划、物价和物资技术供应等委员会的主席以及中央机关都进行了相应的干部撤换。"（同上：153）

在1988年6—7月举行的苏共第十九次代表会议上，代表们通过了戈尔巴乔夫提出的所谓"人道的、民主的社会主义"文件。为什么这样一份文件能够得以通过？原因是，"事实上，这些代表中90%是戈尔巴乔夫的人，他们都是戈尔巴乔夫和他的代理人或者从上到下代理人的代理人选拔、任命和同意的。……但在'改革'当中，共产主义政治制度的最大优势却成了可怕的缺陷。在第二阶段（1987年之后），苏联的政治和经济陷入进退维谷的境地，从底下往看起来，好像建起了自由市场，而站在高处一看，到处都是新人——'进步的'戈尔巴乔夫分子，他们建立了'民主'，占据了所有的领导岗位"。（同上：137）

在苏联崩溃中发挥了突出作用的叶利钦，同样是在戈尔巴乔夫上台后掌握了莫斯科的决策大权。1985年12月24日，在戈尔巴乔夫出席的莫斯科市委全体会议上，市委原第一书记格里申被免职，叶利钦成为莫斯科市委第一书记。（黄宏、纪玉祥主编，1992：15）这使他能够动用各种资源，呼风唤雨，为最终埋葬苏联建立了舞台。1986年2月9日，苏联除俄罗斯联邦以外的14个加盟共和国的党代会都举行完毕，并选举了党的领导机构。自戈尔巴乔夫任总书记以来，各加盟共和国党中央、最高苏维埃、部长会议的主要领导人更换了19人。

一名当年上层决策的亲历者指出，干部更换并非一轮成功，而且在戈尔巴乔夫上台之前就已经开始进行，但不断筛选和更换干部在戈尔巴乔夫任内达到高潮："严格说来，明显的干部更换在安德罗波夫领导时便已开始。在契尔年科当政时范围继续扩大。到了戈尔巴乔夫，进入了决定性阶段。情况表明，从1983年开始，几年内有90%的州委书记和加盟共和国党中央书记被替换。市委和区委书记在80年代后期的轮换，把这一级别党的干部更换了 2—3 次。……第一阶段——即戈尔巴乔夫之前——的干部更换，为他掌权扫清了道路。很明显，如果被勃列日涅夫的干部包围，戈尔巴乔夫就很难坐上苏共中央总书记的交椅。第二阶段即挑选干部来实现改革的阶段。值得注意的是，正是随着戈尔巴乔夫登上国内最高职位——苏共中央总书记，才得以首先针对党内高层领导着手'清洗'。"（雷日科夫，2008：25）

采取组织手段进行干部大换血不但发生在各级党政部门，而且推及其他各个重要领域。在关乎经济改革方向和政策导向的经济学界，不少赞成所谓"新思维"的人被提拔到领导岗位，大力主张改革的经济学家成了学界的领头羊，他们牢牢把握了该领域的话语权，在各级政府中充当经济改革路线和政策的谋士。（具体案例见佩特罗夫，2001：152—153）

传媒领域同样撤换了大批干部，例如，党中央机关报《真理报》，党中央机关刊物《共产党人》，中央周报《经济报》《火花报》，主要经济刊物《经济问题》等都在 1985 年前后撤掉了所谓"保守主义"主编，换上主张改革的人当主编，使这些当年最重要的宣传媒介成为宣传和鼓吹改革的喉舌。还有其他一些中央报刊也先后撤换了主编，使之由最初反对戈尔巴乔夫的改革转为支持和鼓吹改革，其中包括工会中央机关报《消息报》及《苏维埃俄罗斯报》《文学报》《共青团真理报》《苏维埃国家报》《莫斯科新闻》《计划经济》等。（同上：150—151）"这些新闻媒介的'改革'开创了'公开性'的新时代。排除异己的大清洗如此频繁，如此广泛，以至一般主编更换后紧接着整个编委会都要更换，能否晋升只有一个标准，那就是对'改革'的态度如何。"（同上：151）

当然，即使如此大规模的"不换思想就换人"，也不能保证包括最高层在内的各级各领域领导班子都由心甘情愿拥护戈尔巴乔夫的改革的人组成。实际上，在苏联党政内部，包括最高领导层，也并非所有的人都赞成戈尔巴乔夫的改革，包括他提出的改革大方向和目标，或者一些具体措施等。在这种情况下，另一个手段就派上了用场，那就是党的组织纪律性。

共产党以严格的组织纪律闻名，苏共也不例外，这在历次党章中都有明确规定。从1903年二大以来，苏共一共通过了13部党章或称"组织章程"，3个修改党章的报告，3个部分修改党章的决议或决定，但修改后的党章在原则问题上基本上都重复之前的党章规定。1934年通过的苏联共产党党章规定："党是以无产阶级的、自觉的、铁的纪律结合起来的统一的战斗组织。党之所以有力量就因为它团结一致，意志统一，行动统一，不容许违反党纲、破坏党纪以及在党内组织派别集团。"党员的义务包括"严格遵守党的纪律，积极参加党内和国内的政治生活，认真执行党的政策和党机关的决议"，并明确指出，"党的组织机构的指导原则是民主集中制，这就是说：（一）党的一切领导机关从上到下都由选举产生；（二）党的机关定期向自己的党组织报告工作；（三）严格地遵守党的纪律，少数服从多数；（四）下级机关和全体党员绝对服从上级机关的决议"。其中第五十六条还规定："党组不论它的作用如何，完全服从相当的党组织〔联共（布）中央委员会、边区委员会、省委员会、民族共和国共产党中央委员会、市委员会、区委员会〕的领导。在一切问题上，党组必须严格而坚决地执行党的领导机关的决议。"1961年通过的苏共二十二大党章重申了这些规定，强调党的组织机构的指导原则是民主集中制，也就是说：（一）党的各级领导机关从上到下都由选举产生；（二）党的机关定期向自己的党组织和上级机关报告工作；（三）严格地遵守党的纪律，少数服从多数；（四）下级机关必须无条件执行上级机关的决议。戈尔巴乔夫上台后，1986年，苏共二十七大通过了一部新党章。同上一部党章相比，这部党章在形式、体例上没有实质变化，内容上主要有5个方面的变化，但没有提到民主集中制方面的变化。（牛安生，1988）

高度的组织纪律性是一把双刃剑，关键在于党的领导权掌握在谁的手里。历史表明，在建立和建设苏联的过程中，这种组织纪律性发挥了极其重要的作用，使共产党能够步调统一、团结一致地朝着既定目标前进。但在改革时期，这种组织纪律性却成了党内上层推翻苏联的有力工具，使得以戈尔巴乔夫为代表的领导核心能够名正言顺地以党中央的名义发号施令，胁迫全党服从他们的意志，即使他们提出的改革目标与苏共本身的奋斗目标背道而驰。在这种情况下，头脑清醒的苏共党员面临着两难境地：支持改革或许不代表他们的本意，但反对改革则意味着违背"下级服从上级，全党服从中央"的组织纪律，于是，很多人选择了随波逐流。从这一点来看，不难理解为什么苏联的改革没有首先遇到来自党内的大规模抵抗。

1989年，苏共党员人数达到1948万人，为历史之最，大约占到了苏联全国成年人口的10%。苏联解体后，人们经常提到这样一个事实：苏联共产党在拥有20万党员时夺取了政权，在拥有200万党员时打败了希特勒，而在拥有近2000万党员时却失去了政权。人们难免会发出这样的疑问："为什么这成千上万个曾无所畏惧、准备为共产主义献身的代表，没有一个人敢接过沉船的船舵，担负起拯救者的责任，而让船长公开把他们推向无底深渊？"（佩特罗夫，2001：136）对这个问题，至少部分答案就在于：决策上层利用手中的人事大权，借助党的组织纪律性原则，相当顺利地实现了对改革的"保驾护航"。

四、开动宣传机器，制造改制舆论

人们常说，有什么样的思想，就有什么样的行动，而若要某种思想能够发挥引领公众的作用，舆论宣传必不可少。毛泽东曾一针见血地指出："凡是要推翻一个政权，总要先造成舆论，总要先做意识形态方面的工作。革命的阶级是这样，反革命的阶级也是这样。"[1]中国古语有云，兵

---

1 《凡是要推翻一个政权，总要先做意识形态方面的工作》（1962年9月），《建国以来毛泽东文稿》第10册，人民出版社，1996年，第194页。

马未动，粮草先行。舆论宣传正是戈尔巴乔夫改革必备的粮草，也是戈尔巴乔夫率先发起攻势的领域。

毋庸讳言，最有效的舆论宣传来自苏联党政最高领导人及上层，而宣传工作的重点对象首先就是各级党的组织和政府成员，以便通过他们影响整个社会。苏联改革时期的舆论宣传有如下一些显著特点。

就舆论宣传的主体和对象而言，首先，苏联改革的舆论宣传由戈尔巴乔夫率先发起，并始终由他亲自主持，以各种官方舆论工具为依托，全力以赴地全方位推进。对苏联这样一个有着两亿多人口的大国而言，党和国家最高领导人的宣传被证明效率最高，影响力最大。其次，舆论宣传的对象首先是党政领导机构成员，为的是让他们率先接受改革的思想和逻辑，进而成为在各地区各领域推动改革的领导力量。除此之外，戈尔巴乔夫及领导集团重视发挥知识分子、专家学者的作用，尤其是起用并重用对苏联不满的知识界人士，包括之前的所谓持不同政见者，由他们出面，打着所谓科学、理性的旗帜为改革代言，增强政府在改革宣传上的可信度。

在宣传手法上，戈尔巴乔夫及领导集团采用以假乱真、循序渐进、欺骗与胁迫相结合的策略，尤其是"打着红旗反红旗"，重塑国内的主流意识形态。戈尔巴乔夫以社会主义为名开启了改革大幕，把一切改革措施统统说成是完善社会主义制度之举，口口声声要通过改革让民众拥有更多的民主，更多的人道，更好的明天，而绝口不提社会转型的巨大代价以及市场经济的固有弊端。随着改革的推进，当他一步步暴露其真实意图，当人们意识到改革就是推翻苏联的时候，要避免苏联解体的命运却为时已晚。此外，戈尔巴乔夫及领导集团非常善于利用苏联社会存在的问题以及群众的不满，把这些问题和人民谋求改善的愿望，通过宣传工具的歪曲、再造和渲染，转化为支持改革、否定苏联现存制度的力量。

与通过革命这种激进方式改变现存秩序不同，改革通常指在现有的政治体制内实行某些改良或革新，以克服社会上存在的某些弊端，目的是更好地配置各种资源，改善社会环境和生活质量。批评和否定某些现实问题是改革的应有之义。但是，作为大规模的社会运动，改革与革命存在一些本质差别，其中最重要的就是，革命的目标是彻底推翻现存制度，而改革以维护现有体制为前提。戈尔巴乔夫集团以改革为名，实际上却以推翻苏联体制为目标。表现在舆论宣传上，就是从批评社会上某些不良现象开始，到否定、批判斯大林，再到否定苏联的历史，最后一直到彻底否定苏联的整个社会制度。为此，他们不惜混淆视听，颠倒历史，大刮翻案之风，把无产阶级革命者斥为罪人、阶下囚，而视反苏反共人士为同盟军。铺天盖地的舆论攻势搞乱了人们的思想，大量民众在社会动荡、国家解体面前不知所措，只得随波逐流，最终不得不接受苏联崩溃的恶果。

纵观改革期间的舆论造势不难发现，在公开发动强大攻势之前，戈尔巴乔夫本人早已形成了改制的指导思想，需要做的无非是把这种思想作为官方意识形态灌输给整个社会。为此，他首先做好了组织准备，如上面提到的，提拔雅科夫列夫掌握宣传大权，以便最大限度地发挥国家宣传机器的作用。戈尔巴乔夫的舆论宣传伴随着改革步骤一路前行。为了把改革思想变成党和政府的决议，在全国强制性推行，戈尔巴乔夫不断在许多不同场合发表宣扬改革的讲话，包括从中央到地方各级党和政府的会议、其他各类大小会议以及国外的会议上，频繁会见党内外各界人士，对国内外媒体发表讲话、访谈等。戈尔巴乔夫在不同场合发表的文章、讲话无不围绕改革，说"改革刻不容缓，它涉及所有人和所有方面""信念是改革的支柱""改革是人民的切身事业""民主化是改革的实质，是社会主义实质""社会主义思想与革命性改革"等。总之，"改革"成了出现频率最高的字眼。他以个人名义出版著作，全面阐述改革的必要性和迫切性，说"改革是迫切需要""改革不是个别人或一批人心血来潮的结果"。这就是说，改革之所以必要，就因为原有体制是不合理的，而紧迫性则在于，不这样做，国家就面临即刻的危险。事实上，1985年

4月召开的苏共中央全会就已经做出了"国家正处在危机前的状态"这样耸人听闻的判断。(黄宏、纪玉祥主编,1992:66)至于这种宣传是否符合实际情况,在戈尔巴乔夫等人看来并不重要。[1]

为了制造有利于改革的舆论环境,戈尔巴乔夫和雅科夫列夫领导下的官方宣传机器大力支持所谓揭露真相、说真话等,在各种宣传媒体上攻击、歪曲和抹黑社会主义革命和建设的思想和实践,诱导民众质疑和敌视社会主义。戈尔巴乔夫在自己的著作中提出要建立"人道的、民主的社会主义",倡导所谓公开性、民主化、多元化等,率先向苏联社会主义制度发起了进攻。(戈尔巴乔夫,1988)为了实现这个目的,戈尔巴乔夫常常以维护社会主义的面目出现,以便诱人入瓮,逐步实现思想和意识形态的彻底转向。例如,说什么"我国伟大革命催人奋进的力量十分强大,所以党和人民不可能容忍那些使革命成果有丧失危险的现象";(戈尔巴乔夫,1988:15)说什么"我们进行的一切改造都是符合社会主义抉择的,我们是在社会主义的范围之内,而不是在这个范围之外去寻找对生活提出的问题的答案的。我们用社会主义的尺度来衡量一切成绩和错误。谁希望我们离开社会主义道路,他就会大失所望。我们改革的整个纲领及各个组成部分是完全以'更多的社会主义,更多的民主'这个原则为依据的";(同上:25)"我们将走向更美好的社会主义,而不是离开它。我说的是实话,并不是向我国人民和国外玩弄花招。指望我们会着手建立另一种社会,非社会主义的社会,转到另一个阵营,那是要落空的,不现实的";(同上:25—26)"目前生活在苏联的人口中,十五分之十四是革命后出生的。可是,有人还在号召我们放弃社会主义。试问,在社会主义制度下出生和成长的苏联人,为什么要突然放弃自己的制度呢?我们将全力发展和巩固社会主义"。(同上:30)重读这些文字,不

1　实际上,1985年苏联的经济社会状况远远好于随后的改革期间和苏联解体后相当一段时间。

知戈尔巴乔夫会为自己当年如此言不由衷而略感羞耻，还是为自己欺骗手法的高明而沾沾自喜。

事后看来，戈尔巴乔夫的改革与完善社会主义毫不相干。在整个改革过程中，不断提到"社会主义"一词不过是在玩弄花招，是为维护领导核心的权威性和合法性的权宜之计或障眼法，其真实意图就隐藏在他提出的所谓"改革"中。就在同一本著作中，戈尔巴乔夫提到，"改革是一个革命过程"。（戈尔巴乔夫，1988：38）他说："我们理解的革命就是创造，当然也总有破坏。革命就是要破坏一切过时的、停滞的、阻碍迅速前进的事物。没有破坏就不能为新建设清理出场地。所以，改革就意味着坚决彻底地破坏阻塞社会经济发展的障碍，破坏经济管理中的过时的制度和思维中的教条主义老框框。"（同上：30）而他的所谓"人道的、民主的社会主义"意在表明，苏联社会主义制度是非人道的，非民主的，正如他在其他场合也曾直言不讳地指责苏维埃制度"独裁""专制"，指责苏联实行的是"兵营式社会主义"，而他的改革或曰革命，目的正是要"放弃和根本改造专制的官僚主义体制"，也就是苏联社会主义制度。

戈尔巴乔夫改革的真实意图实际上早已由他的"舆论沙皇"雅科夫列夫通过其"权威"的解读公之于众，并引领着国家的舆论方向。1987年4月17日，在莫斯科的一次社会科学家会议上，雅科夫列夫在发言中说："改革不仅从实际上，也从理论上提出了对社会主义进行整个革新的任务，而且是本质的革新，而不只是完善它的个别方面和领域。"（黄宏、纪玉祥主编，1992：47）此后的苏联官方舆论宣传按照这个基调越走越远。

其实，早在戈尔巴乔夫发起改革之前，反共、反社会主义宣传已经存在，在苏联国内已经掌握了部分舆论阵地。这种宣传攻势也是由上层亲自发起的。斯大林逝世后，继任者赫鲁晓夫在1956年2月14日党的二十次代表大会上做了反斯大林的秘密报告，以反对个人崇拜为名，彻底否定斯大林，抹黑斯大林领导下的苏联实践。在中央政府的带领和引导下，对苏联制度心怀不满的作家、学者、知识分子借机大肆宣泄，开启了社会舆论和思想演变的大门，迎来了一个所谓"解冻"时期，即把斯大林时期视为寒冬。中央舆论导向的突然逆转，无疑导致严重的思想混乱，催生了信仰危机。赫鲁晓夫下台后，这股思潮虽得到一定遏制，但在随后几十年里时起时伏，到戈尔巴乔夫时期再次抬头并达到了高峰。

正如有研究指出，这种宣传是苏联反共、反社会主义势力在为转轨制造舆论。第一，他们舆论的核心内容是全盘否定甚至攻击污蔑苏联共产党的历史和社会主义实践。第二，他们从全盘否定无产阶级革命领袖人物入手，否定党的历史和社会主义。第三，他们抓住实际工作中的缺点、错误，加以渲染和夸大，以偏概全，进而否定党的全部历史和整个社会主义实践。第四，他们把社会主义基本制度与其具体的政治经济体制、具体的政策措施混淆在一起，借口克服体制上的弊病，纠正工作中的错误，在"改革"的旗号下把矛头指向社会主义基本制度，为颠覆社会主义制度制造"理论依据"。第五，他们以非政治化、非意识形态化为过渡，逐步地诱导群众接受他们恢复资本主义制度的主张。（周新城、张旭，2008：162—166）

在大肆揭露所谓苏联历史和社会的阴暗面、否定社会主义制度的同时，改革期间的舆论宣传自然不会忘记美化西方资本主义国家，把它们描绘成民主、自由、人权的福地，营造向往西方的社会心理，并且不断展示改革后的愿景，许诺只要抛弃计划经济，转上市场经济和民主政治的轨道，就会过上像西方发达国家那样的富足生活。[1]

在苏联体制下，政府拥有巨大的宣传能量，"截至1990年，苏共差

---

1 关于戈尔巴乔夫亲自发起的反社会主义宣传攻势，相关研究很多。包括但不限于：曹长盛、张捷、樊建新，2004；王正泉，2012；张捷，2008；王金存，2008；张树华，2007；向祖文、张锦冬，2012。

不多有近 2000 万名党员，苏共垄断了新闻并发行了上千份报纸和杂志，它还拥有几十万名宣传工作者，苏共还控制着国家所有的电台和电视台"。（麦德维杰夫，2005：278）这些官方媒体在主动或被动的改革支持者的主持下，忠实地传达上层的意图。例如，1988 年 6 月 10 日，《消息报》载文谴责苏联的历史课程，说它是一代代流传下来的谎言。（黄宏、纪玉祥主编，1992：89）当年 6 月 14 日，《教师报》刊登题为《斯大林的教育学》的文章，指称斯大林"创造了社会教育学"，使整个社会一代接一代地经受其残酷折磨，并在很大程度上形成了苏联时代的精神面貌，大规模腐蚀人民的灵魂等。（同上：90）这类言论层出不穷，一浪高过一浪。在这种情况下，宣传言论一边倒，整个社会陷入否定苏联、为改革造势的舆论氛围中，导致新自由主义言论铺天盖地，形成强大的舆论潮流。

政府利用手中掌握的媒体，在坚持官方基调的同时，压制和打击不同声音，使不同意见越来越无法发声，最终被完全边缘化。1988 年发生了一个著名事件：《苏维埃俄罗斯报》3 月 13 日刊登了列宁格勒工学院女教师尼娜·安德烈耶娃给编辑部的来信，题为"我不能放弃原则"，质疑改革以来的舆论导向，认为当时不少轰动一时的文章，正在"教人迷失方向，'揭露 30 年代苏联的反革命'，说斯大林对法西斯和希特勒在德国上台执政负有'罪责'"，指出"关于社会主义意识形态的作用和地位问题今天表现得非常尖锐"。信中说，一些目光短浅的文章的作者在道德和精神"净化"的庇护下，模糊科学意识形态的界限标准，公开散布非社会主义的多元论等，表示要坚持客观、公正地评价领袖、评价历史，反对以任何借口复辟资本主义。（同上：77—78）这封信当即被戈尔巴乔夫本人及上层改革派定性为"反对改革"。"戈尔巴乔夫的态度极其强硬，绝不容忍党内各级领导赞成文章的观点。戈尔巴乔夫利用总书记的权力压制了对安德烈耶娃的支持。"（李瑞琴，2011）在戈尔巴乔夫授意和雅科夫列夫的直接组织下，4 月 1 日，苏联《真理报》以整版篇幅发表文章

《改革的原则：思维和行动的革命性》，严厉批评安德烈耶娃的长信，指责其观点背离了苏共二十七大的方针路线，"企图恢复斯大林主义"，是"反对改革势力的思想纲领和宣言"。随后，《莫斯科新闻》《苏维埃文化报》等许多报刊纷纷发表文章和材料，支持《真理报》的文章，"支持改革"，反对所谓"保守势力"。4月16日，《苏维埃俄罗斯报》公开承认错误，说发表该信是缺乏"责任心和慎重态度"，表示今后将努力宣传改革思想。（黄宏、纪玉祥主编，1992：80—81）由此可见，戈尔巴乔夫的改革一方面向社会许诺更多民主，更多自由，更多人性化；另一方面对不同意见却群起而攻之，利用政府掌握的笔杆子毫不留情地攻击打压，屡屡展示了苏联执政上层为实现其改制转型目标的坚定性。

苏联在建设社会主义的实践中存在种种失误和问题，这些所谓阴暗面可以也应该得到揭露和批评，以推进社会主义事业的发展。但是，这种批评在改革中逐渐演变成反共、反社会主义的舆论潮流，导致彻底否定共产党的历史和社会主义实践。人们难免会问：许多反共、反社会主义的言论，尽管既违反历史事实，又往往表现为采用双重标准对社会主义实践求全责备，为什么能在苏联社会中逐渐成为主流思想，最终左右了整个舆论方向？（周新城，2012）其实，答案很简单：根源就在党和国家的主要领导人和最高领导层。只有他们，才有能力以党和国家的名义，开动国家宣传机器，把他们的"新思维"迅速而有效地扩散到民众中，引导整个社会的舆论走向。

如前面提到的，在苏联1980年后期走上改制道路之前，攻击和抹黑社会主义的舆论宣传，已经在党政最高领导人的亲自带动下流传了20多年，反共、反社会主义的旗帜下已经聚集了一定的"人气"。这种舆论主要来自拥有话语权的党国精英和知识阶层，他们的言论对社会舆论和人们的思想产生了潜移默化的影响。同时，由于种种原因，包括生活水平的差距，苏联部分人中存在着不满苏联、向往西方的情绪。改革开始后，戈尔巴乔夫及领导集团亲力亲为，率先高高举起了反共、反社会主义的大旗，表明他们才是造就和推动这一思潮的最主要的中坚力量。但是，他们的背叛行为似乎始终没有遭到民众的强力抵制，大多数民众似乎采取了听之任之、随波逐流的立场，还有一部分人甚至支持激进转轨。这一切很可能与苏联多年来存在的反共、反社会主义舆论分不开，是自赫鲁晓夫以来，决策上层运用宣传手段持续营造不利于苏联制度的社会舆论环境的一个结果。

当然，在改革期间，大部分或至少相当一部分民众并不一定赞成抛弃苏联模式，转向资本主义制度。实际上，即使在党政领导集团内部，不但在改革之初，而且在改革期间，也没有形成完全一致的意见。但是，制度转轨却在反共、反社会主义的舆论推动下一步步得以完成，不能不说，戈尔巴乔夫及其宣传机器巧妙的宣传手段功不可没。戈尔巴乔夫后来承认，他最初没有直接公开地坦露其转轨的真实意图是由于社会还没有准备好。他在 1991 年 11 月坦白说："应该改变制度，我当时（指他上台不久）就得出了这个结论。但是如果一开始，社会还没有做好准备，就这样提出问题，那将一事无成。"（周新城、张旭，2008：166）正是出于这种策略考虑，戈尔巴乔夫才会信誓旦旦地表示不会放弃社会主义，他所推行的改革只是为了改善社会主义制度，等等。正如有的研究指出："这话显然是说给党内外拥护社会主义的广大人民群众听的，不这样说就会遭到反对，甚至有被赶下台的危险。他的助手扎格拉金在接受意大利《晚邮报》记者采访时这样说：那时候戈尔巴乔夫不能开诚布公地说实话。他知道，政治局和中央委员会的大多数人不支持他的立场。戈尔巴乔夫自己承认这一点。他应当变得有点像狡猾的狐狸，不能什么都说出来，有时应当嘴里说一套，而做的是另一套。"（张捷，2010：129）雅科夫列夫后来也表达过类似的意思："请设想一下，如果我们在 1985 年初就说应当转而实行另一种社会制度……让我们建立另一种制度来代替社会主义，那会怎么样？我们会被送到什么地方去？"（同上：130）

枪杆子杀人，笔杆子同样杀人却不见血。在很大程度上，舆论宣传的作用胜过千军万马，尤其是当它们来自国家最高领导人的时候。当人们最终认识到这一点时，却往往为时已晚。戈尔巴乔夫及其追随者会被送到什么地方去并不重要，重要的是苏联被送进了历史，人民则被送进了他们当初未必赞成的一个完全不同的社会制度中。

第六章　执政集团逆民意而行

一、蒙骗和打压两手并用，压制国内不同意见

　　苏联的改革来自"顶层设计"，由党政最高领导人及领导集团亲自发起，克服了重重困难和障碍，最终得以完成，这是一个人人皆知的历史事实。那么，这种改革是否代表了人民的普遍要求，反映了人民的愿望，或者说顺应了民意？对此存在不同的判断。有些人认为，答案是肯定的。依据在于，首先，戈尔巴乔夫的改革方向和政策或许在党和政府内部不乏争议甚至争斗，但在整个改革期间，却鲜有来自社会层面的反对和抵抗，即使存在，其声音和影响力也微乎其微。其次，与之形成对照的是，经常有部分社会力量公开支持改革，举行各种看似声势浩大的集会等活动，包括以更激进的口号推动改革朝既定的方向加速前进。

　　那么，戈尔巴乔夫的改革真的是在替天（民意）行道，正如自称代表人民利益的政府应该做的那样？答案应该是否定的。因为这完全不是事实。表面上看，苏联的改革确实没有在国内遭到大规模群众运动的反对和抵制，但这并不表明戈尔巴乔夫的改革符合国内民众的意愿。

　　要说明这一点并不困难。首先，如前面已经屡屡提到的，迄今为止，世界上还没有任何国家的任何一种社会制度堪称完美，完美的社会只存

在于乌托邦之中。这就意味着，任何现实社会都不可避免地存在民众的不满。因此，如果任何执政当局提出要进行改革，以解决各个领域存在的问题和缺陷，从而回应群众的各种不满，让社会向更好的方向发展，无疑都会得到群众的欢迎。戈尔巴乔夫正是以此为号召开始了其所谓改革历程的。在改革前夕，经过近70年的实践，苏联在各方面取得巨大成就的同时，也面临着新的挑战。例如，经济领域中由于结构失衡造成消费品供应不足，生活富裕程度与西方发达国家依然存在相当大的差距，以及政治民主和社会平等方面还有很大改进空间等。戈尔巴乔夫提出要通过改革解决这些问题，以便进一步完善苏联的社会制度，民众对此持欢迎态度，或观望或暂时不表示反对，是一种非常合理的反应，是完全可以理解的。但是，如果戈尔巴乔夫一开始就亮明其改革的最终目的并非完善社会主义，而是改天换地，以资本主义取代社会主义，情况恐怕会完全不同。在这种情况下，要苏联人民服服帖帖地完全服从政府决策恐非易事。以下分析可以表明，苏联民众的普遍不抵抗是出于他们赞成完善社会主义的改革，而不是由于他们支持苏联改变社会主义制度，重建资本主义。

戈尔巴乔夫的改革不但在社会主义的旗号下启动，而且自始至终以完善社会主义为号召，直到苏联崩溃。这足以表明，戈尔巴乔夫采取这种偷梁换柱的策略经过了深思熟虑，是在考虑了国内民心民意的前提下做出的选择。他很可能深知，如果一开始就打出复辟资本主义的旗号，非但他会完全丧失作为苏联党政领导人的合法性，而且更重要的是，苏联民众很有可能不会支持他本人及其所谓改革，这样一来，推翻苏联的整个图谋就会胎死腹中。如果说苏联的普遍民意是支持资本主义复辟，戈尔巴乔夫及领导集团完全可以一开始就打出重建资本主义的旗帜，岂不可以一呼百应，干脆利落地推翻苏联，又何必如此煞费苦心，遮遮掩掩，把自己置于虚与委蛇、左右为难的境地？

戈尔巴乔夫公开提出的改革目标是建立"人道的、民主的社会主义"。

这个说法不断地被重复提及，通过各种官方渠道灌输给全社会，而且作为主导思想贯穿于整个改革过程，甚至直到苏联面临崩溃，戈尔巴乔夫仍在唱社会主义的高调。1989 年 12 月 23 日，戈尔巴乔夫在苏联人民代表大会讨论宪法监督法时说，今天只有改革才能救社会主义。（黄宏、纪玉祥主编，1992：220）1989 年 12 月 24 日，戈尔巴乔夫在苏联人民代表大会第二次会议闭幕式上讲话，说："当务之急，是团结到改革的立场上来，联合一切改革拥护者和一切理解只有在革命性革新苏联社会的道路上我们才能使国家摆脱目前困境的人的力量。"现在的问题是：或者是自由和改革，或者是兵营式制度或倒退。"我们选择了前者，而且决不放弃这条道路。"（同上：221—222）不难看出，戈尔巴乔夫直到苏联崩溃前夕，仍然不肯放弃社会主义这块招牌，仍然担心如果放弃它就会失去民众的支持，而这恰恰说明了苏联民心的基本向背。

即使更为激进的改制派领导人叶利钦，也不轻易地暴露其企图复辟资本主义的真实面目。即使成为俄罗斯总统，开始大力推行私有化、自由化、市场化后，他也从来没有公开宣布要用资本主义制度取代社会主义制度。正如有研究指出："叶利钦在俄罗斯总统选举中的胜利，不能解释为大多数俄罗斯选民对叶利钦不久将带给俄罗斯的资本主义转型的认可。叶利钦是在没有公开表示过任何这种意向时当上俄罗斯共和国总统的。事实上，他和他最亲密的战友从来就没有公开地使用过'资本主义'一词。曾经在 1985—1990 年间担任过苏联总理、在 1991 年 6 月的总统竞选中作为叶利钦主要对手的尼古拉·雷日科夫事后抱怨说，叶利钦和他的盟友对他们所计划的重大社会经济变革'只字不提'。尽管有些知识分子，特别是一些经济学家，公开鼓吹资本主义，但叶利钦和他的同僚并没有公开这样表示过。"（科兹、威尔，2002：181）

因此，有理由相信，苏联民众支持戈尔巴乔夫最初提出的改革，即在维护基本社会主义制度的基础上，改善经济运行机制，提高生产效率，提高人民生活水平，更好地发挥制度优越性，加快社会人文领域的进步，但这完全不代表他们支持走资本主义道路。总之一句话，人民赞成的是改善社会主义制度的改革，而不是以改革为名，行推翻社会主义制度之实的资本主义复辟。然而，在实践中，戈尔巴乔夫领导下的党国精英推行和完成的恰恰是后者。为此，他们从来打着的都是改革旗号，从不公开表明他们的最终目标并非改革而是颠覆，甚至从来闭口不提"资本主义"这个词，而是用所谓"市场经济"加以遮掩。这恰恰表明，他们十分清楚，改变社会主义制度的目标和决策没有得到，也得不到民众的支持。正因为这样，他们才不得不挂羊头卖狗肉，公开说一套，实际做一套。

苏联民众中始终存在着这样那样的不满，存在着需要进一步改善社会的要求，但是，只有在上层打定主意与现存制度为敌的时候，才会刻意利用和动员社会的不满情绪，利用包括公然讲假话、"打着红旗反红旗"等种种欺骗、利诱和压制手段，将之转化为反苏力量为己所用，或者至少使之中立化、无害化，不成为其实现改制目标的障碍。

其次，无论在党政机关内部还是在社会上，都曾有人挺身而出，发出反对戈尔巴乔夫改革的声音，甚至采取某些行动，尤其在人们越来越认识到改革真面目的时候。就此而言，说面临国家崩溃的时候苏联"更无一人是男儿"，这种感叹并不完全符合事实。

前面提到，1988年，列宁格勒工学院女教师尼娜·安德烈耶娃发表"我不能放弃原则"长信，公开表示反对歪曲和否定苏联历史，质疑戈尔巴乔夫改革的意图和方向，提出"社会的哪个阶级或阶层是改革的领导和动员力量"这样尖锐的问题。她的声音绝不是一个人的意见。不难想见，在党政领导核心倡导和推动改革的政治氛围中，这种行为需要多么大的勇气。更重要的是，这样一个看似"小人物"的言论，竟然得到最高领导人亲自应对的高规格"待遇"，由戈尔巴乔夫操刀指挥对其进行全国性舆论围剿。这只能说明，苏联改革上层对民众觉醒和反对的恐惧，以及必欲保持高压态势的决心。在这样的官方重压之下，持反对意见的民众基本上被剥夺了公开发言的权利。当然，不能公开发声并不表明人们都认同戈尔巴乔夫的改革。随后，只要有机会，安德烈耶娃本人也依然坚持和表明自己的观点，并且越来越坚信自己对戈尔巴乔夫改革取向的判断是正确的。例如，1989 年，安德烈耶娃在 7 月出版的《青年近卫军》杂志发表文章说，苏联目前的改革类似于 1956 年的"匈牙利事件"和 1968 年的"布拉格之春"。她认为："在改革中活跃的是得到修正主义分子帮助的我国现存的反社会主义势力。"（黄宏、纪玉祥主编，1992：169）1990 年 9 月 2 日，《论据和事实》周报第 35 期刊登安德烈耶娃答读者问，题为"要么是社会主义，要么是死亡！"，表示不接受对社会主义实行资本主义化，公开指责"戈尔巴乔夫—雅科夫列夫—谢瓦尔德纳泽右翼机会主义集团"要"把苏维埃国家变成发达资本主义国家的原料附庸国"，主张"加强经过革新的计划经济，主张生产工具和生产资料的社会主义所有制"等，并表示要"对复辟资本主义的人给予回击"。（同上：356）以个人之力挑战政权，遭到执政当局百般打压仍不罢休，这样的勇气来自普通民众对苏联制度的信念，也反映了对戈尔巴乔夫改革目标的绝不认同。

安德烈耶娃并非一个人在战斗。正如一系列事件所表明的那样，党内外、政府内外从来不乏对戈尔巴乔夫改革否定苏联历史和社会主义制度的质疑。例如：

1987 年 7 月间，《消息报》主编拉普捷夫在一次新闻工作者协会理事会全体会议上说，在新闻报道中，现在往往只把消极现象当作公开的对象，而不再去宣传积极现象。这种片面性和不完全的公开性阻碍着客观解释苏联 70 年来的发展进程，导致对整个社会主义制度进行批评。（同上：57）

1989 年 11 月 22 日，列宁格勒两万名苏共党员举行集会，表示不赞成反对列宁主义，不赞成私有制，不允许利用改革打击共产主义。与会者提到，列宁格勒共产党员不能对当时的事态袖手旁观，坚决反对实际

上在苏联复辟资本主义制度、美化私有制和恢复人剥削人的关系的各种方案。（黄宏、纪玉祥主编，1992：203—204）

1990年2月18日，两千多人在苏联电视台发射塔附近举行示威游行，谴责戈尔巴乔夫"出卖了社会主义"，将苏联"推进贫穷和西方式堕落的深渊"。这次游行是由"俄罗斯工人联合阵线"等组织发起的。这个组织的代表在会上说，人民最初是支持戈尔巴乔夫改革的，但是，"今天我们看清了这场改革给我们带来的东西"。（同上：261—262）对此，戈尔巴乔夫及领导集团针锋相对。1990年2月22日，苏共中央委员会发出呼吁书，要求苏联各级党组织和全体劳动者捍卫改革，"对推动混乱，挑起冲突、不睦和敌视，在社会上制造不安定的人予以回击"。（同上：263）

1990年6月8—9日，莫斯科州党组织举行第28次代表会议。代表们对苏共的前途、苏共二十八大党纲草案，以及对苏共中央的工作提出了尖锐的意见。主要观点包括：（1）敌对势力的目的是夺权。（2）不要等亡党之后才觉醒。（3）改革中的错误谁承担？莫斯科州委第一书记麦夏茨在报告中指出，目前的危机不仅是由过去的失误造成的，而且是由1985年4月以后所犯的严重错误造成的。为什么把错误的责任全部推给党，而不是由领导机关承担？（4）党和国家解体谁之罪。有人指出，现在有人把社会现状的罪责推给普通党员，而不是让领导人承担。究竟是中央和政治局中的哪个人发动了这场反对全党的意识形态运动？是哪个人应当为党和国家的解体向全党和全国人民表示忏悔？二十八大应该对此做出回答。（同上：317—318）

1990年6月13日，麦夏茨在该州党代表会议上就改革方针和苏共二十八大党纲草案批评道："人民对政府和党中央理所当然地越来越不满。"在谈到苏共应成为先锋党还是议会党的时候，他说："多数党员主张成为先锋党。5年来，莫斯科州党员中，工人比例从34%下降到30.7%，去年5000人退党，今年头5个月有1.1万多人退党，其中57.4%是工人。"（同上：322）

当然，与相信和维护苏联制度的民众相比，激进改革派的力量显得更为活跃。随着改革的进展，激进改革派与反苏、反共力量联起手来，成为街头行动最活跃的组织者和参与者。他们与党内高层的激进改革派结成联盟，遥相呼应，从最初站在戈尔巴乔夫一边，到不断提出更激进的口号，并建立起各种反对派组织，在很大程度上把持了民间的话语权，占据了街头抗议活动的中心舞台。例如，1990年7月15日，莫斯科举行反对派组织"民主俄罗斯""莫斯科选民委员会""首都人民阵线"等发起的游行和集会。活动中反共情绪强烈，其标语大部分针对苏共，如："苏共下台！""打倒红色法西斯党——苏共！""苏共掌权，国家没有未来！""叶利钦、波波夫、索布恰克是好样的！""共产党员们冲啊，退出苏共！"示威的组织者声称，这是1990年2月以来民主力量最大的一次示威。（黄宏、纪玉祥主编：345）这类活动可谓一浪高过一浪，越到后来越突出，直到把苏联推向崩溃。然而，虽然这类活动明显亮出反苏、反共招牌，并常常对戈尔巴乔夫犹抱琵琶半遮面公开表示不满，指责其改革步伐缓慢，但这类活动却很少遭到政府的强力压制，更没有得到戈尔巴乔夫本人直接驳斥和回应的"待遇"。根本原因在于，这些活动的组织者们与戈尔巴乔夫及领导集团实属同一战壕的战友。尽管两者在所谓改革的某些具体问题上存在不同意见，但他们在反苏、反共的大方向上一致，与坚持和维护社会主义制度的大部分苏联民众形成对立。当然，与组织者不同，参与这类街头活动的人并不一定全都敌视社会主义，但他们的参与有意无意地壮大了反苏反共派的声势，助长了似乎苏联人民支持激进改革，反对维护现存制度的假象。

那么，民众上街，集会抗议，即使声势较大，是否就代表了人民的意愿？实际上，这并不容易判断。改革期间，参与激进改革活动的人数再多，也只不过是苏联人口的极小部分，很难说他们的立场反映了普遍民意。从苏联历史上看，尤其在斯大林去世之后，各类持不同政见者的活动时起时伏，但从来没有形成能够挑战或甚至扳倒苏联制度的能力。

只有当国家领导核心决心改制的时候，这股潜在的力量才会浮出水面并形成声势。这有时被当作戈尔巴乔夫改革得到人民支持的证据。实际上，在苏联改革时期，戈尔巴乔夫及领导集团对民众抗议活动采取完全不同的态度，一方面对坚持社会主义的声音和力量无情打压，严加防范；另一方面对激进改革派的活动放纵、爱护有加，借助他们说出自己暂时难以公开申明的东西，以便影响人们的思想，引导整个社会的舆论导向。戈尔巴乔夫及领导集团充分利用了苏维埃政权的历史遗产，以人民利益的代表自居，坚持宣称为人民代言，用改革是为了完善社会主义等虚假言论蒙骗群众。这在很大程度上或可说明，为什么赞成社会主义的广大民众变成了"沉默的大多数"。

面对反对声音，戈尔巴乔夫及改革集团不但采用行政和宣传手段强力压制，而且动用国家机器，诉诸武力，不惜以流血为代价来维持和巩固改革上层的领导地位，以确保制度转轨的方向。1991年莫斯科发生"8·19"事件，戈尔巴乔夫被临时终止苏联总统职务。此时，曾经与戈尔巴乔夫龃龉不断的叶利钦坚定地站在戈尔巴乔夫一边，极力维护戈尔巴乔夫，力挽狂澜，充分显示了他们为同一目标奋斗的"战友"之情。苏联崩溃后，1993年10月，俄罗斯联邦立法机关（同时也是最高权力机构）即俄罗斯"最高苏维埃"和俄罗斯联邦宪法法院罢免叶利钦的总统职位，叶利钦下令军队包围和炮轰俄罗斯杜马所在的议会大楼（俗称白宫）。双方进行了长达10个小时的激战，最后叶利钦一方占领了议会大厦，以武力强行解散了俄罗斯杜马。这个后来被称为"十月事件"或"炮打白宫"的流血冲突造成上千人伤亡。[1] 总之，以改革为名重建资本主义

---

1 据官方宣布，这场流血冲突造成142人死亡，744人受伤。有的信息来源提出伤亡数字远高于此，例如俄罗斯《独立报》给出的死亡人数十倍于官方数字。见《俄罗斯〈独立报〉说十月事件中"白宫"里死亡人数达1500人》，《国外理论动态》，1994年第2期。

与苏联社会的民意无关。相反，如果"民意"违背上层的意愿和计划，大权在握的改革派便会毫不犹豫地动用包括武力在内的一切手段进行强力镇压，直至完全消灭而后快。

再次，民意调查或舆论调查结果或可作为反映苏联民意的一个途径，尽管其可靠性一直存在疑问。可惜，当时的苏联似乎没有经常性的大规模民调，也就难以据此得悉民众对待改革的普遍看法及其变化。不过，从现有的少量民调材料中仍可看出某些端倪。

在有关社会主义的问题上，与戈尔巴乔夫及领导集团的意向相反，苏联大多数人直到改革末期仍然拥护和选择社会主义。1990 年 7 月 27 日，塔斯社报道，苏联社会学家 6 月做了一次民意测验，对象是各主要居民阶层和集团的 1864 名代表，其中包括 166 名党务工作者。调查表明：51% 的人表示忠于社会主义，32% 的人表示不愿接受；60% 的人对不加限制地允许使用雇佣劳动的私有制持否定态度，20% 的人持肯定态度；65% 的人反对允许有失业现象，18% 的人赞成。社会学家的结论是：目前还存在着在社会主义选择和在共产主义前景基础上使社会团结起来的基础。（黄宏、纪玉祥主编，1992：348）这表明，直到苏联解体前夕，大多数苏联人仍然赞成和选择社会主义道路，不支持重建资本主义制度。

随后，1991 年 5 月，即叶利钦当选总统的前一个月，在俄罗斯的欧洲地区开展了一次大规模民意调查。其结果表明，大多数人支持民主社会主义。如果把那些回答"无所谓"的人排除在外，剩下的人中有多达 54% 的人赞同社会主义，另有 23% 的被调查者选择了瑞典模式，只有不到 1/5 的人喜欢相对无管制的资本主义，而后者却恰恰是上层领导极力策划并最终实现的体制。（科兹、威尔，2002：182—183）

苏联崩溃后，苏联国内的一些分析也支持上述结论。例如，一名苏联时期著名的持不同政见者指出："对苏联国民的社会结构以及各个阶层生活方式的分析，令人信服地表明：国内几乎没有人（除了少数例外）想过要从共产主义向资本主义进行任何转变，甚至那些骗子也没有想过这个问题，因为他们是苏联的骗子——也就是说，他们有机会依靠苏联社会的条件，通过非正当手段发财致富。向资本主义转变的想法出现较晚，而且来自上层，来自外部，而不是来自社会的底层。"（季诺维也夫，2004：40）

在是否保留苏维埃社会主义共和国的问题上，尽管大多数苏联公民赞同保留联盟，但苏联却在戈尔巴乔夫及领导集团的策划和推动下轰然倒塌。1991年3月17日，苏联就是否保留苏维埃社会主义主权国家联盟举行了历史上首次全民公决。波罗的海三国（立陶宛、拉脱维亚、爱沙尼亚）、亚美尼亚、格鲁吉亚、摩尔多瓦6个加盟共和国抵制了公决。3月21日，苏联最高苏维埃宣布全民投票的初步结果：全国约有76%的苏联公民投票赞成保留联盟；全国被列入投票人名单的有1.84亿公民（1989年苏联人民代表选举时被列入名单的有1.92亿人），其中有80%参加了投票。（黄宏、纪玉祥主编，1992：470—472）[1]然而，正如在启动改革和其他重要问题上一样，是否保留苏维埃联盟并不取决于民众的意愿，而取决于党政最高权力机构的决策。就在几个月后，1991年12月8日，俄罗斯、乌克兰和白俄罗斯三国领导人叶利钦、克拉夫丘克和舒什克维奇签署了所谓《独立国家联合体协议》或叫作《别洛韦日协议》，宣称"苏联作为国际法的一个主体和一种地缘政治现实已不复存在"，由此宣告了苏联解体。如果说，苏维埃社会主义共和国联盟的解体出自3个领导人之手是一种过于简单的说法，那么，苏联最高领导层一手策划并亲自完成了苏联解体则是一个不争的历史事实。

在是否推进生产资料私有化的问题上同样如此。这个问题虽然没有举行像在是否保留苏维埃联盟问题上那样的全民公决，因此没有那样明白无误、确切无疑的数字依据，但事后有研究显示，没有证据表明，俄

1　另见 Wikipedia The Free Encyclopedia, https://en.wikipedia.org/wiki/Soviet_Union_referendum_1991。此处给出的最终投票结果是：对保留联盟投赞成票的为77.85%，投反对票的为22.15%。

罗斯的私有化得到了民众的支持。相反的推测应该更符合历史事实。在苏联实行私有化多年之后，大多数人依然表示反对私有化。一份研究是这样开头的："有关公众支持经济改革的许多研究都得出一个简单的结论：所有的人都痛恨私有化。尽管私有化战略和后果多种多样，但是，从拉美到东欧，大多数人都反对私有化。"该研究聚焦前社会主义国家，在进行了相当规模的调研后指出，2006年，一项有28个前社会主义国家28000人参加的调查表明，绝大多数人支持逆转私有化。这种支持广泛而深入。在这28个国家中，每一个国家都有超过50%的人口支持对私有化进行某种形式的逆转或修正，而持相同立场的人在参与调研的人中超过80%。作者发现，这一立场源于不同的因素，例如对国有的偏好、对私有化合法性的质疑等。（Denisova et al. 2010）[1] 这表明，全力推进私有化非但不代表民意，而且恰恰逆民意而行。当然，不管民众如何反对或者不赞成，私有化在苏联崩溃后最终得以完成，奠定了重建资本主义制度的经济基础，也由此实现了戈尔巴乔夫当初的改革设想。

二、博取西方赞扬，借助西方支持

改革开启后，甚至直到苏联崩溃，戈尔巴乔夫及领导集团一直打着完善社会主义的旗号，以建设"更民主、更人道"的社会主义做诱饵，让很多民众沉浸在迎接更美好生活的虚假期待中。老到的西方政客对这套说辞实在再熟悉不过了。他们从戈尔巴乔夫言论和著述的字里行间，尤其是从戈尔巴乔夫在国内外舞台上的现场表现中，很快就看出了端倪，

1　这个调查涉及的27个国家是：阿尔巴尼亚、亚美尼亚、阿塞拜疆、白俄罗斯、波斯尼亚和黑塞哥维那、保加利亚、克罗地亚、捷克、爱沙尼亚、马其顿、格鲁吉亚、匈牙利、哈萨克斯坦、吉尔吉斯斯坦、拉脱维亚、立陶宛、摩尔多瓦、蒙古国、黑山共和国、波兰、罗马尼亚、俄罗斯、塞尔维亚、斯洛伐克、塔吉克斯坦、乌克兰、乌兹别克斯坦。

捕捉到了戈尔巴乔夫发出的信号，并且越来越确信，与苏联历任领导人不一样，戈尔巴乔夫的改革取向，与西方梦寐以求、积几十年之功却没能实现的目标完全一致。现在，推翻苏联的机会终于来了。

戈尔巴乔夫提出"改革新思维"，宣扬"民主化"和"公开性"，许诺要在苏联建立"更民主、更人道"的社会主义。目标听上去十分美好，但细究之下不难发现，这个思维相当于承认苏联社会主义制度"不民主，不人道，不自由"，人民生活在专制制度之下。这也正是西方资本主义阵营一直以来对苏联的描述和攻击。当苏联国内民众还在思索改革会带来什么变化的时候，西方领导人很快从戈尔巴乔夫的言行中嗅出了不一样的味道。他们敏锐地发现，他们终于在敌方阵营内部找到了思想知音和道路同行者。据西方媒体报道，早在1985年3月，戈尔巴乔夫刚刚接任苏共总书记职务，一些西方国家领导人在同他会谈后，就对"克里姆林宫的新活力"留下深刻印象。撒切尔夫人，这位一向高调反对共产主义的英国首相，称赞戈尔巴乔夫"对各种主张都是豁达的和不抱偏见的"；法国总统密特朗则评价他说话"直率明朗"，并相信他将会"十分大胆地利用世界局势"。（黄宏、纪玉祥主编，1992：2）当年11月21日，戈尔巴乔夫与美国总统里根共同现身日内瓦首脑会谈闭幕式。里根表示，美苏关系已经"有了一个新的开端"。（同上：14）但是，正如里根后来常常挂在嘴边的一句话，"相信，但要验证"[1]。这句话不但表达了西方领导人对戈尔巴乔夫改革的殷切期望，而且反映出敦促这位苏联领导人尽快践行其改革思想，使之朝既定方向一路前行的急切心情。

戈尔巴乔夫果然不负所望。还在冷战期间，苏联和美国这两大冷战对手就基于各自的需要，于20世纪70年代推行过缓和政策。这个行动

1　1987年，在美苏中程核武器协议谈判时，里根旁敲侧击，对戈尔巴乔夫说，他最喜欢一句俄国谚语："Trust，but verify."（相信，但要验证）意思是，他相信苏联领导人的承诺，但能不能信守承诺，还必须经过实践的验证。

并未从根本上改变两极对峙的冷战格局，但苏美双方都做出了某些调整，在一定程度上降低了自"二战"结束以来两国之间剑拔弩张的紧张局势。戈尔巴乔夫上台后推行所谓"改革新思维"，其中也包括"国际政治新思维"。他说，"生活纠正了我们关于向社会主义过渡的规律和速度的认识，纠正了对社会主义在世界范围内所起作用的理解"；宣扬"人类的生存高于一切""全人类利益高于一切"；说苏美两国"除了领悟共同生存这一伟大真谛以外，别无其他选择"[1]。这种所谓"外交新思维"完全改变了苏共对当代世界和资本主义的基本看法，抹杀了社会主义与资本主义、无产阶级与资产阶级之间的基本矛盾，放弃了为在全球实现共产主义而奋斗的长远目标。为了给国内改革创造一个所谓相对缓和与稳定的国际环境，戈尔巴乔夫以其"新思维"为指导，在军控谈判、裁军、联盟关系、地区冲突、大国关系以及德国统一等许多重大问题上对苏联传统的对外政策进行了重大调整乃至颠覆。

对于这些重大调整的得失，人们评价不一。有些人认为，戈尔巴乔夫的对外政策投西方之所好，对整个西方做出了巨大妥协与退让，让西方世界取得了巨大胜利，却大大削弱了苏联的大国地位。也有人认为，通过对外政策的调整，戈尔巴乔夫为国内改革和经济发展创造了良好的国际环境，达到了在国际上推行所谓"新思维"的目的——当然，即使认可这一点，仍有人为苏联当时对西方让步过多感到遗憾。

这里不打算讨论这个问题，只想指出，在做出了种种安排或者说妥协退让之后，苏联的大国地位日渐衰落，苏联解体后俄罗斯的国际地位更是一落千丈，其国际影响力和对世界事务的发言权完全无法与苏联时

---

1 李慎明主编：《居安思危：苏共亡党的历史教训》（八集党内教育参考片解说词），北京：社会科学文献出版社，2013年，第八集，"苏共对西方世界西化、分化战略的应对"解说词。另参见李慎明主编，陈之骅副主编：《居安思危：苏共亡党二十年的思考》，北京：社会科学文献出版社，2011。

期相比。当年那个超级大国的荣耀一去不返。但是，在如下意义上，戈尔巴乔夫推行其"国际政治新思维"确实取得了成功，那就是：戈尔巴乔夫在国内外的"新思维"言行迎合了西方需要，符合西方长期以来念念不忘搞垮苏联的目标，因此得到西方的大力赞赏，并在很大程度上给予积极配合和支持，以至于这种配合和支持成为戈尔巴乔夫改革能够不断推进直至完成其最终目标的重要条件之一。这一切，从西方国家领导人不断加大对戈尔巴乔夫及其改革的赞扬、鼓励和支持可以看出来。

实际上，西方一些领导人更早就敏感地觉察到戈尔巴乔夫的特别之处。1984年12月戈尔巴乔夫访英。当时他还是苏共政治局成员，被认为是总书记契尔年科接班人。据说，谈话之后，撒切尔夫人发现戈尔巴乔夫和赫鲁晓夫、勃列日涅夫有别，她说："我喜欢戈尔巴乔夫，我们可以在一起共事。"随后撒切尔夫人飞到美国，与时任美国总统的里根谈及与戈尔巴乔夫的对话，对里根说，她认为戈尔巴乔夫"相对开放和聪明，既和蔼又有点魅力和幽默，亦会聆听他人意见"，"我肯定他是一个可以交往的人，我其实比较喜欢他"[1]。1985年11月参加（美苏首脑关于战略防御等问题的）日内瓦峰会回国后，里根立即召开了一次国家安全委员会会议。在会上，他说的第一句话就是："玛格丽特（即撒切尔夫人）说的一点儿不错，我们的确可以跟此人合作。"（艾特肯，2016）之后，西方国家舆论开始把戈尔巴乔夫誉为"苏联理想的接班人"，"是具有新思想的新一代领导人"等。

之后，随着戈尔巴乔夫改革的深入，西方各国历任领导人不断对戈

1　这个消息曾被广为报道。有作者在书中分析说："戈尔巴乔夫的这次英国之行帮助两人建立了友好关系，从而在未来改变了整个世界的格局。"见面的时候，撒切尔夫人对戈尔巴乔夫说："我希望我们之间没有误解。所以我必须向你直言：我痛恨社会主义。"第二天，她在接受BBC采访时如此评价戈尔巴乔夫："我很欣赏戈尔巴乔夫先生。我们将会是很好的合作伙伴。"她把这个信息传递给了美国总统里根。（艾特肯，2016）

尔巴乔夫本人及其改革加以赞扬和鼓励。1987 年 7 月 4 日，美国前总统卡特于访苏回国的途中在英国举行记者招待会。他说："戈尔巴乔夫也许是世界上最引人注目的、最有吸引力、最有创新精神的领导人。"他还说："全世界都期待着他在苏联进行有益的改革，期待他在苏联和其他国家之间进一步限制军备和核武器方面取得有益的进展。"（黄宏、纪玉祥主编，1992：55）

1990 年 2 月 25 日，英国《星期日泰晤士报》刊登了撒切尔夫人"关于苏联问题的讲话"，其中有这样的评价：戈尔巴乔夫"开始了一场全面的革命；这是一场朝着自由前进的革命。他起初试图用改革共产主义的办法做到这一点。这是办不到的。所以他现在走向多党制了，而且一段时期以来他一直在宣扬一种完全不同的哲学……变化就这么大。"在被问到"戈尔巴乔夫还是共产党人吗？"，她字斟句酌地回答说："他不再是严格的马列主义意义上的共产党人了。你只要读读他的讲话就可以看出，他在设法减少中央的控制，给人民以更多的主动性与权利，其中包括私有财产。这是一个巨大的变化。"（同上：264—265）

1990 年 6 月 8 日，美国总统布什说："我们同苏联的关系确实进入了一个新时代。"他说，戈尔巴乔夫"的确是一个了不起的人"。（同上：317）

1990 年 6 月 10 日，英国《星期日快报》刊登撒切尔夫人发表的一次电视讲话，谈她为什么要支持戈尔巴乔夫。她认为，"苏联新的革命具有十分深远的意义，它超过了人们，或许还有戈尔巴乔夫总统本人预想可能达到的程度。现在，西方仍在竭力把握这种革命的全部意义"。她说，苏联选择了一条新的历史性道路。它在人们意见一致的基础上在各加盟共和国同中央政府之间建立起一种新的宪法关系；建立了一种多党民主的新的政治结构；制定了新的市场经济政策。这种变化中的任何一种同苏联的过去相比都是令人惊愕的，而这 3 种变化加在一起就更构成一种确实很了不起的举动。（同上：319）

1990 年 11 月 3 日，法国《费加罗杂志》发表里根的回忆录，题为《我的生涯》，其中说，"在戈尔巴乔夫和我之间存在着某种相当近乎友谊的化合物"，"某种东西使得我们的交谈总是合乎情理的、坦率的"，"戈尔巴乔夫是第一个不赞成苏联搞扩张主义，第一个同意销毁核导弹，第一个提出搞市场经济、支持公开选举和言论自由的苏联领导人"，"他放弃了共产主义的若干基本教条"，"戈尔巴乔夫有为改革而奋斗的勇气。他引进初步的民主、个人自由和自由企业，是明智的"。（黄宏、纪玉祥主编，1992：384—385）

1990年12月5日，里根在剑桥大学发表讲话说，在6次首脑会谈的过程中，他渐渐把戈尔巴乔夫当作了一位朋友，"而且看作是一位患难中的朋友，因为他的国家已经并且正在经历一个大动荡和骚乱时期"。他还说："曾经统治着一个苏维埃帝国的邪恶领导人已经消失了。那个帝国也消失了。取而代之的是一位居于领导地位的现代现实主义者，他拥有被释放了的而一度受到压抑的渴望自由和民主的力量。"（同上：410—411）

1991年7月18日，戈尔巴乔夫在伦敦开始同西方七国首脑分别会谈。英国首相梅杰称戈尔巴乔夫是"领导了本世纪最杰出的一次革命的人"，说"最近几年发生的事件是人类精神的胜利"。（同上：571）

1991年8月1日，在戈尔巴乔夫于克里姆林宫欢送美国布什总统的仪式上，布什说，"经过了把我们硬性分开的几十年的不信任和隔绝之后，现在我们证实有许多把我们联系起来的共同价值观。同'冷战'的黑暗日子相比，我们之间的分歧现在比以往任何时候都少，而希望的基础则更多了些"，他对苏联的前途持乐观态度。（同上：585）

西方领导人的心态逃不过观察者和媒体的眼睛。1990年3月20日路透社记者在报道中提到，英国学者说，"北约各国政府在公开场合一直热心地鼓励戈尔巴乔夫，但是私下里却表示出更大的悲观"。（同上：283）西方政府一方面对戈尔巴乔夫赞赏有加，热心鼓励；另一方面仍然担心符合西方利益的戈尔巴乔夫改革能否真的美梦成真。但这种私下的悲观被后来的历史发展证明纯属多余。戈尔巴乔夫的改革以苏联崩溃宣告成功，这个"成就"远远超出西方各国政府当时的"最高"预期。

戈尔巴乔夫及其改革不但博得了西方在道义和言论上的支持，而且获得了西方的物质支援。当然，西方对苏联的援助是有条件的。1991年11月13日，新华社综述《西方对苏援助难题重重》，其中谈到了西方援助苏联的"三项原则"和"五个条件"，前者是政治上民主化、经济上市场化、军事上一体化；后者是明确对象、统一计划、保证还债、提供资料、稳定货币。（黄宏、纪玉祥主编，1992：687）西方对戈尔巴乔夫始终在听其言观其行，其始终坚持的基本原则就是：戈尔巴乔夫及领导集团的改革绝不能偏离推翻社会主义苏联这个大方向。

1990年7月15日，戈尔巴乔夫开始同访苏的联邦德国总理科尔会谈。他在16日会谈后宣布，统一后的德国将享有"充分的主权"，有权"决定它支持什么集团"。这表明苏联已经改变原来的立场，不再反对统一后的德国加入北约。休斯敦七国首脑会议原则同意向苏联提供经济援助，联邦德国则决定率先向苏联提供31亿美元的贷款。（同上：345）

1991年6月20日，戈尔巴乔夫在克里姆林宫会见欧共体主席德洛尔，就苏联改革、苏联与欧共体的合作、西方可能的支持和援助等问题进行了交谈。德洛尔表示，欧共体不仅愿意，而且已经在支持苏联的改革，即将在这里草签的一项内容空前广泛的技术合作协定就证明了这一点。在同日举行的记者招待会上，德洛尔说，他此行的目的就是帮助实现欧共体援助苏联进行改革的计划。（同上：541—542）

西方全力支持戈尔巴乔夫通过改革推翻苏联的立场，在1991年"8·19"事件上表现得淋漓尽致。现在看来，这个事件可以看作在苏联大厦将倾之前，企图挽救苏维埃联盟及社会主义制度的最后一次尝试。

1991年8月19日，苏联上层部分成员成立苏联国家紧急状态委员会，宣布从1991年8月19日起在苏联个别地方实行为期6个月的紧急状态，并发布《告苏联人民书》，说"国家面临着致命的危险"，由戈尔巴乔夫发起的改革已经进入了死胡同，呼吁公民支持紧急状态委员会，使国家和社会摆脱危机。这一事件无疑成了考验敌友关系的关键。面对试图保卫苏联及社会主义制度的政治力量，苏联国内的激进改革派与西方国家坚定地站在了戈尔巴乔夫一边，与戈尔巴乔夫龃龉不断的叶利钦也摈弃前嫌，挺身而出坚决支持戈尔巴乔夫。他利用身为俄罗斯总统所掌握的权力和资源，拒不服从紧急状态委员会的命令，号召军队反戈一击和全国大罢工，全力阻击这次行动。西方同样不遗余力，西方政府与苏联国内的激进改革派遥相呼应，在各个方面对戈尔巴乔夫鼎力相助，包括以撤销西方经济援助相威胁，必欲打垮反对力量，以确保戈尔巴乔夫的改革能够沿着预定轨道前行。

这一时期，西方各大国政府首脑纷纷表态，支持戈尔巴乔夫。美国总统布什对戈尔巴乔夫被免职发表声明，表示不承认苏联新领导人，支持叶利钦要求恢复戈尔巴乔夫权力的主张，并暂时停止对苏联的经济援助。德国总理科尔对戈尔巴乔夫被停职表示"极大忧虑"。英国表示将暂停对苏联的经济援助。日本称戈尔巴乔夫下台是"非常严重的事件"。（黄宏、纪玉祥主编，1992：600—604）

1991年8月20日，美国总统布什举行记者招待会，称他与叶利钦通了电话。他向叶利钦保证，美国将支持叶利钦为恢复戈尔巴乔夫作为选举产生的合法领导人职务所做的努力。一些西方国家决定停止对苏联的经济援助。欧共体暂停了对苏联的大部分经济援助，世界银行也宣布取消对苏联的3000万美元技术援助贷款。如果戈尔巴乔夫不能回到领导岗位，美国的一些议员要求中止对苏联的9亿美元的粮食贷款。日本也准备冻结对苏联的技术援助。（同上：607）

在苏联国内部分政治力量采取行动，试图阻止复辟资本主义的改革进程的时候，西方领导人坚定地站在了戈尔巴乔夫一边。在内外反苏势力的夹攻之下以及其他因素的影响下，这个由苏联政界、军界上层人物发起的行动很快宣告失败。苏联失去了挽救自身的最后一次机会。

这次行动失败后，西方政府深感欣慰，长舒了一口气。1991年

"8·19"事件刚刚平息，美国总统布什就发表讲话，表示支持戈尔巴乔夫和叶利钦改组苏联内阁，称苏联"正朝着我们希望的目标发展。苏联人看来正朝着美国对外政策的目标前进"。美国前国家安全顾问布热津斯基撰文称，苏联体制正加速解体，鼓吹西方要负起"特别的责任"，帮助苏联进行"真正决定性的转变"，"支持各加盟共和国获得加入现代世界的机会"，使苏联实现成为"现代化非帝国的国家"。（黄宏、纪玉祥主编，1992：614）

1991年8月21日，戈尔巴乔夫声明他已恢复对国家的控制后，美国总统布什即与叶利钦通话，称赞叶利钦"勇敢"，说"叶利钦的勇敢和坚定扭转了苏联的局势"，"他的政治才能可与戈尔巴乔夫相媲美"，并称叶利钦是"英雄"。在与戈尔巴乔夫的通话中，戈尔巴乔夫感谢美国对他的支持，表示在挫败政变之后将更加坚信改革。布什是第一位但远非唯一一位祝贺戈尔巴乔夫重新掌权的西方国家领导人。德国欢迎苏联政局新变化，表示将向苏提供大量新援助。法国总统密特朗对叶利钦表示敬意。英国外交大臣赫德对戈尔巴乔夫复职表示"宽慰"。北约对戈尔巴乔夫重新掌权表示欢迎。日本首相海部俊树与叶利钦通话，表示支持叶利钦的行动和立场，将重新研究对苏联的援助问题。（同上：609，612）

后来，随着更多信息的公开，西方竭力配合戈尔巴乔夫改革的事实越来越多地为人所知。1991年11月18日，卸任一年多的英国前首相撒切尔夫人在美国休斯敦发表了约45分钟的演讲，中心内容可以称为"我们是怎样瓦解苏联的"。其中谈道："苏联是一个对西方世界构成严重威胁的国家"，"因此，我们一直采取行动，旨在削弱苏联经济，制造其内部问题"。遗憾的是，"无论我们如何努力，苏联的政治形势长期保持十分稳定"，"我们由此陷入了困境。不过，很快便得到情报，说苏联领袖逝世后，经我们帮助的人可能继任，借助他能够实现我们的想法"，"这个人就是米·戈尔巴乔夫。我的智囊们对此人评价是：不够谨慎，容易被诱导，极其爱好虚荣。他与苏联政界大多数精英关系良好，因此，通过我们的帮助，他能够掌握大权"。她还提到，"在1991年'8·19'事件期间，我们也给叶利钦以极大的支持。当时苏联上层少数人隔离了戈尔巴乔夫，企图恢复维系苏联统一的制度。叶利钦的支持者坚持住了，并且掌握了控制强力部门的绝大部分（虽然不是全部）实权"，"后来发生的事，大家有目共睹"[1]（张树华，2010）有人评论说，正是按照西方的谋划和支持，戈尔巴乔夫、叶利钦窃据了苏联领导权，把苏联送上了一条不归之路。后来撒切尔夫人不无自豪地说：是我们把戈尔巴乔夫提拔起来当了总书记。"[2] "是我们把戈尔巴乔夫提拔起来当了总书记"这个说法难免夸张之嫌，但是，鉴于西方对戈尔巴乔夫不遗余力的支持，这样说似乎并非全无道理。

苏联崩溃后，西方世界一片欢腾，从官方到学界一度沉浸在西方赢得了冷战胜利的陶醉之中。西方的冷战斗士们弹冠相庆，争相表功，因为他们认为，西方之所以获胜，一是其和平演变战略功不可没，得以通过和平而不是战争手段兵不血刃地颠覆了苏联这个庞大帝国，犹如1959年12月肯尼迪在成为美国总统之前公开表示的，"通过援助、贸易、旅游、新闻事业、学生和教师的交流，以及我们的资金和技术"，诱使苏联及其他社会主义国家逐步走上资本主义道路。二是苏美两个大国进行军备竞赛，最终拖垮了苏联经济。现在看来，西方赢得冷战胜利的说法虽然并不为错，但如果认为西方是苏联崩溃的主导力量，则完全可以称为贪天"之功"为己有，因为这与事实相去甚远。把对手的失败认作自己的胜利无可厚非，但对手的失败却未必完全是甚至主要是己方谋略运作的结果。导致苏联崩溃的戈尔巴乔夫改革无疑借助了西方支持；但是，如果没有

1　关于这个消息的准确性，见张树华、王文娜：《对撒切尔夫人1991年在美国休斯敦演讲的查证》，《红旗文稿》，2010年第23期，34—36页。

2　安启念：《苏联解体的历史反思》，《中国社会科学报》，2014年11月19日，陈叶军采访整理，参与对话者为梁柱、吴恩远、曹长盛和安启念。

戈尔巴乔夫发起并一力推动所谓改革，西方的任何谋略和努力都没有也不可能产生实质性效果。正如上面提到的，戈尔巴乔夫热切的支持者撒切尔夫人承认，西方一直在采取行动，旨在削弱苏联经济，制造其内部问题，但无论如何努力，都未能改变苏联政治形势长期稳定的局面，以至于西方的努力"由此陷入了困境"，直到戈尔巴乔夫执掌了苏联的党政大权。可以说，苏联崩溃并不取决于西方做了什么，而取决于苏联做了什么，更具体地取决于苏联最高领导人及领导集团做了什么。一句话，苏联崩溃和冷战结束完全是苏联挥刀自裁的结果，是苏联自己打垮了自己。所谓西方战胜了苏联，依靠自己的力量赢得冷战胜利，这种说法不过是西方自娱自乐的精神安慰剂罢了。

三、小结

大量有据可查、有目共睹的历史事实表明，苏联崩溃完全是苏联最高领导人及领导集团一手策划和全力推进的结果，是"顶层设计"的成功实现。苏联崩溃始于戈尔巴乔夫的所谓改革，也完成于戈尔巴乔夫的所谓改革；也就是说，这个过程的发动来自上层，所有实施步骤出自上层，最终也是在上层的直接指挥下完成的。他们以改革为名，瞒天过海，在决定了改革的资本主义方向之后，动用一切能够动用的手段，包括制定和掌控国家的方针政策，以行政命令的方式在全国范围内全面铺开；利用组织人事手段组建各级各领域领导班子和队伍；全面掌控和运用舆论宣传工具，连哄带骗，裹挟民意；动用国家权力压制反对声音和反对力量，同时不惜向长期的冷战对手屈膝投降，以博取西方的声援和支持。在改革过程中，戈尔巴乔夫及领导集团始终亲力亲为，而国家政权就像握在国家最高领导人及决策层手中的尚方宝剑，使他们能够号令三军，动员一切资源，从酝酿、策划到大力实施，最终完成了这个推翻苏联社会主义的大变革。苏联的崩溃不但改变了国家的命运，也改变了世界格局，人类进步事业由此遭受了前所未有的挫折。

如前面屡屡提到的，没有人否认，苏联时期存在种种问题，包括在经济、政治、社会各个领域中，公众中也始终存在着诸多不满。这种现象既不例外，更不突出，不但其问题的性质不同于其他制度下的国家，而且问题或困难的尖锐程度都远远不及世界上绝大多数国家。可以说，无论苏联国内存在怎样的问题，都完全没严重到开始妨碍社会的正常运转，而民众的不满也从来没有达到威胁政权存在的程度。如果不是戈尔巴乔夫发起以反苏、反共为目标的所谓"改革"，无论当时苏联国内存在多少问题，都不可能撼动苏联的社会主义制度，更不可能导致苏联解体。

苏联崩溃的根源来自党政领导核心，即领导层的"抽心一烂"。苏联党政领导核心背叛了马克思主义，率先倒戈投敌，对他们本该全力维护的制度发起了致命冲击。苏联改革的某些亲历者后来也逐渐认清了这个道理。有人对此曾这样描绘："请想象这样一种情景。两支军队在厮杀。战争结果还没有确定。突然，一支军队的指挥官与自己的司令部一起投奔敌人一边，开始积极地、谙熟事物地帮助敌人摧毁他们所叛变的军队，与此相似的是：随着戈尔巴乔夫改革派执掌最高权力之后，苏联高层领导所做的事情——只不过是在巨大的全球性、划时代的范围中。他们不但背叛了自己的国家，还开始履行一个被占领政府的职能。"（季诺维也夫，2004：63—64）这个描述不失生动地揭示了苏联崩溃过程的真相。这位作者还说："苏联共产党最高领导人搞垮苏维埃社会基础的伟大'壮举'已经在叶利钦的领导下并由苏联人自己完成了。而当时的首脑戈尔巴乔夫则顺从地签署了关于自我解散党的中央委员会的决定，尽管，按照法律程序可以号召全党进行反对的。在这之后，摧毁整个苏联国家组织体系的过程进行得非常迅速。闪电般地搞垮了整个社会：基层团体、经济、理论、文化等。任何一种自然的方式都不能够做到这种程度。要做到这一点，只能是苏维埃国家的领导人本身按照西方操纵者的命令来摧毁苏维埃国家。"（季诺维也夫，2004：171）"叛变的首先是国家的高层领导人、党的机关的工作人员、意识形态领袖和知识分子精英的代表。正如人们常说的那样：鱼从头先烂。那些挤到政权高层的人按照其规律在党和国家机关里飞黄腾达，保护国家的现有制度、国家体制和意识形态是他们天经地义的职责——这首先是他们的制度、他们的政权、他们的意识形态。国民习惯于怀着这样的自然信念生活：他们的领袖为了自我保护和保护国家，会以各种方式履行自己的职责。但是却发生了一件意想不到的事情：迄今为止凶残地镇压所有企图破坏社会制度、国家和意识形态的人的当局，竟然自己会如此暴怒地（这是其不共戴天的仇敌做梦都想不到的）开始对这些社会基础发动进攻。"（同上：63）

痛定思痛，还有人谈道："戈尔巴乔夫的堡垒不是从外部遭到敌人进攻，而是被他自己，从内部毁灭的；其次，他是自愿走进敌人营垒的，保全了自己，却撇下数以亿计被'改革'抛入崩溃深渊的无辜百姓，对他们的呻吟和呼救视而不见，听而不闻。"（佩特罗夫，2001：31）在这个过程中，领导人的决定性作用没有其他任何因素可以相比，更不要说取代。"苏维埃列车的颠覆和这一列车是由戈尔巴乔夫及其精选出来的随从人员驾驶的这一事实本身，就说明这是谁的个人罪责。"（同上：32）"必须看到，领导人的选择常常是偶然的或者说是某些特定（虽然也是客观的）情况的一时巧合。但是，更重要的是领导人在当选后的动机和表现如何。一个人当选后，他的个人品质就会充分暴露出来。正如苏联崩溃所表现的，有时人民的命运甚至取决于一个很普通的偶然性。"（同上：38）出现戈尔巴乔夫这类领导人是否纯属偶然有待探讨，但无论如何，他们在颠覆苏联的过程中发挥决定性作用却是一个不容争辩的历史事实，没有人能够否认。

从长远来看，人民群众创造了历史，决定了历史发展的方向，但在短时期内，在具体历史条件下，人民群众被摆布、被决定的事例屡见不鲜，以至于不得不面对与他们的长期利益背道而驰的结局。"'改革'为什么畅通无阻。苏联人民为什么允许这样的人走进自己的家园并让他毁灭这个家园，使他们失去了现在和未来？当我们看到普通的劳动人民和领导人像过去一样努力工作，而没有意识到他们正在为反对自己、反对自己的儿女、反对自己的家庭而工作，没有意识到他们正在毁坏有70年历史的大厦的时候，一点也不奇怪或者可笑。他们只知道一点：他们正在为完成党和国家的纲领而工作。对于他们来说，谁是头号人物和他叫什么名字并不重要。……看来，国家也像任何汽车一样，全在于谁坐上它和驾驶它。"（佩特罗夫，2001：42、43）

意识形态领域也是这样。雅科夫列夫这样坚定反苏、反共、反社会主义的人物被安排在主管官方舆论、号称"舆论沙皇"的位置上，其影响力和作用可想而知。"现在请想象这样一种情景。罗马教皇走到罗马的圣彼得广场，对围拢来的人说了下面一番话：'亲爱的教徒们，我必须向你们宣布，没有什么上帝，天主教会只是一个犯罪组织，我把它解散了。'您会怎样评价这位教皇的行为呢？须知，苏联的意识形态专家们正是以这种精神表述的。国家的主要意识形态专家 A. 雅科夫列夫，直到最后时刻还宣誓忠于马克思列宁主义，辱骂美帝国主义和西方的意识形态，突然之间却宣布放弃马克思主义和共产主义，领导了一场反共运动。这是怎么回事呢？是这位党内的老奸巨猾的投机钻营分子因为某种原因忽然顿悟了吗？不是！他永远像两面派一样，准备叛变。现在时机到了，他认为向自己国家的敌人那边投靠对自己很有利。而在俄罗斯的意识形态神父中，这样的两面派叛徒能有几千人。"（季诺维也夫，2004：64）

军队、警察是国家机器的重要组成部分。无论国家制度是否合理、正义，各国无不依靠国家机器保卫本国的社会制度，必要时动用武力镇压和打击国内外敌对力量，尤其在关系国家存亡的紧急关头，这样做不但必要，而且往往是最为有效的最后手段。社会主义国家在面对致命威胁时同样如此。1956年，苏联采取军事行动平息了当地几十万人公开参与的匈牙利事件。同样的一幕 1968 年在捷克斯洛伐克重演。撇开这些事件和行动的是非曲直不论，历史屡屡证明，在强大的国家机器面前，民众的不满和反抗即使形成较大规模的社会运动，也往往难以颠覆一个政权。在戈尔巴乔夫启动改革之前以及之后，苏联国内从不存在足以挑战苏联政权的大规模群众运动，而即使假定面临这样的挑战，凭借苏联当年的军事力量，要保卫政权和社会制度应该完全不难做到。但是，如果执政当局本身意欲改变制度，情况就完全不同了。政府非但不会采取包括军事行动在内的各种措施保卫它，必要时还会毫不犹豫地掉转枪口，动用国家机器镇压那些保卫现存制度或甚至只是政见不同的人，正如 1991 年苏联 "8·19" 事件和 1993 年 "炮打白宫" 事件向世界展现的那样。

　　总之，苏联崩溃并非由于苏联时期存在这样那样的问题。这个结局完全是苏联最高领导人及领导集团一手策划和推动的结果。没有执政核心力量这个 "扫帚"，无论苏联社会中存在多少 "灰尘"，都不能也从来没有威胁到苏联制度的存在和运行，更不要说导致苏联垮掉了。换言之，如果不是苏联最高领导人及领导集团的所作所为，苏联的社会主义制度根本不会被颠覆，作为一个超级大国的苏联也不会在短时间内解体。唯一有能力造成这一结局的就是苏联党政最高领导层，尤其是最高领导人。[1] 苏联决策上层之所以能够以改革之名，彻底改变了他们本应为之服务并誓死保卫的社会制度，完全是由于他们处于掌权地位，能够利用执政地位赋予他们的垄断特权，最终把推翻苏联这个世界上第一个社会主义国家的图谋变为现实。

1　据俄罗斯《独立报》1997 年 1 月 16 日报道，在 "戈尔巴乔夫基金会" 举行的讨论《别列书日协议》影响的一次圆桌会议上，一位苏联著名外交家在批评戈尔巴乔夫时说："'有人说，一个人的力量是不可能摧毁整个国家的，但如果这个人是中央总书记，那么就有这个可能。'"（麦德维杰夫，2005：247）

如果对完成推翻苏联的大业"论功行赏"的话，作为整体的苏联改革领导集团理当获得头功，戈尔巴乔夫理所当然地应独占鳌头。他不但当得起苏联崩溃和制度转型"总设计师"的称号，而且自始至终亲力亲为，一直把这场反苏、反共运动进行到底。戈尔巴乔夫的名字与改革和苏联崩溃密不可分。如果说，斯大林接手的是只有木犁的俄罗斯，留下的是拥有原子弹的苏联，那么戈尔巴乔夫接手的是拥有原子弹、现代化工业、由 15 个加盟共和国组成、作为世界两个超级大国之一的苏联，留下的是联盟解体、山河破碎、经济崩溃、从超级大国瞬间沦落为一个几乎是二流国家的俄罗斯。

第三部分

苏联执政集团搞垮苏联的动因和能力

这一部分主要讨论两个问题：第一，为什么苏联党政最高领导人及领导集团想要推翻自己治理下的苏联制度，即他们这样做的动因和目的何在。第二，苏联的制度存在怎样的问题或缺陷，使执政上层拥有如此为所欲为的能力，在明显违背国家基本制度、生产关系和社会规范体系的情况下，按自己的意志动用国家权力，成功推翻了苏联社会主义制度并分裂了国家。

第七章　执政集团为什么要搞垮苏联

政治经济学常识告诉我们，国家政权是一个国家的统治体制，包括政治上的统治权力以及行使国家统治权力的机关。国家政权具有主权性和强制性，拥有对社会进行统治和管理的权力，以便维护本国的基本社会制度。

人类历史进入资本主义时代后，政权更替在很多国家时有发生，但无论政权如何易手，改变的都只不过是国家最高领导人及领导集团的组成，即由哪些人行使治理国家的统治权力，但通常并不影响国家的根本社会制度。像苏联这样，在没有发生政权更替的情况下，也就是在同一个政党即苏联共产党连续执掌国家政权的情况下，社会制度竟然遭到颠覆，发生翻天覆地的改变，这样的事情历史上如果不是绝无仅有，也极其罕见。同时，按照常理，一个国家的最高领导人及领导集团理应是社会制度最坚定的护卫者，不但因为他们是这个制度的合法代表和代理人，而且正是这个制度赋予了他们统治全国的权力，使他们能够代表国家政权发号施令，同时享有与此相关的政治、经济和社会特权。但在戈尔巴乔夫发起的改革过程中，苏联最高领导人及领导集团非但不全力维护其治下的社会制度，反而千方百计必欲置之死地而后快。按照一般逻辑或理论，这种事不可能发生，但在苏联却发生了。这像是一个待解的悖论。解开这个谜团，或许就能理解苏联社会主义制度为什么会马失前蹄，以致半途而废。

一、背弃马克思主义，改换信仰和指导思想

马克思指出："批判的武器当然不能代替武器的批判，物质力量只能用物质力量来摧毁。但是理论一经掌握群众，也会变成物质力量。"前面谈到，摧毁苏联的物质力量既不是苏联历史上或现实中存在的种种问题，也不是任何国内外反苏势力，而恰恰是苏联最高领导人及领导集团。现在要讨论的问题是，是什么样的"理论"掌握了苏联党政最高领导层，以至于使他们变成了摧毁苏联的物质力量。

理论和实际、精神力量和物质力量、意识形态和社会制度之间存在复杂的关系，两者相互区别，各自具有相对独立性，同时，两者又相互依存，互为条件，可以说，两者既对立又统一，既相反相成，又在一定条件下相互转换。辩证唯物主义认为，物质决定精神，但在一定条件下，包括理论和信仰在内的精神力量对历史发展也会起到决定性作用。有人甚至认为，在一定条件下信仰决定了制度。例如，诺思提出了市场选择逻辑视野下的制度变迁理论，认为意识形态、宗教决定了一个国家的政治秩序、道德准则等。他说："信念体系和制度框架有着密切关系。信念体系是人类行为的内在表现的具体体现。制度是人们施加给人类行为的结构，以达到人们希望的结果。也就是说，信念体系是内在表现，制度是这种内在表现的外在显示。……当人们的信念存在冲突时，制度会反映那些有能力实现他们的目标的人的信念（无论是过去还是现在）。"因此，在谈到苏联崩溃时，他指出："事实上，正是这一现象——对作为政治工具的党的破坏——

似乎成为苏联终结的直接原因。"（诺思，2008：134）[1]

要维系一种社会制度，除其他条件外，还必须借助信仰／意识形态的支撑，即通常所说的主流意识形态。这种主流意识形态，也就是马克思和恩格斯所说的"统治阶级的思想"。他们指出："统治阶级的思想在每一个时代都是占统治地位的思想。这就是说，一个阶级是社会上占统治地位的物质力量，同时也是社会上占统治地位的精神力量。支配着物质生产资料的阶级，同时也支配着精神生产的资料……占统治地位的思想不过是占统治地位的物质关系在观念上的表现，不过是以思想的形式表现出来的占统治地位的物质关系；因而，这就是那些使某一个阶级成为统治阶级的关系在观念上的表现，因而这也就是这个阶级的统治的思想。此外，构成统治阶级的各个人也都具有意识，因而他们也会思维；既然他们作为一个阶级进行统治，并且决定着某一历史时代的整个面貌，那么不言而喻，他们在这个历史时代的一切领域中也会这样做，就是说，他们还作为思维着的人，作为思想的生产者进行统治，他们调节着自己时代的思想的生产和分配；而这就意味着他们的思想是一个时代的占统治地位的思想。"[2] 人类进入资本主义时代之后，资产阶级成为社会的统治阶级，资产阶级意识形态也就成为资本主义国家占统治地位的思想。

讨论信仰／意识形态与社会制度的一般关系不在本研究范围内，也超出笔者的能力，只不过，要理解苏联为什么崩溃，不能不探究两者的相互关系，更具体地说，苏联崩溃与苏联特殊历史条件下两者的相互演

1　诺思认为："信念是建立理解经济变迁过程的基础的关键。它既包括个体拥有的信念，又包括那些形成信念体系的共享信念。这种解释简单明了：我们所构建并试图去理解的这个世界是人类心智的建构物。"（诺思，2008：75）诺思在书中还讨论了政治决策结构在决定实施何种信念时的作用，以及信念通过正式的规则制定结构从而"制度化"等。（同上：130—131）

2　《费尔巴哈》，《马克思恩格斯选集》第 1 卷，北京：人民出版社，1972 年，第 52 页。

化密不可分。如果承认以戈尔巴乔夫为首的苏联领导集团就是摧毁苏联的物质力量，那么，掌握了戈尔巴乔夫及领导集团，使之变成摧毁苏联的物质力量的理论又是什么？人们常说，思想决定行动。不能回答决定戈尔巴乔夫及领导集团以改革为名摧垮苏联的指导思想，就不能回答他们为什么会采取这样的行动，即他们这样做的动机和目的何在。

讨论这个问题的意义还在于，如果说信仰／意识形态对任何社会制度都必不可少并极其重要，那么对苏联这样的社会主义国家而言，其重要性更是远超以往，甚至直接决定着制度的生死存亡。这是由于意识形态在社会主义国家的地位和作用不同于以往历史上任何社会制度。资产阶级的各种思想和观念是在反对封建专制主义和宗教神学中逐步形成的。资本主义取代封建制度后，这些思想和观念得到进一步发展，以反映资本主义生产关系并为之代言，成为这些国家占统治地位的意识形态，成为统治阶级进行政治统治、维护资本主义制度的思想武器。包括苏联在内的社会主义国家则非常不同。苏联是以马克思主义基本理论为指导建立起来的社会制度，无论是消灭私有制，代之以生产资料公有制的经济制度，实行按劳分配原则下的收入分配制度，实行共产党领导下无产阶级专政的政治制度，还是以其作为实现共产主义最终目标的过渡社会形态，都是马克思主义科学社会主义思想的具体实践和体现。因此，在苏联这样的社会主义国家，马克思主义理论和意识形态不仅是占统治地位的思想，而且是当初社会主义制度建立的基本蓝图，也是引领这类国家向共产主义社会前行的导航仪。在这种情况下，如果这个导航仪发生故障，出现停摆或被替换，不难想象这会对整个社会发展造成怎样的致命冲击。

有研究指出："苏联共产党不仅是普通的执政党，它还是苏联的缔造者，这个国家正是依靠苏共创始人和理论家的思想方针建立和巩固起来的。这个国家能联合在一起并不是依靠民族命运和传统的共性，而是依靠意识形态的统一。"（麦德维杰夫，2005：225）在苏联，马克思主义意识形态、苏联共产党和苏联社会主义体制，三者互为条件，缺一不可；如果其中任何一个条件改变了，其他两个必定随之改变，整个结构也将不复存在。"苏联国家体系迅速解体的前奏是苏共思想理论的崩溃和苏共自身的瓦解，在此之后，苏联作为新的社会模式和意识形态国家已经不可能存在了。共产主义的意识形态和马克思列宁主义思想理论绝不仅仅是作为观念体系、道德要求和行为方式的标准而扎根在人们的头脑中。这种意识形态不仅被事实所证明，而且还形成了国家政权体系和社会经济模式。国家经济和政治领导中的高度中央集权也是出自这种思想理论，列宁正是以此为基础建立了国家政权体制。"（麦德维杰夫，2005：283）

信仰／意识形态对苏联尤其特殊的重要意义还体现在：作为十月革命成果的苏联，以及随后出现的其他社会主义国家，它们的经济发展原本都远远落后于资本主义发达国家，经过几十年超常规赶超，到20世纪80年代，苏联已经成为世界两个超级大国之一。但即便如此，就国民生活水平尤其是居民消费而言，苏联仍然远远落后于包括美国在内的西方发达国家。如果说，在不发达的资本主义国家或曰大多数第三世界国家，人们倾向于把本国的不发达状态归因于其他因素，例如依附性发展模式，挥之不去的殖民主义后果，或受制于世界体系的结构性矛盾，那么在苏联，由于社会制度的不同，这种暂时的经济落后状态很容易导致产生一种"制度错觉"，即归因于社会主义制度本身，开始质疑苏联社会主义制度的优越性，甚至认为，相比之下，资本主义才是更先进的社会制度。在这种情况下，例如，在苏联经济发展速度放缓的勃列日涅夫执政后期，能不能采取切实措施，不断解决面临的新问题，同时坚持走社会主义道路，不懈地与党内外滋生的"制度错觉"做斗争，在很大程度上取决于最高领导人和领导上层是否坚守共产主义信仰和马克思主义意识形态。可以说，这是维护社会主义制度的必要条件甚至首要条件，其极端重要性不言而喻。

一个社会不能没有信仰，不能没有主流意识形态，执政集团的一个重要职能就是维护和发扬主流意识形态。世界不同性质的国家莫不如此。在社会主义国家理应尤其如此，因为意识形态、指导思想对社会主义革命和建设的作用比在其他制度下更突出。在苏联这样的国家，如果代表国家政权的最高领导人及领导集团，抛弃占统治地位的思想／意识形态，另立新说，或者转而接受在资本主义社会占统治地位的思想，那会出现什么情况？答案就是：资产阶级理论和信仰一经掌握了国家执政集团以及知识精英，就会变成摧垮苏联的物质力量。因此，社会主义国家领导人丧失信仰事关重大。一向对苏联体制持批判立场的一位学者也看到了这一点，并指出："一旦官僚机构以及共产主义忠诚拥护者的上述信仰（即制度优越性、指导思想的科学性等——路注）开始动摇，转型自然而然就会提上日程。而且，信心危机的程度越深，整个经典社会主义体制面临崩溃的时间也就越来越近。"（科尔奈，2007：365）这也正是戈尔巴乔夫开始所谓改革，并由此引发苏联制度转型的典型特征。

作为统治阶级的代表，一个国家的最高领导人及领导集团不但必然认可本制度，而且把全力维护该制度视为自己的天职，无论在封建主义还是资本主义制度下莫不如此。在资本主义国家，让信仰马克思主义的共产党上台执政，或让某个共产党人成为国家总统或最高领导人，都是完全不可想象的。然而，在社会主义的苏联，却出现了意图推翻本制度的人担任党政最高领导人的奇事。但是，只要探究一下他们的思想演变轨迹，这个问题就不难理解了。他们之所以要这么干，首先就在于他们已经完全丧失了共产主义信仰，背叛了社会主义思想和意识形态，只有这样，他们才会动用手中掌握的国家权力，提出并遵照所谓"改革新思维"，也就是资本主义市场经济的逻辑和意识形态，发起改造苏联社会的进程，最终推翻了苏联，彻底改变了社会的生产关系和社会制度。随着社会制度的大逆转，他们的这种"新"思想即资产阶级意识形态，顺理成章地在后苏联国家成为"占统治地位的思想"。

自从社会主义制度建立以来，除了国外的敌对势力之外，苏联国内也一直存在各种各样的反对力量和声音。建立政权初期，拿枪和不拿枪的反动势力进行了激烈反扑，力图把新政权扼杀在摇篮里。苏维埃政权稳定后，在国家政权的高压下，苏联国内各类持不同政见者依然时隐时现，对苏联体制的批判和攻击一直延续不绝。但是，其中没有任何一种势力，包括外部帝国主义势力持续不懈的公开的和秘密的颠覆活动，曾经动摇了，更不要说颠覆了苏联体制。历史表明，只有戈尔巴乔夫及领导集团做到了这一点。他们以改革为名发起的这场颠覆苏联的运动，从指导思想来看，首先源于他们本身意识形态的嬗变，具体表现为"三个否定"，即否定共产主义信仰，否定马克思主义基本原理，否定苏联的制度实践。

苏共总书记戈尔巴乔夫所谓"改革新思维"，实际上就是全盘否定苏联社会主义实践的宣言书。这也在他提出的一系列改革口号中表露无遗。他公开提出，改革就是要建立所谓"人道的、民主的社会主义"。表面看来，提倡"人道""民主"并没有什么错，至少在观念上如此。但是，把它们置于具体历史语境中则不难看出，这个改革口号打着完善社会主义的幌子，实际上把苏联制度与"人道""民主"直接对立起来，其矛头不但直指社会主义制度本身，而且在否定苏联革命和建设历史的过程中，其信仰和理论层面上展现出来的则是与马克思主义决裂的意图和决心。[1]

戈尔巴乔夫"改革新思维"所透露的这个信息，在布热津斯基看来，不但是"从哲学上反对共产主义的根本前提"，而且是否定苏联社会主义制度的实践。他说："戈尔巴乔夫在 1987 年 5 月与匈牙利共产党最高领导人所举行的一次私人会谈中也暗示了这一点（第二天，这位匈牙利领导人就把谈话内容向本书作者做了叙述）。戈尔巴乔夫指出，在他看来，

---

[1]　有研究也注意到，苏联共产党领导集团主张走所谓"人道的、民主的社会主义"道路，表明其自身丧失了社会主义信念，结果导致苏联亡党、亡国。（周新城、张旭，2008：186）

苏联自 1929 年以来的经验全部都是错误的。实际上,据这位苏联最高领导人说,苏联的经验有四分之三以上是令人怀疑的,应该予以否定或纠正。"(布热津斯基,1989 : 54—55)"三个否定",构成了苏联最高领导人开启改革的信条和出发点。

不能不说,对于戈尔巴乔夫所谓改革的真正含义,西方一些意识形态专家具有更灵敏的嗅觉。布热津斯基谈道:"在本世纪最后 10 年的前夕,几乎每个共产党国家都在摸索改革,这实际上等于在谴责马列主义的经验。最重要的是从哲学上反对共产主义的根本前提。对国家的赞美到处都让位于对个人、人权、个人创造性,甚至对私人企业的颂扬。"(同上 : 15)他还进一步指出:"迄今为止,他(指戈尔巴乔夫——路注)的改革带来了明显的变革,这些变革无论是在理论上,还是在实践上都与马列主义的原则相违背。……此外,不仅在社会实践中背弃了马列主义,就是共产党统治阶层的人们也对共产主义意识形态产生了怀疑。他们一直以一种历史脱衣舞的形式,一层一层地否定(或者是脱掉)他们自己过去的理论外衣。"(同上 : 288)"所有这一切,将马克思—列宁—斯大林主义剥得只剩下马克思主义这个空架子,而 19 世纪的马克思主义又很难在 21 世纪即将来临之际,提供处理世界上各种问题的指导原则。"(同上 : 289)然而,尽管如此,苏联解体前,很少有人甚至根本没有任何人预见到未来一段时间内会出现某种能够导致苏联终结的危机。(亚库宁,2017)即使苏维埃制度的坚定反对者们也接受这样一种说法,即苏联至少还可以维持几代人的时间。布热津斯基本人在 1976 年写道:"(苏联的)社会变化非常缓慢地影响到政治体制,这种变化要对政治体制产生大的影响,至少要经过几代人的时间。"(Brzezinski, in Paul Cocks, Robert Daniels and Whittier Heer eds. 1976 : 351)按照一代人有效生命期为 25 年计算,布热津斯基当年认为,苏联的生命还要延续至少 50 年,完全没有料到它短短十几年之后便告终结。

有人还注意到,共产党领导人信仰嬗变的这个现象并非苏联独有。

根据对东欧社会主义国家领导集团的观察,美国前总统尼克松在《1999:不战而胜》一书中指出:"东欧的共产党人已经完全失去了信仰。多数只是追名逐利的官僚。共产党已丧失了意志和信心。……新的一代东欧人不是空想家,而是实用主义者,而用实用主义可以打开和平变革之门。"他的话不久就得到了证实。(纪军,2000:301)

苏共领导人放弃共产主义信仰,并由此踏上了改革之路,但直到苏联崩溃前夕,戈尔巴乔夫及领导集团却从未公开亮出他们复辟资本主义的底牌,反而一直挥舞着社会主义旗帜,用各种辞藻掩盖他们反马克思主义的真实面目。如前面提到的,这种指鹿为马、声东击西的手法相当有效,使得当年不少民众一时难辨真伪,即使不赞成资本主义也往往有口难开,难以理直气壮地打出反对资本主义复辟的旗帜,发起保卫社会主义的斗争。随着苏联改革的深入,尤其是苏联崩溃之后,戈尔巴乔夫及最高领导集团不再需要社会主义作为遮羞布了,才公开了其深藏心底的真实思想,表明他们早就抛弃了共产主义信仰(或许他们从未真正建立过这种信仰),而在这之前他们那些貌似正统的言论只不过是用来实现其目的的政治手段和权宜之计而已。一位当事者后来指出:"1987年11月2日,召开了隆重纪念十月革命70周年大会,戈尔巴乔夫在会上做报告。他宣称:'苏共对共产主义的未来不会怀疑。它将取代资本主义……我们正在走向一个新世界——共产主义世界。我们一定要把这条路走到底,永不回头!'……几年之后,他居然又称,自他懂事以来,就一直梦想着要把共产主义埋葬。"[1](雷日科夫,2008:15)他还指出:"直到20世纪90年代,当直言不讳成为时尚的时候,雅科夫列夫才开始讲真话:他彻底否定1917年的十月革命和列宁,他混迹苏共达数十年,爬到中央书记处书记和政治局委员的地位,但对苏共却完全报仇视态度,全然看不见它在我们生活中的地位。1991年8月之后,他公开和示威

---

1 该书的一个小标题就是:"意识形态:总书记'梦想着要把共产主义埋葬'"。

性地谈论自己在把党赶下政治舞台过程中个人的功劳。……自诩为'改革'创始人的他（当然不止他一个人），强烈地仇恨苏维埃社会主义制度。雅科夫列夫谈到集体农庄时总是怒火冲天，毫不掩饰自己对国家所有制所持的否定态度。"（雷日科夫，2008：124）

提到雅科夫列夫，不能不指出，虽然最能代表苏联最高领导集团思想嬗变的当然非戈尔巴乔夫本人莫属，但作为戈尔巴乔夫左右手，素有"改革设计师""公开性之父"以及"舆论沙皇"之称的雅科夫列夫，其言论和著述可以说极有代表性，其表述也最为直白、坦率，尤其是在苏联崩溃大局已定，他们的改制目的已经达到之后，因为这时已经不需要玩弄太多的政治技巧，可以畅所欲言，直叙他们与马克思主义意识形态为敌的胸臆了。这位由戈尔巴乔夫一手提拔的苏共中央政治局委员、宣传部部长，自称"掌管意识形态和国际事务"（雅科夫列夫，2016：266），其作用和影响力非同一般。可以说，雅科夫列夫的思想，在很大程度上反映了戈尔巴乔夫及领导集团发起所谓改革的初衷和缘由，改革的方向和苏联崩溃的结果也正是这种思想政治路线的具体体现。

雅科夫列夫的自述《一杯苦酒——俄罗斯的布尔什维主义和改革运动》可以说是这方面的一本代表作，其中明白无误地表述了苏共领导上层为何要推翻苏联制度的真实思想。

雅科夫列夫在其自述中毫不掩饰地表达了他坚决反对马克思主义的立场。他攻击马克思主义不是科学而是空想，说"社会思想本应从空想发展到科学，而在马克思主义阶段，社会思想在许多方面仍然是空想"。（同上：31）不仅如此，在他眼里，马克思主义基本理论不仅不是科学，而且是"邪恶的"教条，其中，"马克思主义中最邪恶的教条是关于暴力的教条，以及构筑于其上的阶级斗争观点"。（同上：42—43）他否定马克思主义在所有重大问题上的论述，从"剥削、阶级斗争、生产力和生产关系、物质基础、上层建筑、领导权、公有化、无产阶级专政、旧世界必然灭亡、新世界必然胜利等等"，到对家庭、工人阶级贫困化等一系列问题上的观点。（雅科夫列夫，2016：62，63）他最后总结说："实质上，马克思据以建立其'科学社会主义'世界观大厦的全部具体经济结论中没有一个在实践中得到证实。"（同上：74）因此，他认为："马克思关于社会主义的概念不能不带有因时间的推移而易消逝的性质。"（同上：24）还说什么"探寻化解、缓和根本冲突以及生活中各种矛盾之路的文明正在形成之中，然而马克思主义的政治结论却与其格格不入"。（同上：31）事情再清楚不过了：雅科夫列夫可以接受其他任何学说或"文明"，唯独不接受马克思主义。

他还说："共产主义是一种新宗教，是一种具体的意识形态，在其基本内容中假设和信仰起主导作用。假设过去，假设未来，相信这些概念和所有由此引申出来的东西的千真万确。"（同上：331）既然持有这种观点，又怎么能够想象，这样的人会把共产主义当作信仰？但事实却是，就是这样一个其意识形态与马克思主义完全对立的人，不但是苏共党内的老牌"共产党人"，而且位居苏共高层，在戈尔巴乔夫改革期间更是掌控着国家的意识形态，主导着社会舆论导向。

雅科夫列夫反对马克思主义可以说到了歇斯底里的"凡是"程度，即凡是马克思主义主张的，他就反对。例如，马克思和恩格斯在《共产党宣言》中明确指出："共产党人可以把自己的理论概括为一句话：消灭私有制。"雅科夫列夫反其道而行之，对私有制赞赏有加，甚至把私有制说成是"通向未来社会殿堂之路"。（同上：98）对全世界无产者而言，马克思主义是无产阶级争取自身解放的科学理论，无产阶级的解放意味着整个人类的解放。然而，作为代表无产阶级执政的共产党高层领导人，雅科夫列夫却对无产阶级充满鄙视和不屑，以自己极其阴暗的心理歪曲马克思的论述，借以攻击无产阶级，说什么"从经验和心理上看，马克思只有当他写到工人阶级是'什么也不会失去'的阶级时才是正确的。……但是从这个论断中只能得出同他的关于工人阶级是'社会理智和社会良心'的主体的基本假设完全相反的结论。历史表明，什么也不会失去的人很容易采取非理智的行动，他们很容易被操纵，为暴力和破坏思想所吸引。什么也不会失去的、饥饿的、怨怒的、受屈辱的人，是谈不到良心的责备，谈不上发慈悲之心的"。（雅科夫列夫，2016：96）马克思主义理论认为劳动创造一切，而雅科夫列夫却说，世间万物都是"天才和知识分子创造的"。（同上：288）

有意思的是，雅科夫列夫并没有提出任何严肃的科学分析，所有对马克思主义的否定和反对完全基于其反苏、反共的意识形态和政治立场。也许正由于这样，他才可以大言不惭地宣称，全盘抛弃马克思主义势在必行，说什么"历史的实际进程已将马克思主义关于社会存在的单维性、普遍性和质的同一性等谬误学说抛到了一边"，"在这样的条件下，克服教条和教条主义，使科学回到人类生活的原本真理，就具有根本的性质。……这里指的是毫不妥协地推翻阶级斗争和无产阶级专政的理论——马克思主义的基本教条。……指的是坚决否定号称历史火车头的暴力革命；坚决否定'剥夺剥削者'的罪恶主张——要斩草除根地否定它们。……指的是导致世界分裂和对立的革命救世主义所具有的危险性。……指的是否定公民社会的思想所造成的危害。……指的是消灭私有制观点的投机实质。……指的是关于商品文明根本功能及其价值已经寿终正寝的假设的荒诞不经。……指的是摈弃意志论的农业纲领。……一句话，指的是肃清布尔什维主义"。（同上：121）也就是说，要彻底推翻社会主义制度。有这样的思想做指导，戈尔巴乔夫推进改革的动机和目标，在最初出于策略需要而遮遮掩掩、欲言又止之后，已经变得一目了然。谁还能说，苏联解体是由政策制定者不小心犯错所导致？

苏联的上层改革派全盘否定苏联社会主义制度和实践。雅科夫列夫开宗明义，说自己的这本书就是"剖析马克思主义的基本原理为什么在实际生活中站不住脚以及剖析浸透鲜血的布尔什维主义"。（同上：3）那么什么又是他所说的"布尔什维主义"呢？

雅科夫列夫在书中没有明确定义布尔什维主义，但从他的论述中不难了解他的所指。例如，他说："我主要讲的是布尔什维克的共产主义模式，准确地说是它的斯大林主义实践。"（雅科夫列夫，2016：324）他还说："斯大林法西斯主义即布尔什维主义。"（同上：327）并且还有这样的表述："马克思主义——布尔什维主义。"（同上：42）通观全书，他所说的布尔什维主义，狭义上指的是"斯大林模式社会主义"，即在苏联运行了70多年的社会主义制度，广义上则指以马克思主义理论为指导的一切社会实践以及与之相关的革命理论。

在雅科夫列夫看来，布尔什维主义"浸透鲜血"，是世界上最邪恶、最残暴的制度。但是，他本人却能在这个制度中跻身党政最高领导集团，甚至掌管了整个国家的官方意识形态，这看起来既匪夷所思，又耐人寻味。作为来自苏共内部的一个彻底背叛者，他对苏联制度不遗余力的攻击不亚于任何公开与苏联为敌的人，其咬牙切齿的程度甚至有过之而无不及。他说："十月革命是一场超恐怖的革命。"（同上：54）说："布尔什维主义的犯罪世界除了无道德和犯罪行为以外不可能产生别的什么。"（同上：390）并且，在他眼中，苏联建立的社会主义制度无论从什么观点来看，不但充满罪恶，而且落后、愚昧甚至癫狂："从历史的观点看，布尔什维主义是从肉体上消灭农民、贵族、商界、整个企业家阶层、僧侣、脑力劳动者和知识分子的社会癫狂系统；是从利沃夫到马丹、从诺里尔斯克到库什卡的挖尽兄弟坟墓的'历史的鼹鼠'；是基于一切压迫形式的对人的剥削和对生态的疯狂破坏；是掩盖思维空虚的反人类的训条。……从哲学的观点看，是社会自恋范畴的思维方式和对任何论敌的攘除和排斥；它集教条主义之大成，是以狭隘需求对待真理的权宜的和最终的结果。……从经济观点看，是由于否定经济自由和面向社会的市场所造成的极大浪费的最终结果；是生产力的无政府状态和生产关系的绝对官僚化；是长时期的科技落后。"（同上：120）他说这种制度下只有奴才，包括他这个位居高位者，而"只要我们仍是奴才，只要我们还没有挺起腰板昂起头，布尔什维主义就不会死亡"。（同上：2）这些言论明确地展示出他对苏联体制早已恨之入骨，以及必欲除之而后快的坚强决心。

雅科夫列夫在自己的书中用相当篇幅评论苏联历任领导人，从列宁、斯大林一直到赫鲁晓夫、勃列日涅夫、安德罗波夫、契尔年科。在他的眼中，即使其中某位具备某些特长，却没有一个堪称正面人物：列宁"残酷无情"，对发动内战、实行"红色恐怖"的血腥镇压负有个人责任；斯大林"是最奸诈的恶棍"；赫鲁晓夫是"带有悲剧性的双重意识的矛盾人物"；勃列日涅夫是"一名闹剧丑角"；安德罗波夫"是位狡猾阴险而经验丰富的人"；契尔年科是"这个制度即将覆灭及毫无生命力和完全不合格的最耀眼的信号"。（雅科夫列夫，2016：234—237）总之，苏联从建立到末期，从来就没有一个值得肯定的领导人，所有的领导人都是反面人物，也许只有他自己以及与他一样决心与苏联为敌的高层领导人例外。

在这些问题上，戈尔巴乔夫与雅科夫列夫可以说息息相通，心心相印，也正因为如此，戈尔巴乔夫才会挑选雅科夫列夫作为自己的左右手，主持国家的舆论宣传工作，以便共谋推翻苏联之大业。例如，与雅科夫列夫一样，戈尔巴乔夫同样把苏联定义为"布尔什维克的社会主义"，即极权主义，对其发起大批判，认为"布尔什维克的社会主义'模式'"充满了弊端："首先，这是一个极其公式化的'模式'。它是建立在不允许对之进行再认识的意识形态原则和规范的基础之上的。……其次，布尔什维克社会主义'模式'的主要的、概括一切的原则就是'无产阶级专政'。这个词是从马克思那里借用来的，但被用到了荒谬的地步。"（戈尔巴乔夫，2002/B：23）"归根到底，大家看到，苏联所实现的'模式'不是社会主义社会的模式，而是极权主义社会的模式。"（同上：29）不但如此，他还谈到，社会主义制度在任何国家都是一种过时的制度，"曾经在中东欧国家存在过的那种制度受到了历史的谴责，就像在我国的情况一样。这种制度早就过时了，对人民是沉重的负担"。（同上：259）总之，在戈尔巴乔夫及苏共改革领导集团眼里，凡是与苏联相关的就都是错的，从理论到实践，从内政到外交，从体制到业绩，从历史到现实，从苏联到其他社会主义国家，等等，都应该受到历史的谴责，因此必须予以彻底否定，推倒重来。这正是他们在 20 世纪 80 年代发动改革时做出的选择。

作为领军人物，党政最高领导人带头背叛共产主义信仰和批判马克思主义理论，无疑在很大程度上左右了国内舆论。但与此同时，要动摇直至摧毁共产党几十年遵循的理论、信仰和基本原则，仅靠顶层几个人恐怕难以完全办到。因此，除了雅科夫列夫，戈尔巴乔夫还在自己周围聚集起一群持类似观念的高层官员，尤其是理论界和意识形态领域的官员和所谓著名学者，为从思想上改换门庭摇旗呐喊，助威助阵，形成了一股貌似强大的势不可当的社会思潮。1991 年出版的回忆录《耽误了的痊愈（1953—1985 年）——当代人的见证》[1]，作者是苏联科学院美国和加拿大研究所所长、著名学者格·阿尔巴托夫，他长期为苏联最高领导层担任顾问角色，服务过的领导人包括赫鲁晓夫、勃列日涅夫、戈尔巴乔夫以及叶利钦。他还参与起草了苏共中央一系列重要文件和苏联领导人的重要讲话。正是这样一位党政核心圈内部人士，在自己的回忆录中，多次指称斯大林时代乃至整个苏联时代是"极权专政""极权主义的暴虐专政""极权主义制度"等，认为斯大林时代是病态的，之后是治病，但效果不佳，没有"痊愈"。书中还提到，由于他的父亲曾经受到起诉，使他本人没能"免受各种各样的政治怀疑，甚至政治歧视"。（阿尔巴托夫，1998：2）但是，就是这样一个自称得不到政治信任的人，后来却爬至如此高位，跻身最高层智囊行列，从勃列日涅夫、安德罗波夫直到戈尔巴乔夫都把他当作心腹。但即使如此，他还嫌不够，在书中不停地抱怨这个制度如何罪恶，如何对不起像他这样的人，致使他对这个制度怀有刻骨仇恨，必欲除之而后快。这样的

1　该书俄文版：《耽误了的痊愈（1953—1985 年）——当代人的见证》。英文版：《制度——苏联政治中一位知情者的一生》。中文版：《苏联政治内幕：知情者的见证》，［俄］格·阿·阿尔巴托夫著，徐葵、张达楠等译，新华出版社，1998 年。中文版根据 1991 年俄文版翻译，按 1993 年英文版校核和补充，并改用现名。

人在苏联政治学术精英阶层中远不止一个。他们的基本思路犹如"N 个凡是"：凡是苏联所做的一切就都是错的，无论是内政还是外交；凡是这些所谓错误都由于制度本身是不合理的；凡是社会主义制度的不合理都源自马克思列宁主义；凡是苏联和类似苏联的制度都应该被推翻；而凡是批评或者"改革"苏联制度的就都是正确的；等等。

从"N 个凡是"出发，这一批社会精英在反苏、反社会主义上表现得极其坚决，绝不动摇。例如，对于 1989 年东中欧国家发生的剧变，苏联国内有人归因于当时的政治领导，认为"他们的路线导致了'社会主义体系的垮台'"；而阿尔巴托夫则"坚决不同意这些指责"，（阿尔巴托夫，1998：69）认为这是社会主义制度本身的问题，它注定要失败，因为它"违背了人民的意志"[1]。关于苏联的终结，他说："极权主义制度是注定要失败的，因为它包含着自己毁灭的种子。"（同上：422）总之，在这样一批人看来，社会主义制度根本行不通，一旦放弃所谓"强制政策"就会垮台。从完全敌视社会主义的立场出发，得出这样的结论并不意外，但此处却无意间触及一个核心问题，即什么人有能力放弃所谓"强制政策"？答案只有一个，那就是国家的最高领导人及领导集团和党政精英。换言之，正是由于他们掌握着党政大权，一旦思想有变，就能够在"新思维"的指导下颠覆苏联社会主义制度，正如在现实生活中所发生的那样。

二、认可资产阶级意识形态，选择资本主义道路

回顾苏联崩溃的过程不难发现，苏联最高领导人及领导集团的意识

---

1 原文："社会主义不论在哪里都不能违背人民的意志而存在。我们曾经试图推翻这条真理（顺便说，这是马克思主义的真理），用武力把社会主义（按照我们对这个词的理解）改造强加给一系列欧洲国家。只要一旦放弃'社会主义强制'的政策，就毫不奇怪地可以看到：在大多数这类国家中，我们配置的社会主义模式并没有扎下自己牢固的根，并不具备任何活力。"（阿尔巴托夫，1998：69）

形态转向表现为对共产主义信仰、马克思主义基本原理和苏联社会主义制度实践的"三个否定"，同时又把资产阶级意识形态奉为圭臬，对西方的资本主义制度顶礼膜拜。思想上的这种转变成为戈尔巴乔夫及领导集团发动改革的一个主要动因。苏联改革的一位亲历者曾这样描述最高当局的这种表现："在人类历史上，改革家只是一件寻常的事情。改革家也是流品不一的。但是还没有这样的情形：最高当局自己有意识地去毁坏自己的、被其统治的社会的基础；这样做的只有叛徒。正常的历史进程看起来应该是这样：社会逐步发生了变革，改革家将其加以组织，适应这些变革。但是在这种情况下，没有任何与此相似的地方。苏联改革派开始将一些国内完全不需要的，甚至都不是从西方的现实中吸收来的（对于西方的现实，他们只有一些十分含混的概念），而是从那些对非西方的傻瓜抱有希望的、西方意识形态和宣传中吸收来的生活方式强加给国内。"（季诺维也夫，2004：63）

苏联建立以来，世界上出现了资本主义与社会主义两种制度的对立，而作为占统治地位的思想，资产阶级与无产阶级两种意识形态的对立也同样无处不在。20世纪两条道路斗争的历史经验表明，在这个问题上，只能非此即彼，根本不存在所谓第三条道路。苏联的领导上层背弃和反对共产主义信仰和马克思主义理论，必然意味着他们认可和接受资产阶级意识形态。同时，作为国家政权的代表，最高领导人及领导集团的思想转变的意义非同小可，因为这关系到国家发展道路和方向的选择。回头来看，戈尔巴乔夫发起的这场所谓改革，实际上就是以资产阶级意识形态为指导，重新选择发展道路，即以资本主义取代社会主义，从而把国家重新纳入资本主义发展轨道。

戈尔巴乔夫和雅科夫列夫敌视苏联制度，却对资本主义含情脉脉，把它描述成高于社会主义的社会形态，看作社会发展的正常轨道，对之充满了向往和憧憬。在他们眼中，社会主义不是作为资本主义的对立物存在的，而是脱离了社会发展的"正轨"，相对于资本主义而言完全没有什么优越性。雅科夫列夫反对社会主义，自称"我既不属于对资本主义的热心崇拜者，也不属于它的反对者"。（雅科夫列夫，2016：378）实际上，他这个说法实在过于"自谦"。他当然不是资本主义的反对者，却完全当得起资本主义热心崇拜者的名号。在其著作中，字里行间难掩他对资本主义的热心崇拜之情，说"资本主义带来了实用主义的伦理。在资本主义的自由、平等、博爱的口号中体现了崇高的理想主义，它依据的是清醒的、脚踏实地的现实考虑"。（同上：390）而且，他完全赞同资本主义赖以运行的基础，说"只有市场才能实现劳动等价物的正常交换。……正常的经济需要私有者，舍此不可能有自由的社会。……人是利益驱动的社会性生物"。（同上：34）"只有通过实行私有财产制，才可能实现社会的非寄生化。……私有财产制、市场、民主——这是正常文明社会的遗传密码。"（同上：292，293）也就是说，只有建立在私有制基础上的市场经济也就是现代资本主义，才可以被看作"自由的社会"。

在很大程度上，戈尔巴乔夫对资本主义的推崇和赞扬体现在他对两种制度的对比分析上。他认为，虽然资本主义也有不尽如人意的地方，与社会主义相比，两者各有所长，但在资本主义中他看到的主要是进步，而在苏联社会主义中他看到的则主要是落后和缺陷。他引用1991年西方一个组织在一份文件中的一段话："不论是资本主义的市场制度，还是社会主义的统制经济都没有证明，它们能保证满足个人和集体的需求，以及对收入的公平分配。"下面他说："当然，对两种制度的优劣账有不同的算法。"又说："在经济方面，西方国家在生产效率上，产品的数量和质量上，无可争议地取得了很大的成果。苏联在一系列方向上，首先是在研制和应用高科技的军工技术方面取得了给人印象深刻的成就，这里只要提一下宇宙研究就可以了。但是在其他方面，在生产效率上，产品的数量和质量上，首先是日用商品和民用技术的数量和质量上明显地落后于西方。"（戈尔巴乔夫，2002/B：60—61）事实上，戈尔巴乔夫对西方资本主义赞扬有加，认为这样的社会才有理由成为社会发展的榜样，他说："西方国家的公民社会成长壮大起来了。实际上已经全部扫除了文盲。各个层次都普遍达到了专业化的水平。无论是在生产上还是在物质和精神服务领域里,从事智力劳动的人员数量增加了——所有这一切决定了人们自然会追求更积极地参与解决社会问题,追求自治。"(戈尔巴乔夫,2002/B:335)在此,他对资本主义的赞扬和向往溢于言表。在他眼中,与社会主义相反,资本主义代表发达、文明、先进,犹如最理想的社会制度,理应成为苏联效仿的样板。

从这个立场出发,戈尔巴乔夫等提出改革口号,表面上宣传要通过所谓改革完善苏联的社会主义制度,真正想干的却是以资本主义制度取而代之。为此,戈尔巴乔夫提出,搞资本主义还是社会主义没有什么差别,说什么"'资本主义'和'社会主义'概念本身在它们通常的、惯用的意义上已经难以描绘和说明现实。现代世界不是一个一分为二的世界,它是多彩多样的。就是资本主义社会也是到处不一样的,未来的各个社会也不会是彼此的复制品"。(同上:87)"社会主义也罢,资本主义也罢,在历史上具有共同的渊源:文艺复兴时代的人道主义思想。分歧在于自由主义围绕个人的原则构建自己的价值观,而社会主义概念则把个人的自由和发展放入集体主义的体系中。两者中每一种都有自己的道理。但它们是否那样地不可调和的呢?"(同上:89)既然坚持社会主义发展道路没有任何意义,那么又有什么理由不让苏联改弦更张,重走资本主义道路呢?

可以说,20世纪80年代苏联高层的所谓激进改革派无一不是资本主义的崇拜者,包括党政官员和学界精英。以叶利钦为例,1989年9月他首次访问美国,在纽约游览和参观后,他对记者谈了自己的感想:"我是第一次来到你们这里。《联共(布)党史简明教程》一直在我头脑中灌输着:资本主义腐朽没落,美国人粗野、好斗而没有礼貌,他们的城市和楼房像一座座墓碑。一天半的时间,我的这种观念发生了一百八十度的大转弯。资本主义欣欣向荣,美国人是善良、好客和非常文明的民族。美国是一个伟大的国家,城市和楼房是非常有创意的建筑作品。"后来他在哥伦比亚大学讲演,又重复了这些话。到休斯敦参观当地超市后,叶利钦惊叹其中商品之丰富和品种之繁多，"他将其与国内长期商品短缺的情况相比较，愈发感觉到资本主义的优越性"。（张捷，2010：158）

不难理解，戈尔巴乔夫及领导集团正是从这种认识和立场出发，把改革的方向和最终目标定位于建立资本主义市场经济。具体而言，戈尔巴乔夫的改革就是在政治上取消共产党领导，按照西方模式建立多党制的政治体制，在经济上取消生产资料公有制，建立以私有制为基础、以利润为导向的市场经济。

简要叙述一下苏联最高领导当局如何谋划把经济带上市场经济轨道或许不无启示。与政治领域相比，经济领域的改革似乎相对迟缓。从政府采取的经济改革措施来看，戈尔巴乔夫改革的目标很清楚，那就是从改变计划体制的运作模式，不断削弱经济计划的作用开始，到最终以市场经济模式取而代之。在 1987—1988 年间，苏联改革当局提出要在经济发展中加强利润的作用，认为改变不利经济形势的唯一途径不是计划，而是市场关系。领导人提出要在三个方向实现经济变革：提高国有企业的经济自主性；发挥私人的主动性，在所谓"能得到社会认可"的领域发展私人企业经营；通过建立合资企业吸收外资。实际上，早在 1986 年秋，苏联最高苏维埃就通过了《个体劳动法》，"这部法律很小，却是揳入苏联宪法确立起来的制度中的一个楔子，是私有制支持者们的首次胜利"。（菲利波夫，2009:240）作为经济改革的第二步，1987 年通过了《国有企业（联合公司）法》，赋予企业及其劳动集体很大的自主权，规定企业必须成为独立的经济单位，独立选择合作伙伴、采购原料、销售产品。不久后，1988 年 3 月，苏联最高苏维埃又通过了《合作社法》，被认为"成为恢复私有制的最重要一步"。（同上：242）1989 年开始在农业领域推行改革。在 1989—1990 年间，除了国防和重工业之外，国民经济的所有部门都被要求必须向市场经济过渡。改革经济体制需要制定新的法律，为此一系列新法律得以通过。"这些法律触及苏联经济关系的基础，包括所有制问题、土地问题、苏联企业的活动、地方自治、地方经济等问题。"这些新的市场法律的导向为所有制的非集中化、非国有化，鼓励成立股份公司，发展小企业，扩大企业经营自由等。到 1991 年夏天之前，已经就经济问题通过了一百多项法律、决议、命令。（菲利波夫，2009：243—244）重建市场经济的目标虽已明确并在一步步持续推进，但在戈尔巴乔夫下台之前，由于种种原因，包括缺乏足够的时间，优先进行所谓政治领域改革等，这个目标并没有最终实现。

苏联崩溃后，俄罗斯接手，通过政治和经济领域各种大刀阔斧的举措，包括迅速实现生产资料的私有化，很快完成了向资本主义制度转型的过程，并以宪法形式重新确立了国家的根本制度。

在这之前，1990 年 3 月，苏联人民代表大会通过的修改宪法的决定已经具备了后来的俄罗斯宪法的雏形，其中主要有：（1）取消关于苏联共产党领导地位的规定，宣布给予一切政党"积极参与制定国家政策和管理国家事务及社会事务的平等机会"。（2）把关于"苏联经济制度的基础是生产资料社会主义所有制"的规定，改为"苏联经济制度在苏联公民所有制、集体所有制和国家所有制的基础上发展"，并规定国家"平等地保护这些所有制形式"。（3）设立苏联总统，把集体元首制改为个人元首制。1991 年 8 月之后，在苏联宪法依然存在和有效的情况下，苏联各加盟共和国却纷纷先后独立。同年年底苏联解体，苏联宪法随之变成了废纸一张。不过，宪法中这些修改后的规定在俄罗斯得到确认和进一步发展，使国家从宪法形式到社会制度完全与资本主义接了轨。

俄罗斯独立后，在西方经济学家的直接规划和指导下，叶利钦政府采取"休克疗法"，闪电式地推进私有化，短短几年间就完成了经济领域的私有化、市场化，并以宪法形式予以确认。1993 年 12 月 12 日，俄罗斯通过的新宪法宣布保护私有财产，其宪法第 34 条规定，"私有财产权是人的自然权利"，每个人享有财产权，有权单独或与他人共同占有、使用和支配这些财产，除依法院判决外，任何人的私有财产不可被剥夺，财产继承权受法律保护。在经济上实行自由经济政策保护私有权的原则，其宪法第8、9条规定："在俄罗斯保障统一的经济市场，商品、服务和财政物质自由转移，保护竞争和经济活动的自由。在俄罗斯承认私有的、国家的和市政的，以及其他所有制形式一律平等并受到相同的保护。"在政治上实行多元化和多党制，其宪法第13条规定："在俄罗斯承认意识形态的多样化，任何一种意识形态都不能成为国家必须遵守的意识形态。"不难看出，这是一部现代资产阶级宪法，它建立在资本主义生产关系基础上，以保护私有财产——实质上是保护资本家的私有财产——为神圣职责，实行资产阶级民主制度，即在多党制下实行资产阶级专政。

可以说，至此，戈尔巴乔夫改革的任务终于大功告成。这个过程清楚表明，从最高领导人及领导集团转而信奉资产阶级意识形态，到彻底改变原有的经济基础和上层建筑从而走上资本主义道路，两者之间只有一步之遥。只要时机成熟，前者必然转化为后者。

当苏联的领导上层释放出意识形态转向的信号后，敌视和不满苏联体制的各种力量迅速聚集到他们麾下，包括各行各业所谓持不同政见者、沙皇制度和宗教怀旧者、新自由主义者，以及憧憬个人发财致富的人等。这大大加剧了苏联主流意识形态的全面溃败。正如一名当事者所说："苏共丧失了对人民群众的影响力，国内随之开始出现反对立场的社会运动。它们在苏联解体和社会制度解体的过程中起到了非常重要的作用。"（雷日科夫，2008：8）

关于意识形态领域的变化对历史进程的影响，有人对此做出了新的阐述，认为"我们这个时代，已经不完全是'存在决定意识'了。更大程度上是意识受到的直接影响对意识的操纵控制在发挥作用"。（利西奇金、谢列平，2003：1）苏联在20世纪60—70年代出现了亲西方的、反共的"持不同政见者"群体，但这个群体一直具有民间身份、民间色彩。到了20世纪80年代后半期，从最高国家领导人戈尔巴乔夫到苏共中央宣传部部长雅科夫列夫，再到他们控制下的各大媒体，自身都变成了"持不同政见者"中的急先锋，苏联官方意识形态已经彻底背叛了马克思主义传统。作者认为，苏联的解体很大程度上是失败于信息心理战的结果。这个结论在今天已经是众所周知的事实。[1] 很难断定，意识具有决定性作用的论断在今天是否具有普遍意义，但不能不承认，苏联崩溃的过程确实印证了意识形态的巨大作用甚至决定性作用。

前面提到，最高领导人及领导集团在意识形态和信仰上的背叛之所以对社会主义制度的存亡有如此致命的影响，与苏联本身的制度特征有关。有学者指出，在苏联体制下，"共产党是苏联的唯一政党，按照苏联宪法，苏联共产党是苏联社会'领导者和前进的力量'。……在此情况下，共产党的机构就不可避免地成为统治国家的国家机构，共产党的削弱将不可避免地导致国家的削弱。在几十年的发展过程中，苏共在队伍人数上不断扩大，但是正统思想的影响力却日趋减弱，党的威信不断下降。苏共依然是国家的承重结构，但是缺少强大而权威的思想后盾，它难以承受原有的和不断增加的新负荷。裂痕逐渐加深，于是在瞬间整个承重结构便突然倒塌。……对于苏共来说，意识形态就是它的心脏，当对这个伟大意识形态的信任程度减弱之后，那么苏联大厦中的党政骨干结构必然要倒塌"。（麦德维杰夫，2005：225—226）苏共意识形态的"心脏"停跳，致使苏共党政骨干结构倒塌，而作为国家的承重结构，苏共本身的倒塌最终导致苏联崩溃。正是这样一条因果链条，决定了苏联遭遇灭顶之灾的命运。

三、官僚特权阶层的形成

由执政上层亲自动手摧垮苏联，这一幕之所以发生，首先与国家最高领导人及领导集团的意识形态嬗变分不开。那么，随之而来的问题是，

---

1 作者在书中阐述了苏联改革期间信息心理战进程中的种种事件，并指出，这场战争并没有使用坦克进攻，也没有进行空袭，而是对社会意识展开了不间断的攻击，而战争的最终结果，就是导致苏联解体。（利西奇金、谢列平，2003）

是什么让他们放弃和背叛马克思主义理论原则，在思想上与原本对立的资产阶级意识形态产生了强烈共鸣和认同感？在这里，或许需要回归存在决定意识的唯物主义立场方能管窥一二：答案要从执政集团作为一种社会存在中去寻找，即他们在苏联物质生产和生活过程中所处的独特经济、政治和社会地位。

苏联是人类历史上第一个社会主义国家。苏维埃政权摧毁了旧的国家机器，建立了共产党领导下的政权及军队，并逐步建立起生产资料公有制基础上的计划经济，使国家的生产关系发生了根本性变化。对此，斯大林在1936年11月这样说过："由于苏联经济方面发生了这些变化，我国社会的阶级结构也相应地发生了变化。大家知道，地主阶级已经因国内战争胜利结束而完全消灭了。其他剥削阶级也遭到了与地主阶级同样的命运。在工业方面已经没有资本家阶级了。在农业方面已经没有富农阶级了。在商品流通方面已经没有商人和投机者了。因而所有的剥削阶级都消灭了。剩下了工人阶级。剩下了农民阶级。剩下了知识分子。"[1]

随着生产资料私有制被公有制所取代，社会成员在与生产资料的关系上应该变得地位平等，因为没有个人或群体再能够以占有生产资料，剥削他人的劳动而获取财富。在这个意义上，剥削消失了，所有的人都变成了劳动者，他们按劳取酬。在这种情况下，不同人群的差别主要在于他们在社会劳动组织中的地位和作用不同，获取劳动报酬的方式和数量也因此有所不同。就此而言，苏联的制度确实消灭了剥削和剥削阶级，消灭了建立在剥削基础上的社会不平等。

那么，苏联社会是不是只剩下斯大林所说的工人阶级、农民阶级和知识分子三大群体？当然，实际情况要复杂得多。苏联建立的社会主义制度消灭了阶级，从而消灭了以利润和工资为收入分野的阶级差别，但

---

1 《关于苏联宪法草案（1936年11月25日在全苏苏维埃第八次非常代表大会上的报告）》，《斯大林选集》（下卷），人民出版社，1979年，第394页。

不同人群之间的差别仍然存在。除了体力劳动和脑力劳动之间的差别、各行各业劳动力之间的等级差别之外，最重要的差别就是管理者与被管理者之间的差别。以权力地位作为判断标准，管理者与被管理者可以说是苏联体制中最主要的两大社会阶层，前者包括从代表国家政权治国理政的各级党政部门的决策和管理者，到经济、文化、社会各领域的领导机构的决策和管理者，即客观存在的官僚阶层，而后者则是除此之外的其他所有人群，即非官僚阶层。如果说，按资本划分的阶级关系代表了资本主义社会的基本矛盾，那么，在消灭了这个基本矛盾之后，按权力划分的这种阶层关系是否完全消除了社会矛盾，还是转换为另一种基本矛盾，这是社会主义国家无法回避的一个重要问题。

关于苏联的社会阶层和社会结构，学者们多有研究。（雅诺维奇·费希尔编，1976；里亚布什金·奥西波夫主编，1986；陈映芳，2002；黄立茀，2006）不少人认为，苏联社会的阶级结构不同于西方资本主义社会，但依然存在着阶层分化，这种分化由他们的权力地位决定；反过来，这又决定了不同阶层在社会生活各个领域的地位。这里探讨的核心问题是：苏联的官僚阶层是否变成了特权阶层，这个阶层与苏联制度本身有着怎样的关系？

在苏联社会主义制度中，是否存在着一个特权阶层？对此并非没有争论。德热拉斯或许是社会主义国家内部最早揭示这个现象的人之一，他称这个阶层为"新阶级"[1]。他的著作《新阶级》1957年在西方出版。[2]（德热拉斯，1963）这本书当时被苏联阵营看作西方射向社会

1　密洛凡·德热拉斯，又译乔治·吉拉斯，曾任南斯拉夫共产主义者联盟中央执委、中央书记、国民议会议长、副总统，在20世纪50年代由于公开主张把南共联盟变成一个议会民主政党，实行多党制和西方式的民主，被开除出党并入狱，1961年出狱。

2　*The New Class-An Analysis of the Communist System*，1957年在西方出版，1963年被译成中文（供内部参考）。

主义制度的一支毒箭，而作者本人则被当作共产主义的叛徒和西方手中的工具。西方阵营更是借机大搞意识形态心理战，在世界上掀起了一股反苏、反共的浪潮。在当年东西方"冷战"的背景下，苏东阵营对该书的反对和批判可以理解。然而，现在来看，《新阶级》一书提出了社会主义制度建设中一个极其关键的问题，而苏联的崩溃和其他社会主义国家的转型可以说为其提供了新的佐证，因此，值得在此多做一些反思和回顾。当然，无论是在当时还是现在看来，他关于新阶级的论述也还存在很大局限性，包括理论和逻辑上的漏洞甚至谬误。

首先，究竟什么是新阶级？德热拉斯认为，"这个阶级是由那些因垄断行政大权而享有种种特权和经济优先权的人们构成的"。（德热拉斯，1963：35）他指出："这个新阶级，这一群官僚，说得更准确一点，这一群政治官僚，不只具有此前一切阶级所共有的特质，还具有一些它独有的新的特质。"（同上：34）

在他看来，执政的共产党是新阶级的基础，但准确判定哪些人属于这个新阶级并非易事："这并不是说新党与新阶级是二而一的。然而，党确实是那个阶级的核心和基础。要明确这个新阶级的范围并指明这个阶级的成员是非常困难的，或许是不可能的。"（同上：35）然而，他似乎又认为，只要拥有党籍，那就都属于特权阶级："在革命前，共产党的党籍是表示一种牺牲。做一个职业革命家是一种无上的光荣。而现在，党的权力已经巩固，党籍就表示属于一个特权阶级的人，而党的核心人物就是掌握全权的剥削者和主人。"（同上：42）同时，他又认为，尽管在社会学理论上能指明谁属于这个新阶级，但事实上却很难这样做：这个新阶级是渗入在人民中，渗入在其他低层阶级中的，它经常在变动。（同上：55）

在谈到新阶级享有的特权时，德热拉斯说："如果我们假定，这个官僚集团或这个享有所有权的新阶级的成员的身份，是根据他们所使用的因所有权给予的特权（这里指的是收归国有的物资）来确定的，那么这个新阶级或政治官僚的成员身份将由他们所得到的物质上的收入和特权中反映出来，而他们所得到的物质上的享受和特权比社会上一般所应该给予他们的分量要多。实际上，这个新阶级的所有权这一特权表现为由政治官僚分配国民收入、规定工资、指导经济发展方向、支配收归国有的及其他方面的财产的一种专门的权利和党的垄断权。所以在一般人看来，共产主义国家的官僚很富有，而且是不用做工的人。"这是因为，"在共产主义制度下，社会、政治关系同所有权制度（政府的极权和权力的垄断）被更加充分地融合在一起，这是其他任何一种制度都望尘莫及的"。（德热拉斯，1963：40）

至于这个新阶级所享有的所谓"其他任何一种制度都望尘莫及的"特权，德热拉斯在书中似乎并没有提供多少信息，只不过提到："他们有的是郊外别墅、华厦美居、精巧的家具及其他的设备；最高级的官僚，这个阶级的精华，还有专用的居住区和特设的疗养院。某些地区的党的书记和秘密警察首领不仅成为最高的权威，而且享有最好的住宅、汽车以及类似的特权。以下各级官僚则按地位的高低，分享各有等差的特权。国家的预算、'礼物'、为国家及其代表的需要而兴建和重建的建筑等，都是使政治官僚们受惠的取之不尽的源泉。"（同上：51）

其次，这个新阶级如何产生，又依靠什么维持其存在？德热拉斯认为，新阶级是社会主义革命胜利的产物。"在共产主义革命中，国内的群众也参加了革命，然而，革命的果实并未落入他们的手中，而是给了官僚集团。因为官僚集团正是使革命实现的党组织。"他认为，苏联的"新阶级是在它取得政权后才形成的"。"说得更精确一点，这个阶级的创始人不是存在于整个布尔什维克式的党内，而是存在于那些甚至在它还未取得政权前即已构成核心的职业革命家中。"（同上：34，35）

最重要的，社会主义制度所实行的生产资料公有制是新阶级赖以生存和滋长的基础："在苏联及其他共产主义国家中，一个作为握有所有权的人和剥削者的新阶级已经存在。这个新阶级的最大特色是它的集体所有制。"（德热拉斯，1963：49）"正式使用、管理并控制国有化和社会化财产以及整个社会生活的，是一群官僚。官僚在社会中居于一种特殊的特权地位，掌握行政大权，控制国民收入和国家物资。社会关系类似国家资本主义。而且由于工业化的实现并非得力于资本家的帮助，而是得力于国家机器的帮助，就更显得如此。事实上，是这个特权阶级在推行工业化，国家机器不过是它的护身和工具。"（同上：31—32）

再次，新阶级以增强自身利益为动力改造共产党。德热拉斯认为："在共产主义国家存在着一个新兴的、享有所有权的、垄断性的极权阶级，这一事实就导致如下的结论：凡是共产党的首脑所倡导的改变，首先是取决于新阶级的利益与愿望；像其他的社会集团一样，新阶级的一举一动，或守或攻，都带有增强其权力的目的。"（同上：57）"党制造了这个阶级，但是，这个阶级靠党长成并利用党为其基础。这个阶级越来越强，而党却越来越弱；这是每一个执政的共产党无可逃避的命运。"（同上：36）

现在来看，在包括苏联在内的社会主义国家先后抛弃原有的制度，纷纷转向市场经济轨道后，德热拉斯提出的"新阶级"被证明并非空穴来风，而更像是一个符合实际的现实存在，直接戳到了这类国家原有制度的痛点。正如他指出的，这个"新阶级""在社会上居于一种特殊的特权地位"，从而拥有不同于其他社会群体的自身利益，这种自身利益决定了他们的思想和行动。

与此同时，德热拉斯虽然提出"新阶级"这一概念，但他给出的定义模糊而又粗糙，未能明确界定这个概念的含义和适用范围。例如，他一会儿说拥有党籍的人都属于新阶级，一会儿又说并不包括所有党员；一会儿说"新阶级"指的是官僚集团，随后又说只是指党的官僚而不是全体官僚，而即使党的官僚集团也要与其他官僚分享利益等。他还认为，作为一群官僚的"新阶级""具有此前一切阶级所共有的特质"。这个说法显然并不正确。因为苏联制度下的官僚阶层虽然在一定程度上拥有生产资料的支配权，却并不是生产资料的所有者，无论在名义上还是实际上都是如此。此外，他书中流露出的强烈的反苏、反共、反社会主义情绪，在 20 世纪 50 年代东西方对立的条件下尤其醒目，也难怪得到西方阵营的大力赞赏和喝彩。

那么，苏联是否存在一个"新阶级"？戈尔巴乔夫及领导集团充当苏联体制的掘墓人，是否由其自身利益所决定？在这里，考虑到"阶级"这个概念的马克思主义经典定义[1]，用"特权阶层"来指称苏联体制下的官僚集团似乎更恰当一些。

特权阶层通常指社会主义制度下的官僚阶层，即党政军以及生产和文化等领域的管理阶层。苏联时期的党政干部是否都属于特权阶层，这个问题其实不那么容易回答。20 世纪 60 年代中苏两党论战时，中方这样定义苏联的特权阶层："苏联社会上的特权阶层，是由党政机关和企业、农庄的领导干部中的蜕化变质分子和资产阶级知识分子构成的，是同苏联工人、农民、知识分子和干部相对立的。"[2] 显然，这里并没有对领导干部一概而论，而只是把其中的"蜕化变质分子"和"资产阶级知识分子"归于"特权阶层"。在另外一些人看来，特权阶层往往主要指党政干部中的高层即所谓高级干部，有时也包括知识精英阶层，这是由于他们拥有的权力、社会地位和物质利益不但远远高于普通民众，也高于普通干部和知识分子。当然，即使按照这种说法，其定义也并非十分精确。例如，干部中最高与最低级别之间的差别明显，但相邻或相近级别之间的差别则似乎不那么明显。

---

1 列宁指出："所谓阶级，就是这样一些大的集团，这些集团在历史上一定社会生产体系中所处的地位不同；对生产资料的关系（这种关系大部分是在法律上明文规定了的）不同；在社会劳动组织中所起的作用不同；因而领到自己所支配的那份社会财富的方式和多寡也不同。"《伟大的创举》，《列宁选集》第 4 卷，人民出版社，1996 年，第 11 页。
2 1964 年 7 月 14 日《人民日报》。（郭春生，2003）

在苏联，特权阶层很多情况下应该指高级干部或所谓"在册人员"[1]。苏联的这个特权阶层究竟享有哪些权力和物质方面的特权？当年苏联有正式官方规定，以政府文件规定了"在册人员"以及其他党政各级干部的工资、住房和其他福利待遇等具体标准。除党政干部外，国家各主管部门对企业和事业单位以及军事部门人员的工资和福利待遇等也都有相应的规定。

关于特权阶层享有的特权和福利，苏联国内外出版物多有描述，作者中甚至包括特权阶层内部人士。[2] 有研究提到，"职务名册"列名的干部，例如政治局委员、候补委员、中央书记、中央委员、人民委员（后改称部长）、总局局长等，按照级别享受各种特权，包括高级住宅和别墅、专用汽车、休假券及休假旅费、"医疗费"补助、在特供商店购买紧缺品等。（戴隆斌，2010/B）

相关研究经常提到，干部特权包括从工资、津贴、食品特供、住房、医疗到休假疗养，例如特供商店、专用疗养地、免费供餐、专门学校、配有司机的轿车、私人别墅和专用医院等。就工资而言，苏联最高工资与最低工资的比例在不同年代有所变化。有研究称，这个比例"在1934年是30：1，到1953年，高级干部与普通工人在现金收入上的差距达到40：1至50：1"。在勃列日涅夫时期，"党政干部与人民群众收入的差距达到30—44倍"。（同上，2010/B）除工资之外，不同的职位还有数量不等的津贴、奖金、休假和旅费补贴等。一位副部级学界人士根据其本人的情况指出，"总起来，这些费用约占我们工资的20%"。（阿尔巴托夫，

1　这个词俄语为 Номенклатура，即"职务名册"之意，后来被当作高级别党政人员名册，因此，也有人把这个词译为"在册权贵"。有关"职务名册"的详细介绍，参见戴隆斌（2010/A），其中谈到了根据"职务名册"任命的各级干部所享有的与众不同的各种特权，以及不同时期的变化。另见戴隆斌，2010/B。

2　谢曼诺夫，2010；布热津斯基，1989；博哈诺夫等，1996；阿尔巴托夫，1998；程又中，2000；科尔奈，2007；周尚文等，2010。

1998：113）另有资料反映，1960 年苏联职工的月平均工资为 80.6 卢布，当时工人的月最低工资仅为 45 卢布。如果以这些干部领取的全部报酬计算，一个普通职工和高级干部的工资比例一般为 1∶40、1∶50。还有研究推测，20 世纪 80 年代，苏联一名部长或科学院院长的开销能力，至少是普通工作人员或体力劳动者最低工资的 60 倍。（周尚文等，2010：463—464）

尽管如此，一些人认为，"党中央高级干部的工资不算太高"。（阿尔巴托夫，1998：112）以针砭所谓社会主义弊病著称的科尔奈也认为，苏联"高级职位和低级职位之间的工资级别差额与资本主义国家行政机构大体相似，实际收入也不是很高"。但是，工资差别并不是苏联干部阶层享有的主要特权，"问题的关键在于除了工资收入之外，还有与级别相联系的附加福利，其中包括免费或以很便宜的价格获得各种福利待遇"。（科尔奈，2007：40）

因此，只靠比较工资数额不能完全呈现特权阶层与其他阶层的收入差距，因为前者工资的"含金量"远远高于社会一般水平。其一，如上面提到的，在工资之外，考虑到以津贴、奖金、补贴等各种名目发放的现金，特权阶层的实际收入比他们的正式工资要高出不少。其二，特权阶层可以极低的费用或甚至免费享用特供商品和医养服务等，这就使他们持有货币的购买力远远超过普通民众。例如，他们有权在为高级干部设立的食堂、咖啡厅、小卖部和商店消费，用低廉的价格获得高质量的特供食品，可谓花小钱办大事。结果，"我们一家的食品只需花我们收入的 10%，而普通的公民则需花他们收入的 60%—70%"。（阿尔巴托夫，1998：113）总之，这些附加福利的内容从商品到服务五花八门，涉及生活的方方面面。许多有关苏联的研究和出版物对此多有提及，此不赘述。需要指出的是，权力等级是获得这些附加福利的唯一依据，因此，这类商品和服务的提供具有强烈的排他性，只有跻身特权阶层的人才有权享用。

随着苏联制度的巩固，特权阶层的待遇出现水涨船高的势头，不过也并非直线上升。20世纪50年代，赫鲁晓夫上台后曾采取措施加以削减，取消了一些官僚特权，例如免费的早餐和午餐、免费别墅、专用汽车等。但他的这一举动遭到了特权阶层的抵制和反对。"勃列日涅夫上台后立即恢复了被赫鲁晓夫废除的全部干部特权，并且享受特权的干部范围还有所扩大，特权种类日益增多"。（戴隆斌，2010/B）据估计，在勃列日涅夫时期，苏联官僚特权阶层有50万—70万人，加上他们的亲属，共有300万人之多，约占全国人口的1.5%。（博哈诺夫等，1996：571）

如同其他社会主义国家一样，在计划经济时期，苏联国内收入分配的不平等程度处于全球最低之列。但与此同时，苏联也绝非一个人人平等的社会，一个最为突出的表现就是存在着一个特权阶层，这个阶层享有较高工资和其他群体不可企及的各种福利待遇。长期以来，这个现象招致苏联国内民众不满，也经常被敌对势力作为指责和反对社会主义制度的根据。

那么，管理者即干部与被管理者即其他人之间，尤其是"在册人员"/特权阶层与其他社会群体之间的地位和收入差别，是否必然导致特权阶层背叛社会主义制度，必欲置于死地而后快？简单肯定或简单否定似乎都难以给出正确的答案。事实上，在苏联，以及在其他社会主义国家，第一代领导人尽管也享有特权地位，却鲜有人带头背叛。对他们而言，背叛和推翻他们带领人民历尽千辛万苦亲手缔造的社会主义制度，放弃实现共产主义的大目标，恐怕是难以想象的。而且，即使到后来，当戈尔巴乔夫率先举起倒戈大旗之后，这种以改革为名行推翻社会主义制度之实的做法也并没有得到特权阶层所有成员的支持，以至戈尔巴乔夫及领导集团不得不采取"不换思想就换人"的手法，剥夺了这一部分人参与决策的权力。就此而言，当年中苏论战时，中方把苏联特权阶层限定为"领导干部中的蜕化变质分子"而不是所有的领导干部，这个判断看来基本符合实际。

十月革命以来的历史也证明了这一点。例如，在领导人民推翻旧制度，建立苏维埃政权的革命者当中，虽然大多数人后来成为国家管理者甚至位居高位，享有一定特权，却很少有人为维护这种个人利益而放弃革命初衷，背叛社会主义事业。他们投身革命事业原本就不是为了谋取个人私利。事实上，他们中很多人并非来自社会最底层，如果从改善个人的社会地位和物质利益考虑，不惜牺牲身家性命献身革命难免匪夷所思。足以使他们抵御社会地位和物质利益诱惑的是他们坚定的共产主义信仰。和平年代逐渐成长起来的各级官僚则非常不同。随着时间的推移，政府管理工作与革命事业渐行渐远，共产主义信仰与马克思主义理论为职业考虑所取代，政府官员被当作一种职业。对越来越多的官员来说，从事这一职业的目标是升官，升官为了获得更多特权和好处，这种思想逐渐变成了官僚阶层的共识或曰阶层意识。随着这种意识逐渐增强，他们中很多人越来越远离民众，直到为维护本阶层利益与普通民众分道扬镳，变成了与其对立的社会主义体制内部的异己力量。

在苏联，特权阶层毕竟是一个客观存在。这个阶层确实拥有不同于其他社会群体的自身利益，而且两者之间也存在着矛盾。但另一方面，至少在理论上，社会主义制度下特权阶层和其他社会群体之间关系的演变并非只有一种可能性，即变成你死我活的对立关系。例如，如果能够合理而且不断地限制官僚特权，特权阶层和其他社会群体之间的矛盾有可能维持在人民内部矛盾的范围之内，两者长期和平共存，虽有矛盾却不至于激化为敌我矛盾。如果能够逐步缩小官僚特权，同时不断提高其他社会群体的社会地位和权利，就应该能够建立更为和谐的社会关系。当然，另一种可能性就是，如德热拉斯所说，追逐私利的强烈欲望会导致特权阶层反过来改造共产党，甚至彻底倒戈，变成社会主义制度最危险的敌人。

总之，尽管消除了建立在剥削和压迫基础上的阶级对立，但苏联仍然算不上一个完全平等的社会。不同社会群体之间存在各种差异，特别是存在一个高高在上的特权阶层。存在决定意识。特权阶层的客观存在决定了其阶层意识，这种意识与马克思主义意识形态相对立，与社会主义制度不相容。

那么，既然党政官员和知识精英上层形成了一个特权阶层，即成为苏联社会的既得利益集团，按照一般逻辑，他们理应是这个制度的中坚力量和最坚决的捍卫者，理应最为乐见苏联制度长治久安，以便维持他们的特权地位，而绝不会成为该制度的掘墓人。但事实恰恰相反。正是这个特权阶层，或更准确地说，正是其中享有最大特权的最高领导人及领导集团亲自操刀，推翻了这个看似让他们如鱼得水的制度。为什么？

四、官僚特权阶层的不满及其政治后果

为什么苏联的执政上层决意推翻苏联体制？有研究把"对个人利益的追逐"（科兹、威尔，2002：10）看作执政上层推翻苏联体制的重要动力，这个分析击中了导致苏联崩溃的一个关键所在。

但是，正如前面谈到的，不少相关研究也指出，苏联统治精英"对个人利益的追逐"在现存体制内可谓相当成功。苏联共产党具有宪法赋予的执政党地位，党内精英不但掌控各级政府，而且直接领导和管理经济、社会、文化等各领域、各部门。这个官僚集团拥有政治特权，因此享有远远优于其他社会阶层或群体的生活待遇或个人利益，并由此形成了一个特殊的社会特权阶层。既然特权阶层是这个体制的产物，他们在体制内可谓如鱼得水，其享有的特权和好日子有赖于体制本身，那么，一般而言，为个人或本阶层的私利计，这个特权阶层理应投桃报李，尽力维护使他们享有各种特权的苏联制度。然而，事实却是，他们亲手摧毁了这个赋予他们政治和经济双重特权的制度。这个现象看似自相矛盾，背后自有值得探寻的道理。

遗憾的是，无论是有关特权阶层还是有关苏联崩溃的研究，迄今为

止似乎很少关注到这个悖论。更有甚者，有些研究从敌视苏联和社会主义制度的立场出发，往往一面渲染苏联制度下特权及特权阶层的存在及其罪恶，用以证明该制度不公正不合理，另一面却对以党政最高领导人及领导集团为代表的特权阶层一手推翻苏联制度这个事实视而不见，不置一词，更不要说探究个中缘由了。但是，要探究苏联崩溃的真相，就不能不面对这个问题。

那么，特权阶层尤其是最高层，为什么要亲手推翻这个使他们成为最大获益者的制度？只有一个解释，即他们这样做必定出于对这个制度怀有深刻的不满，其不满程度甚至达到了与之势不两立的地步。

官僚特权阶层最大的不满在于，苏联制度虽然赋予他们诸多特权，却并没有让他们享有足够的特权。19世纪英国著名作家狄更斯在小说《雾都孤儿》第二章中描写到，住在济贫院里的9岁小孩奥立弗·退斯特在喝完了分得的一碗粥后，依然饥肠辘辘。他从桌边站起来，手里拿着汤匙和粥盆，朝大师傅走去，开口时多少有一点被自己的大胆吓了一跳："对不起，先生，我还想再要一点。"（"Please, sir, I want some more"）"我还想再要一点"，奥立弗这个"著名的要求"（his famous request）恐怕贴切地反映了苏联制度下相当一部分特权阶层，尤其是党政上层精英图谋改制的愿望和心态。

首先，与本国其他社会阶层相比，苏联"在册人员"或高级干部虽然工资收入和生活待遇远远高于普通民众，但他们很可能认为这个差距不是太大，而是太小。前面谈到，苏联党政最高领导人的工资对比工人最低工资，少说为20—30倍，多说为40—50倍。这个差距看起来很大，但在苏联体制下，工资以及其他相关补贴，是包括官员在内几乎所有人唯一合法的收入来源。而且各级工资标准都有明文规定，即便加上其他特权待遇，特权阶层的收入仍然被限制在一定范围之内。此外，与同级专业人士和技术工人相比，党政领导人的工资优势并不十分明显。因此，除非采取非法手段例如贪污受贿等，特权阶层的成员很难获得明文规定的工资和福利待遇之外的其他隐性收入。这就是说，包括最高领导层在内，所有官员的收入都有一个法定的上限。同时，也许更重要的是，他们的特权待遇主要供特权阶层及其家人即时享用，既难以或根本无法变成私人的财富积累，也不能代代相传。

其次，在苏联制度下，官僚特权阶层的收入和财富与革命之前俄国社会的上层精英相差悬殊，或者说根本无法相提并论。当年俄国的贵族和资本家的收入没有上限，即使在政府中任职的上层官僚，他们的工资往往并不是其收入的主要来源，更不是唯一的来源。俄罗斯旧官僚或者是本来就很富有的人，他们买官卖官继而从政弄权，或者是从政后依靠权势敛财致富，得以"三年清知府，十万雪花银"。然而，苏联的特权阶层即便在位时享有较高工资和福利待遇，他们永远不能指望变成拥有无限财富的超级富豪。在苏联体制下，变成富豪的大门不但对社会劳动群体关闭，对特权阶层也一样。

再次，在苏联制度下，官僚特权阶层与其他社会阶层一样，除了生活资料外不拥有其他私产，从而不能依靠拥有生产资料而发家致富。除了国家赋予的地位和特权外，他们没有其他财富来源，因此，不可能享有其他社会制度下上层精英那样的奢华生活。另外，他们的特权完全有赖于职务。一旦失去职位，特权荡然无存。而且按照正式规定，这些特权仅限于当权者及其家人，不能代代相传。这与其他制度下上层精英有着本质的不同。在谈论新阶级的时候，德热拉斯也注意到了这个现象，他指出："在这个新阶级中，就像其他的阶级一样，经常有人跌下去，同时有人爬上来。在有私人所有权的阶级中，个人把财产留给他的子孙。在这个新阶级中，除了希望后人能向上爬以外，什么财产都传不下去。这个新阶级实际上是不断地从最底层和最广大的人民中建立起来的，而且它经常在变动。"（德热拉斯，1963：55）在苏联历次政治运动中，特权阶层成员不时目睹或亲历瞬间跌落的人生起伏。这种一切取决于官衔职务的制度特征，难免使这个阶层的成员缺乏所谓安全感。

总之，与其他社会制度下的统治阶级相比，苏联体制下的特权阶层不但缺乏名正言顺、归己所有的排他性"私产"，更缺乏随意处置尤其是传之后代的"恒产"。正是这一本质性差别，在一定条件下，孕育并助长了他们对本国社会制度的不满，成为他们力图改变社会主义制度的动力。他们很可能认为，只有改变制度，自己才有机会不但积累更多的个人财富，而且其财富和社会地位不再仅仅以官僚职位为转移，并且能在家族中代代相传，从而消除他们与私有制条件下统治阶级之间的地位和财富差别。

最后，但并非最不重要的是，与同时代资本主义国家——无论是发达国家还是不发达国家——的上层精英相比，苏联制度下的特权阶层在自身财富和富裕程度上不但难以比肩，而且明显相形见绌。这往往令他们自叹弗如甚至自惭形秽。在工资方面，人们承认，苏联高低职位之间的级别差额与资本主义国家的行政机构大体相似，各级职位实际收入也不是很高。（科尔奈，2007：40）不过，苏联官僚阶层与资本主义国家的官僚相比，两者的收入差别远非工资水平所能够体现的。苏联社会最高阶层即官僚阶层的收入和财富基本上取决于工资，但在资本主义国家，包括国家元首等当政者在内，就作为整体的统治阶级而言，其财富阶层和各行各业精英的个人财富更是很少与工资有关，也完全没有上限，或者说，没有最高，只有更高。[1] 如果说，共产主义的理想和信仰曾经激励共产党人不计私利、艰苦奋斗，甚至勇于牺牲的话，那么，随着革命热情的减退，随着共产主义信仰日益淡薄，追逐个人私利的欲望相应膨胀，

1　很多研究指出，西方国家存在巨大的贫富差距并呈现迅速扩大趋势。（皮凯蒂，2014；等）。根据乐施会（Oxfam）2019年年初的报告，26个世界顶级富豪拥有的财富相当于地球一半人口即37亿人的财富，而10亿美元级富翁阶层（billionaire class）的财富正以日增25亿美元的速度膨胀。见 Aditya Chakrabortty: "The end is nigh for Davos man and his way of doing business", *The Guardian Weekly*, 1 February 2019, pp.18-19。

对所得利益不满甚至愤愤不平的感受就会逐渐增强，尤其在与"国际同行"相比较的时候，到一定程度后完全有可能导致上层党政精英出现心理失衡。下面这个"苏联部长访问洪都拉斯"的虚构小故事描述的正是这种微妙的心理变化：

　　1964 年，洪都拉斯通讯部部长罗德里格斯在特古西加尔巴会见到访的苏联通讯部部长伊万诺夫。正式会谈结束后，罗德里格斯邀请伊万诺夫到访他的庄园。他向伊万诺夫展示了他这个有 7 间卧房的豪宅，还有游泳池、车库、数公顷果园和家庭用人。他用自己的个人游艇带伊万诺夫一起钓鱼，随后共进一顿异国情调的豪华晚餐。他们一起乘坐他的豪华轿车兜风，谈话中他告诉伊万诺夫，自己的孩子正在美国的常春藤大学就读。但伊万诺夫并未十分在意这些奢华享受，当然也没自惭形秽，因为他知道，洪都拉斯是个穷国，有大量贫困人口，很多人正在挨饿。他知道，苏联的生活水平虽然低于西方，但那里没有饥饿。他还知道，苏联人民的预期寿命已达到 70 岁，而洪都拉斯只有 50 岁。苏联科学家们获得了诺贝尔奖，加加林成为第一个飞上太空的人，苏联的芭蕾舞世上最好，苏联的核潜艇能在遥远的海洋徜徉。是苏联而不是洪都拉斯这样的国家，正在迅速赶上西方。让他感到自豪的是他的国家正在建设世界历史上最先进和最平等的人类文明。

　　20 年后即 1984 年，伊万诺夫的继任者彼得罗夫部长访问了洪都拉斯，与罗德里格斯的继任者冈萨雷斯部长会谈。他到访对方豪宅的所见所闻令他产生不快的惊讶，甚至有些恼火。他意识到，即使苏联比洪都拉斯在技术上更先进，在经济上更发达，他永远也不会拥有与冈萨雷斯同样的生活标准。为什么呢？同为部长，而且作为一个超级大国的部长，难道他不配拥有洪都拉斯部长那样的生活水平？毕竟，苏联的潜艇正在大洋中漫游。苏联在艺术、科学，甚至在太空探索方面都走在世界前列。为什么我们要为伟大而崇高的目标继续忍耐被剥夺的个人致富？恍然大悟的他感到，即使苏联"比西方发展更快"，斗争和努力也更艰苦，他得到了什么？！他忍不住喃喃自语："去他的社会主义！如果苏联实行资本主义，我肯定比冈萨雷斯的生活要好得多。"……虽然这个故事完全是虚构的，但它捕捉到，当苏联制度失去活力的时候（指赶超西方的速度放缓——路注），苏联精英们的心理发生了变化。[1]

由于"工作需要"，苏联党政上层和知识精英有更多机会与外国同行打交道，这在一些人身上唤醒了对个人物质利益的欲望和追求。纵观全球，无论国家发展程度如何，是贫国还是富国，无论实行什么制度，是资本主义还是封建主义，也无论西方国家还是非西方国家，各国上层精英的生活水平和生活方式大同小异，套用托尔斯泰的小说《安娜·卡列尼娜》中的那句话，可以说，各国上层精英的生活方式都是相似的，而其他阶层的生活方式各有各的不同。其中，唯一的例外恐怕就是苏联和其他当年的社会主义国家。那里的上层尽管拥有各种特权，其生活水平远在本国普通民众之上，但与资本主义制度下的上层精英相比，与这个"国际水平"的差距何止十万八千里。由此产生的心理落差日积月累，在一定条件下难免滋生不满；其中一些人更是把这种不满归咎于苏联的制度安排，认为正是这个社会主义制度，剥夺了他们在不同社会制度下能够也应该得到的好处，灭绝了他们个人发家致富、追逐无限财富和享乐的人生美梦。

对这些党政上层和社会精英阶层的成员而言，苏联制度与其说带来

---

1 Vladimir Popov："How the Soviet Elite Lost Faith in Socialism in the 1980s，"（《20世纪80年代苏联精英如何丧失了对社会主义的信念》）*PONARS commentary*，November 24, 2014, 见 http://pages.nes.ru/vpopov/EssaysOther.htm。

并保障了他们的特权地位和随之而来的物质利益，倒不如说限制乃至剥夺了他们获得更大特权和更多物质利益的机会。正如有人指出："日益增长的特权并不能最终解决'饥饿的'上层官僚的'社会问题'。他们的胃口越来越大，他们需要'真正的'财产，不仅需要食品，还需要土地、金融公司、企业、贸易公司等。这样，他们的需要同官方的党的原则产生了矛盾。盖达尔由此下结论说，社会主义国家的权力越大（社会主义越发达），统治阶级、上层官僚的特权越大，这个阶级在社会心理上就会越快地蜕变和资产阶级化，同时在经济关系上就越努力成为资产阶级。他们冲破了社会主义国家的界限，就像小鸡破壳而出一样。"[1]

十月革命胜利后，随着政权的巩固，苏联进入经济建设阶段。在相对和平的环境中，为实现共产主义理想而流血牺牲已成往事，发展生产提高国民生活水平成了眼前的主要目标。在这种情况下，党政精英的共产主义信仰开始淡化甚至动摇，有研究形象地描述了这个转化："20世纪70年代苏共领导集团还是由理想主义的革命者组成的，到20世纪80年代就完全不同了，占据苏联党政机关要职的'精英'们开始放弃共产主义意识形态，代之以典型的物质主义、实用主义。尽管这些'精英'还在不断重复官方的论点，但相信者是极少数。他们开始考虑实行什么改革方案对自己最有利。许多人认为民主社会主义会减少自身的权力，改革前的社会主义虽然赋予他们某些特权，但又限制了他们把权力传给子女和聚敛更多的财富。显然，实行资本主义最符合'精英集团'的利益。这样，他们不仅是生产资料的管理者，而且可以成为生产资料的所有者；既可以实现个人财富更快地增长，又能合法地让子女继承权力和财富。"那么这种想法在苏联高层究竟有多大代表性呢？ 1991年5月，美国一个社会问题调查机构在莫斯科进行了一次民意测验，调查对象是掌握着高

---

1 李兴耕等编，2003：175，其中盖达尔的表述引自盖达尔著，《国家与演进》，莫斯科，1995年。

层权力的党政要员。调查采取特定小组讨论的方式，一般要同调查对象进行4—5小时的谈话，通过谈话以确定他们的思想观点。分析结果是："大约9.6%的人具有共产主义意识形态，他们明确支持改革前的社会主义模式；12.3%的人具有民主社会主义观点，拥护改革，并希望社会主义国家实现民主化；76.7%的人认为应当实行资本主义。"（科兹，2000：19，20。戴隆斌，2010/B）这表明，官僚特权阶层中大部分人已经站到了苏联制度的对立面。

想当年，一些苏联国内持不同政见者热衷于揭露所谓苏联内幕，痛批苏联上层官僚集团的腐败奢侈，但他们却很少意识到：其一，苏联特权阶层与国内其他社会阶层的贫富差别远远小于资本主义国家；其二，苏联特权阶层的生活奢侈程度远不能与资本主义各国的上层精英相提并论；其三，苏联特权阶层的地位和待遇不能代代相传。从个人或"阶层"利益出发，特权阶层很容易感到，与资本主义制度相比，自己的所得太微不足道，既对不起自己的高位，也与作为一个超级大国的上层精英地位不符。可以说，党政上层内部的这部分人不是因为他们的特权太大、享受太多而急于改变苏联的社会主义制度。恰恰相反，认为自己的所得远远不够，追求本阶层"应有"的社会特权和财富，才是以党政最高领导人及领导集团为代表的苏联官僚特权阶层在20世纪80年代以改革为名力图推翻苏联的潜在动因。

以戈尔巴乔夫及领导集团为代表的苏联特权阶层以改革为名发起的这场"自我政变"摧垮了苏联这个超级大国，也实现了他们长期以来深藏于怀的愿望，即在社会上重建包括他们自身在内的权贵阶级，以合法手段占有生产资料和社会财富，实现自身利益的最大化，甚至继续在政府中担任要职。有统计数据显示，苏联崩溃后，在后苏联的俄罗斯新精英阶层中，前苏联官僚特权阶层占比很高，最高领导层为75.0%、政党首脑为57.2%、议会领导为60.2%、政府部门领导为74.3%、地方领导为82.3%、商界精英为61.0%。（张树华，2001：88）

戈尔巴乔夫发起的改革有一个核心内容,那就是私有化。这也是所有前社会主义国家推动所谓制度转型的共同特征。私有化当时意味着,在一个新建的市场环境中,人们在攫取公有财产上展开竞争。在这个重新启动的资本原始积累过程中,原先的党政特权阶层占有无可比拟的优越地位,"因为这些高官可以把他们的政治资本转化为经济资产",而这种转化频繁地出现在苏联崩溃后的俄罗斯。(塞勒尼,2017)对此,这场大变革的一名亲历者不无愤懑地说:"现在的叛变远远不是无私的。成为叛徒的,首先是那些在苏联社会占据较高地位的、受过教育的人;由于叛变,他们有机会适应新情况、成为名人、平步青云、得到表现为巨额酬金的金钱施舍。"(季诺维也夫,2004:65)叛变还给他们带来"世界声誉",即西方的赞誉,先是苏联的持不同政见者,一些文化活动家和体育运动员、党和国家机关的官员也以他们为榜样,加以效仿。在这场"竞赛"中,最终"夺冠"的是苏联国家首脑和苏共首脑戈尔巴乔夫,因为他史无前例的叛变,他被授予"年度人物""世纪人物"以及其他多种荣誉称号。(同上:65)

　　苏联崩溃后,拜改制之赐,以戈尔巴乔夫为代表的苏联特权阶层名正言顺地把原有制度下获取的政治资本转化为新私有制度下的经济和政治双重资产,拥有了前所未有的发财机会,实现了其权力财富效应的最大化。更重要的是,他们利用职位敛聚的巨额财富不但变成了他们的私产,而且变成了他们的"恒产",任其自由支配,或从中牟利,或享受挥霍,更可名正言顺地传与子孙,而不像在苏联制度下那样,能否维持现有的待遇和享受完全取决于个人当下的任职状况。事实表明,改变社会主义制度是特权阶层获得私产和"恒产"的唯一出路。苏联崩溃符合他们的利益。

　　以上从两个方面分析,为什么苏联党政领导上层意欲推翻苏联体制。一个是思想领域的演变,即抛弃马克思主义理论和共产主义信仰,变成资产阶级意识形态的信徒;另一个是特权阶层的社会存在,他们对本阶层或自身利益的追逐成为推翻苏联的主要动因。两者相互依存。缺少了其中任何一个条件，恐怕都不会出现苏联党政上层通过"自我政变"最终摧毁苏联的后果。因此，可以说，这样的意识和这样的存在，构成了戈尔巴乔夫及领导集团采取改变苏联制度这一行动的必要条件。至于说除此之外是否还有其他因素发挥了作用，有待进一步研究。

最后，需要再次指出，在官僚特权阶层内部，并非所有苏联党政干部甚至高级干部全都丧失了信仰，全都选择走资本主义道路，或者全都支持这场不流血的"自我政变"，但其他人缺乏改变事态发展的能力。关键在于最高领导人及领导集团，正是他们主导了这场悲剧的上演，在摧毁苏联体制的过程中发挥了无可替代的决定性作用。因此，才会有人总结说："这些'体制内的反对派'，尤其是隐藏在党内的走资本主义道路的当权派，是社会主义事业最危险的敌人。"（张捷，2010：106）

第八章　为什么执政集团能够搞垮苏联

为什么在关乎苏联乃至人类发展方向和命运这样重大的问题上，戈尔巴乔夫及领导集团能够如此为所欲为，几乎兵不血刃地在短时间内就成功推翻了看似强大的苏联？有人曾提到，苏共是苏联体制的承重结构，苏共垮了，苏联也就垮了。（麦德维杰夫，2005：226）事实看来确实如此。但问题是，承重结构并不是一个孤立的存在，能不能发挥支撑社会主义大厦的基础作用，取决于它自身建构的支撑力度和牢靠程度。那么，这个承重结构为什么会垮掉，能够保障承重结构正常运作的力量又来自何处？换言之，苏联体制中存在怎样的问题，以至于不但未能阻止戈尔巴乔夫及领导集团明目张胆的倒行逆施，反而赋予了他们为所欲为的能力？这一章从政党和政权两个层面上，探讨苏联制度下保障机制存在的问题和缺陷。

一、执政党层面保障机制失灵

前面提到，与其他社会制度下的国家相比，苏联体制无论在经济发展还是社会进步上都显示了明显的优越性。但是，这样一个相对优越的社会制度竟然在短时间内被本国执政集团一手搞垮，这不能不说苏联体制下的制度保障机制存在重大缺陷，乃至于完全失灵。这首先表现为苏共内部保障机制失灵。作为苏联唯一的执政党，苏共党内已有的运作机制既不能阻止戈尔巴乔夫这样的共产主义背叛者上台执掌党政大权，又不能在他们展露改制意图的时候加以制止，更不要说在最后关头挽狂澜于既倒，扶大厦于将倾，而只能眼睁睁看着苏联在自我毁灭的道路上一路狂奔，直至崩溃。那么，问题出在哪里？

首先，戈尔巴乔夫这样的反苏、反共的"西化分子"能够成为苏共一把手，从而掌握党政军大权，这个事实表明，苏共党内领导人尤其是最高领导人的选拔机制存在问题。

在苏联成立后 70 多年的历史中，从列宁、斯大林、赫鲁晓夫、勃列日涅夫、安德罗波夫、契尔年科到戈尔巴乔夫，苏联共计有 7 位最高领导人，出现过 6 次新旧交替。列宁逝世后，1924 年 5 月苏共十三大一致选举斯大林担任中央委员会总书记。斯大林逝世后，1953 年 9 月，苏共中央举行全体会议，选举赫鲁晓夫为苏共中央第一书记。1964 年 10 月 14 日，苏共中央委员会举行全体会议，经过表决一致同意赫鲁晓夫"自愿"辞去苏共中央主席团委员、苏共中央第一书记和苏联部长会议主席的职务，同时选举勃列日涅夫担任苏共中央第一书记。勃列日涅夫逝世后，1982 年 11 月苏共中央举行非常全体会议，与会者一致同意政治局委员安德罗波夫为苏共中央总书记。一年多之后安德罗波夫逝世，1984 年 2 月苏共中央举行非常全体会议，一致选举中央政治局委员契尔年科为苏共中央总书记。一年后契尔年科逝世，1985 年 3 月苏共中央委员会举行非常全体会议，一致选举苏共中央政治局委员戈尔巴乔夫为苏共中央总书记。

有研究指出，苏联最高领导人的新旧交替有以下几个基本特点。

第一，最高领导人实际上实行终身制，因为在党章、宪法或其他正式文件中都没有相应的任期规定，只在去世以后才进行新旧交替。除赫鲁晓夫和戈尔巴乔夫之外，其他最高领导人都任职直至去世。

第二，最高领导人在世期间一般并不指定身后的接班人。接班人是在领导人去世之后由最高领导集团（或其中的少数人）一起讨论决定或暗箱操作，然后在一定范围内（一般是党中央委员全体会议）以选举的形式予以确认。[1]

第三，新任最高领导人上台后，在其领导地位还没有完全巩固的情况下，一般都强调要实行"集体领导"（实际上是与领导集团中的几个人适当分权），以此争取得到拥护和支持。然后，新任领导人便会不断扩大自己的权力，同时通过不同形式的权力斗争，最后掌握全部权力。

第四，国家元首（最高苏维埃主席）和政府领导人（部长会议主席）的职务虽然不是终身制，但也没有规定明确的任期，只不过经过一段时间或在一定情况下可以更换。党的最高领导人有时兼任国家或政府的领导人，即使不兼任，政府领导人通常也没有多少决策权，而最高苏维埃主席只是一个名誉上的职务。[2]

不少人认为，从苏联最高领导人任职来看，苏联缺乏正常的、合法的领导人更替制度。例如，有人指出："苏联共产党每次最高权力的更替都是不太顺利的。究其原因，在于苏联共产党的系统缺乏正常的最高领袖更替机制。"（邢广程，2009：334）还有人说，苏联一直没有形成一个规范、民主、有序的正常的最高权力交接班制度，其接班人选是在上一届领导人身后或者经过残酷的党内斗争，或者由少数元老通过暗箱操作来决定，有时甚至是通过党内政变解决的。[3]但是，细究之下可以发现，这种说法并不十分准确。事实上，苏联的领导人更替制度不但是"正常

1　例如，1982年勃列日涅夫逝世后，中央政治局委员契尔年科受政治局委托，建议选举政治局委员安德罗波夫为苏共中央总书记；1985年，经苏共中央政治局委员葛罗米柯提议，一致选举苏共中央政治局委员戈尔巴乔夫为苏共中央总书记。

2　陈之骅：《苏共领导人新老交替特点》，人民网，2013年04月11日，http://theory.people.com.cn/n/2013/0411/c112851-21101903.html。

3　见http://m.sohu.com/a/73784562_120802，中华网，2016-05-06，摘自陆南泉、黄宗良、郑异凡、马龙闪、左凤荣主编《苏联真相》，新华出版社，2010年。

的、合法的",也可以被视为"规范、民主、有序的",因为：第一，在位的领导人并不也没有指定继任者。这就是说，由谁继任并不取决于前任领导人的个人意志。第二，继任者由苏共中央全体会议经过投票选举，通过表决决定，历次继任者都是如此，没有例外。第三，这个选拔程序在苏联70多年中始终如一，保证了最高领导人的合法交接，既从未出现过宫廷政变、军事政变等抢班夺权之类的事件，也没有导致"圈外"之人乱中上台掌权的情况。因此，从形式或程序上看，苏共最高领导人的更替完全称得上正常、规范、有序。

有学者曾说，苏联"这样产生的接班人，往往是各方面权力平衡的结果，或是某一些领导人的推荐占了上风的结果，完全不是经过一定时间的培养、考察和锻炼出来的。至于选举，也只是走走程序而已。在这种情况下，接班人在各方面是否符合最高领导人的条件便无法加以全面的考虑"。（陈之骅，2013）这也就是说，程序正义并不一定意味着实质正义或结果正义，而能否实现全面正义，除了程序正义之外，还需要一系列其他条件。在苏联，戈尔巴乔夫这样的反苏、反共分子能够成为最高领导人并最终推翻苏联，这在苏联历史上看似一次例外，但正如常言所说，例外反过来证明了规律。在这个问题上，这个规律就是：在苏共"正常、规范、有序的"领导人更替制度中实际上存在巨大漏洞，以致产生了适得其反的后果。

第一，最高领导人的选拔机制存在着漏洞，因为它未能自始至终保证选拔出合格的党政最高领导人。戈尔巴乔夫这样的倒戈者能够通过正常程序接任苏共总书记就是一个最有力的证明。

在干部选拔上，尤其是共产党最高领导人，"德才兼备、以德为先"或者"德才兼备、任人唯贤"绝不能只是一句空话。对任何领导人而言，"才"表现为带领人们实现既定目标的领导能力，无疑十分重要；但相比之下，尤其在苏联这样的体制中，"德"永远应该居于首位。这里所说的"德"，主要应体现在他是不是坚定的马克思主义者，因为只有这样的人担任最高领导人,才能引领国家沿着社会主义的发展轨道,朝实现共产主义的大目标不断前进。因此,是否具备作为共产主义者的"德",应该是选拔最高领导人的先决条件。苏联历次最高领导人的更替表明,德才兼备自然最为可贵,但只要有"德",即使领导才能有所欠缺,甚至由此导致国家在不少领域的发展不尽如人意,国家却不会脱离社会主义的轨道。相反,如果"德"出了问题,国家制度就会面临被颠覆的危险,而这样的领导人才能越高,制度被颠覆的可能性也就越大。

勃列日涅夫在位期间,曾有过一段被认为是苏联最好的时间,后来国家的经济发展放缓甚至增长率出现停滞。勃列日涅夫之后的两位继任者在位时间都很短,而且年龄大、身体弱,在推动国家各项事业的发展上没有什么值得称道的作为。很多人质疑这几位领导人的领导才能。例如,一位俄罗斯历史学家这样评论勃列日涅夫:"他在将近20年的时间里,身居极为重要的政治职位,在国际生活中及国家的政治生活中起了不小的作用。历史教科书中应该为他写上几笔,甚至是几页;但是,作为一个人物,他是那么平庸;作为一个政治家,他是那么缺乏才气,他很难指望有长久的政治生命。……他是个几乎在各个方面都很弱的人,这正是他与所有前任不同之处。……不论从性格上看,还是从智力上看,勃列日涅夫都是个平庸、浅薄的政治家,不过在组织内部搞阴谋他倒是个好手。"(麦德维杰夫,1990:1,7)但即便如此,在戈尔巴乔夫之前,包括勃列日涅夫在内的这几位所谓"平庸的"最高领导人至少没有背叛苏共的基本宗旨,没有试图改变苏联的发展道路,因此,在他们任内,尽管社会发展面临一些新问题,但苏联的社会主义制度没有改变,国家发展的大方向也没有改变。相反,戈尔巴乔夫上台后则从根本上颠覆了苏联体制,把他怀揣的复辟资本主义梦想变成了现实。出现这样的问题,不能不说苏联最高领导人的选拔机制中存在严重疏漏。

第二,最高领导人的任免机制存在缺陷,主要体现在缺乏有效的罢免程序,从而不能及时撤销不合格的,尤其是图谋反叛的最高领导人的职务。选拔机制不健全，有可能导致心怀不轨的人执掌党政大权，但如果能够及时予以罢免，例如通过包括弹劾在内的各种合法和有效程序，或许有可能形成第二道防线，挽回损失，避免由于最高领导人选拔错误所带来的致命后果。

在选拔最高领导人的时候，判断其"德""才"是否合格可能存在一定难度。有些人上台前后判若两人。对这种善于伪装的人，在其原形毕露之前往往很难识别。戈尔巴乔夫上台前后的表现就是这样。1931 年出生的戈尔巴乔夫 21 岁时就成为苏共党员，大学毕业后即开始从事党团工作；后来一步步升职，1971 年成为苏共中央委员；随后升任苏共书记、政治局候补委员；1980 年成为最年轻的政治局委员；1985 年 3 月在苏共中央非常全会上被选举为苏共中央总书记。可以说，他的一路升迁与他效忠苏联事业的良好表现分不开。当时，戈尔巴乔夫的推荐人葛罗米柯称他"是一个讲原则的人，一个有坚定信仰的人"，"能以党性的态度待人，很善于组织人们并同他们找到共同语言"，"是一位有大气魄的活动家"，"担任苏共中央总书记是当之无愧的"。（黄宏、纪玉祥主编，1992：1）回头来看，戈尔巴乔夫改变苏联体制的想法绝非从担任最高领导人那天开始，而是在掌握大权之前就已经逐步形成，只不过那时他难有作为，只能"韬光养晦"，等待时机。被选举上台后，戈尔巴乔夫本人在一段时间内依然"社会主义""党的原则""牢记列宁"等正确的政治传统套话不离口。待地位稳固、大权在握后，戈尔巴乔夫才一步步亮出其所谓改革的底牌，暴露了其背叛苏共宗旨的真面目。即使在这时，如果能够通过党内罢免程序剥夺其最高领导人之职，让最高权力重新回到真正的马克思主义者手中，苏联的转制和崩溃或许可以避免。可以说，不能及时剥夺戈尔巴乔夫这种危险人物的领导大权，让这个国家付出了苏共下野、苏联崩溃的惨重代价。

在这个问题上，赫鲁晓夫下台事件不失为一个值得重新思考的案例。众所周知，赫鲁晓夫执掌党政大权后，1956 年发表了著名的"秘密报告"，攻击矛头直指斯大林，而在这之前，他一直以无限效忠斯大林著称。在这方面，他与戈尔巴乔夫一样都是典型的政治两面人。几年后，到1964年，趁他在黑海之滨度假之机，其副手勃列日涅夫等人在莫斯科秘密策划，随后召开主席团会议，由苏共中央主席团做出决定，免除了赫鲁晓夫苏共第一书记、苏联部长会议主席等一切职务，迫使其"退休"。这个苏联历史上唯一一次撤换最高领导人的事件有时被称作"宫廷政变"，即通过非正常途径更换执政者。罢免最高领导人之所以需要通过"非正常途径"恰恰表明，罢免程序中"正常途径"的缺位。遗憾的是，这一事件并没有使苏共汲取教训，从而建立起"正常的"罢免机制，以至此后再无生前下台的苏共最高领导人，包括一心要摧毁苏联的戈尔巴乔夫，使他得以凭借手中的大权为所欲为，最终由于苏联崩溃才终结了他的任期。总之，在苏联历史上，无论是其他最高领导人任职终身，还是赫鲁晓夫和戈尔巴乔夫两人"非正常"下台，都指向党内制度建设的一个重大问题，即对最高领导人的任职缺乏硬性制约，尤其是缺乏正常的罢免程序。这不能不说是苏共党建的又一个惨痛教训。[1]

其次，共产党本身的组织原则存在缺陷，导致党员的权利和义务不对称，尤其在普通党员与党的干部之间。普通党员有服从各级领导的义务，却少有监督他们的权力，导致各级领导自上而下发号施令的渠道畅

---

[1] 关于苏联高层决策的机制和历史，可参见《苏联高层决策研究》一书。作者在书中指出苏联决策机制存在的问题，包括："发动机"与"传动装置"之间的传导功能障碍；共产党拥有最高决策权与必须在法律范围内行事之间的矛盾；决策贯彻体系的紊乱和重叠；脱离群众问题；一党制的问题；政权机构设置；权力的倒置（中央政治局—中央书记处—中央委员会—党的代表大会，这个顺序是党的权力应有顺序的倒置）；"自我造血功能和血液循环系统"失调，主要表现在提拔干部的无原则性，干部更替过程中频繁撤换（赫鲁晓夫）和过于稳定（勃列日涅夫）两个极端，以及高层领导人的终身制；自我"免疫"机制的萎缩，即党内监督机制退化，起不到应有作用；封闭而单一的信息结构，即党内信息沟通渠道不畅。（邢广程，2009：238—263）

通，而自下而上的反馈、监督和约束却往往有名无实，实际上付之阙如。与全体苏共党员的数量相比，戈尔巴乔夫及领导集团的人数可谓微不足道，但2000万苏共党员非但制约不了区区几十人的上层领导集团，甚至所有的人加在一起也奈何不了戈尔巴乔夫一人，只能眼看着苏联"无可奈何花落去"。双方在数量和力量上对比如此悬殊，与共产党本身的组织原则分不开。

苏联崩溃后，一位当年苏共的高层人士曾这样发问："党为什么就不能及时，或者哪怕是迟一点也行，进行一番变革，为新条件下的工作做好准备呢？这是谁的错？我可以引用'改革的教父'、已故的雅科夫列夫当年答记者问时说过的话作为回答。在一家著名的报纸上，他相当明确地表述了党内和苏联破坏分子的战略：'首先要通过专制的党来摧毁专制制度，绝没有别的道路可走……因为只有利用党那种既表现为组织性，又表现为纪律性，表现为听话的专制性质，才能把专制制度摧毁……'我想，只有这一点才能解释，为什么戈尔巴乔夫、雅科夫列夫及其一伙不希望在苏联发生暴风骤雨般政治动荡的条件下对党进行改革，因为他们是想要用党来作为改变我国社会政治制度的工具。"（雷日科夫，2008：313—314）指责共产党"专制"的话出自著名的苏共叛徒雅科夫列夫之口，这不难理解，但他提到可以利用党的组织性、纪律性等所谓"专制特质"来摧毁苏联，却不幸而言中，为后来事态发展所证明。共产党一向以拥有高度的组织纪律性著称。在夺取政权和巩固政权以及建立和发展公有制经济的过程中，这一优势发挥了巨大作用。但当苏联最高领导集团和党政精英意欲复辟资本主义的时候，这一优势迅速转化成了劣势，变成了他们颠覆共产党政权的有效工具。在这种情况下，一切取决于领导权掌握在什么人的手中，是否拥有正确的领导核心成了一个决定性因素。

自建党之日起，共产党就把民主集中制作为基本组织原则。1906年，俄国共产党四大的组织章程规定："党的一切组织是按民主集中制原则建立起来的。"此后，民主集中制作为共产党的根本组织原则一直延续下来。

1934 年苏共十七大党章首次对党的民主集中制做了解释，规定了四条原则，这四条原则一直保留到二十七大党章。（牛安生，1988）这四条原则是：“（一）党的一切领导机关从上到下都由选举产生；（二）党的机关定期向自己的党组织报告工作；（三）严格地遵守党的纪律，少数服从多数；（四）下级机关和全体党员绝对服从上级机关的决议。”（徐天新，2003）

苏联体制建立在党政军合一的基础上，政府和军队都处于共产党领导之下，党的意志也就是国家的意志。在组织原则上，政府部门虽然并不完全排斥非党成员，但主要和重要职位均由党员担任，政府机构中的某些职务则只许党员担任，“这些职务包括警察，特别是秘密警察人员，还有外交官员和军官。特别是负责情报并做政治活动的人员等。这些职务在任何制度的政府中都极为重要，但在社会主义国家的政府中却尤其重要”。（德热拉斯，1963：64）“整个政府结构都是以这种方式组成的。政治职位完全保留给党员。甚至在非政治性的政府结构中，共产党人也占有当权地位或者负有监督之责。党中央召集一次会议或者发表一纸文告就足以推动整个国家和社会机构。”（同上：65）

民主集中制强调个人服从组织，少数服从多数，下级服从上级，进而全党服从中央，中央最高领导人即第一把手掌握着最终决策权。在党政军合一的苏联体制下，这种金字塔式的组织结构和纪律性有利于全党步调一致，统一行动，实现国家机器的高效运转；但与此同时，也存在对上级领导，尤其对最高领导人缺乏有效制约的重大弊端。历史表明，在苏联，最高领导人的作用对国家发展而言几乎是决定性的。在列宁、斯大林领导下，社会主义制度得以建立、巩固和发展，而当决意推翻社会主义制度的另一类人上台执掌大权的时候（例如一心向往资本主义的戈尔巴乔夫），他们就能够利用手中的权力，贯彻他们的个人意志，通过在程序上合法的各种步骤，包括合法的组织手段，网罗和动员统治集团内部的相同政见者，按照自己的意志改组党政军各部门，采取“不换思想就换人”的措施，把志同道合者安置到关键岗位上，作为他们推动改制的有力帮手。最高决策层内部即使存在不同意见，也根本无法扭转大局。在这个过程中，"个人服从组织，全党服从中央"这个民主集中制原则被异化为官僚集权制，沦为了党内官僚特权阶层尤其是最高决策层独断专行的有效工具。

在这样的组织原则下，要实现自下而上的检查、监督和约束十分困难，或者说基本上办不到。权力与对权力的监督是一对矛盾，从来就不容易解决，因为权力的力量通常远远胜过监督的力量，在苏联这样的体制下更是如此。就苏共党内监督而言，上级监督下级容易，下级监督上级难，而监督最高领导人更是难上加难。正如前面提到的，苏联新任最高领导人上台后，都会不断巩固和强化自己的权威，通过不同形式的争斗和运作，最终拥有说一不二的权力。包括最高监察部门在内，党内所有机构都处于中央领导之下，最高领导人更是高居一切之上，以至他能够利用权力制约所有的人，而任何人或任何组织都不能制约最高领导人。通常的行事方式由此而生，即最高领导人居高临下下达指示，其他人只有聆听和执行的义务，没有批评和纠正的权力。这样一来，最高领导人的思想往往成了引领整个党和国家的指导思想；而一旦这种思想背离马克思主义、共产党的宗旨及掌握政权的初衷，制度转型就不可避免，正如戈尔巴乔夫改革期间所发生的那样。

党内监督的失效还由于，要及时、正确地判断最高领导人的对错和功过往往并不容易，尤其在和平建设年代。在革命和战争年代，面对面斗争的胜败可以被当作判断指挥员指导思想和决策正确与否的客观标准，但在和平建设年代则很难做到这一点。除了判断标准难以精准界定之外，对领导人言行的判断也需要时间。例如，心怀不轨的领导人习惯于"打着红旗反红旗"，其言行往往具有很大迷惑性，即使他们倡导的新政策明显标新立异，似有脱离正常轨道的嫌疑，其后果也往往需要时间才能最终显现出来，而到了那时，一切都已难以挽回。戈尔巴乔夫信誓旦旦许诺改革将带来美好前景，直到面临苏联崩溃的恶果之前，即使党内干部和普通党员心存疑虑，要理直气壮地站在改革的对立面也相当困难，更不要说即便挺身而起也未必能真正奏效了。

总之，共产党特有的组织结构和纪律性犹如一把双刃剑，是有益于社会主义革命和建设还是相反，取决于最高决策层尤其是第一把手的思想、路线和道路选择。在缺乏广大党员对组织、下级部门对上级部门，尤其是全党对最高领导人及领导集团的有效监督和制约的情况下，党政精英想要以自己的意志改变制度看来并不很难。只要最高领导人及领导集团决意已定，把握好时机，就不难找到各种借口，用党的组织纪律性作为工具，裹挟和驱使整个政党和政权朝他们预设的方向行动，"合法合规"地实现其改变社会主义制度的目的。

苏共党建存在的这些漏洞和缺陷如果得不到解决，将很难保证共产党能够立于不败之地。苏共下台、苏联崩溃已经证明了这一点。能否建立更合理的党内权力资源配置机制？如何真正实现自下而上的党内监督，尤其是如何制约最高领导人使之不偏离建党宗旨？这些问题迄今仍没有现成的答案。但如果不能从苏联崩溃中汲取教训，对存在的这些极端重要的问题真正予以正视，就永远不可能找到解决办法。

二、国家和社会层面保障机制失灵

在苏联体制下，共产党无疑在治国理政中发挥主导作用。如果党内某些机制存在漏洞，那么国家权力机构能否在国家层面上有效保证苏联体制的运行？苏联崩溃的实践似乎表明，答案也是否定的。

西方资本主义国家在政权架构和权力资源配置上大多信奉三权分立，主张立法、行政和司法三种国家权力分别由不同机关掌握，各自独立行使职能，同时相互制约和彼此制衡。由于包括历史在内的种种原因，不同国家的权力机构设置有所不同。但无论机构如何设置，例如是否分设或彼此独立，国家权力无疑都包含这三个基本内容。在苏联，最高苏维埃是国家最高权力机关和唯一立法机关，当年有一句著名的口号就是：
"一切权力归苏维埃！"最高苏维埃设置的主管国家行政事务的组织体系
即苏联政府。作为苏联的最高行政机构，苏联政府最初叫作人民委员会，
自 1946 年以来改称苏联部长会议。

　　尽管世界各国在国家权力分工上有所不同，但国家最高立法、行政
和司法机关有一个共同的首要职责，那就是维护国家的基本社会制度，
这首先体现在维护国家宪法的尊严上。宪法被看作一个国家的根本大法，
规定了国家的根本制度，即规定了国家的社会制度、国家制度的原则和
国家政权的组织，以及公民的基本权利和义务等。宪法集中反映国内各
种政治力量的实际对比关系，这些政治力量之间对比关系的变化对宪法
的发展变化发挥着直接作用。

　　苏联宪法是确认和规定苏联社会制度和国家制度基本原则的根本法。
苏维埃政权建立后，1918 年 7 月 10 日第五次全俄罗斯苏维埃代表大会通
过《俄罗斯苏维埃联邦社会主义共和国宪法（根本法）》，这是世界上第
一部社会主义的宪法。到 1977 年，苏联颁布过 4 部宪法。随着社会的发
展，不同版本的宪法在某些方面有所修订和调整，但在戈尔巴乔夫改革
之前，这几部宪法始终信守关于国家性质的基本原则，即苏联是一个社
会主义国家，其经济基础是生产资料的社会主义所有制。

　　在苏联，一部社会主义的宪法是否维护了社会主义制度，这个问题
似乎难以一概而论。一方面，苏联制度之所以延续了 70 多年，历经重重
艰难困苦而屹立不倒，面临强敌入侵而能浴火重生，或许与苏联宪法提
供的指导和保障不无关联；但另一方面，苏联宪法经过数次修订，尽管
一直坚守国家的社会主义性质，却没能阻止制度崩溃的悲剧发生。苏联
解体后，新宪法取代了原有宪法，重新规定了国家的性质，规定了三权
分立的总统制。

　　那么，究竟是执政党和国家政权按照宪法行事，还是宪法按照执政
党和国家政权的意愿设立和改变？人们经常听到关于"权大还是法大"

的争执。其实，这个问题并没有最终的答案。宪法能够也应该规范社会组织和个人的行为，但同时，宪法又是人制定的。苏联崩溃的事实似乎表明，苏联执政党和国家权力机构无论在日常运作中，还是处于重大历史转折关头，权力往往超越宪法而占据上风。如若不然，作为国家大法的苏联宪法应该能够为苏联的社会主义制度提供坚实的保障，但事实却不是这样。

这种权力大于宪法的情况在苏联转制过程中尤其突出。戈尔巴乔夫发起所谓改革之后，宪法被他本人及拥护改制的上层政客视同儿戏，玩弄于股掌之间，诚如一名当事者所说："苏维埃政权存在的 70 年中，先后通过了 4 部宪法：1918 年、1924 年、1935 年和 1977 年。它们分别有相应的名称：列宁宪法、斯大林宪法（这个名称广泛使用于官方宣传）和勃列日涅夫宪法。到了 1988 年，开始对最后一部宪法进行大刀阔斧式的极其粗野的修改。修改涉及一多半条文，但在我国只存在了一年的国家机构：总统委员会、联邦院；后来又为了要废除苏联部长会议这个主要的国家执行机关和指挥机关，为了废除总统委员会，设立副总统职位，等等。1991 年的宪法也有类似的命运，而到了 12 月份，它竟然又被扔进了故纸堆。有一个并非不知名的人民代表，对这种对待国家根本大法的轻率态度好有一比。他说：我们对待宪法的态度，简直就像对待街头拉客的妓女。"（雷日科夫，2008：308—309）也就是说，宪法成了戈尔巴乔夫这样的执政者予取予夺的工具，既可以用来作为维护掌权地位的利器，也可以为实现其改朝换代的政治目的而弃之如敝屣。总之，遵守还是取消，完全以他们的政治需要为转移。

苏联在拥有一部社会主义宪法的情况下开始了旨在推翻社会主义制度的所谓改革，并最终导致苏联崩溃，连同原有的宪法一道变成了历史的尘埃。这一事实表明，作为国家大法的苏联宪法貌似神圣，实则既没有阻止掌权者图谋改变制度的行为，也没有成为有意维护国家基本制度的社会力量的有力武器。总之，在苏联，一部社会主义宪法没有也不能阻止国家制度的转型。

一方面,宪法被视为国家的大法,具有至高无上的法律地位。从道理上讲,政府应该在宪法指导下行使权力,任何重大举措和行动都不能违反宪法,必须时刻匡正行动以符合宪法;但另一方面,宪法似乎又并非不可触动,因为根据社会发展的需要修正宪法,也是正当甚至是必须的。那么,究竟怎样才算维护宪法尊严?根据官僚特权阶层的利益进行违反客观规律的所谓理论上的修改,推出与原有宪法基本原则相背离的宪法,是否应该被看作违宪?真正的共产党人根据实践的发展对马克思主义的理论进行补充和修改,使宪法更能反映和适应发展的需要,是否应该被看作对原有宪法的改善和创新?两种举动都涉及宪法修改,但两种立场之间显然存在本质差别。然而,在通常情况下,要做出准确判断却相当困难。理论上,严守宪法和修订宪法似乎都具有一定合理性,但在逻辑上,这却几乎相当于一个悖论,因为两者很难同时成立。

如果说,未来的社会主义建设能够从苏联崩溃中汲取某些有益教训的话,其中之一就是:首先,执政党和政府必须时刻依据宪法执政,即在宪法没有修改之前不得擅自采取违宪行动。其次,宪法修订是否合理,其依据应该是看修订后的宪法是否符合原有宪法的基本原则,而绝不能允许改变宪法的基本原则,尤其是关于国家性质的规定,例如有关经济基础即生产关系和上层建筑的基本规定。如果政府采取违反宪法基本条款的行为,那就必须依据宪法纠正政府行为,而不是依据政府的决定和行为来修改宪法,否则宪法难免变成"任人打扮的小姑娘",为擅权者轻易操纵和随意摆布,最终成为一张废纸,不能为维护社会基本制度提供任何保障。最后,维护宪法尊严必须有某种机制作为保证,以便解决谁(机构或人群)和依靠什么手段来维护宪法尊严免遭侵犯的问题。

那么,依靠广大民众的力量能否遏止执政上层的倒行逆施?苏联崩溃的经历告诉我们,答案也是否定的。

人们常说,人民群众是历史的创造者,是社会变革的决定力量;群众的力量是强大的；等等。这从长远来看自然言之有理。不过，群众能否以及如何发挥作用，在具体问题上则要具体分析。一般而言，如果没有组织起来，普通民众通常就像一盘散沙，很难作为有效的社会力量发挥作用，无论在日常生活中还是在大变革时期都是这样。在社会主义国家，共产党作为有组织的人民群众的代表，自我定性为无产阶级的先锋队，承担着组织群众、捍卫社会主义制度的责任和义务。但苏联演变的事实表明，当戈尔巴乔夫及领导集团的改革决定成为党的方针，在共产党的各级干部、基层组织和党员被要求服从和执行的情况下，他们发出反对声音尚且不易，更不要说组织群众，形成反对这一倒行逆施的社会力量了。事实上，在苏联改革过程中，基层党组织完全没有表现出捍卫社会主义制度的主动性和战斗力，没有发挥任何所谓战斗堡垒作用。在这种情况下，即使党外群众中存在反对意见，也根本不可能对改制进程产生任何实质性影响。

对于戈尔巴乔夫改革期间苏联民众随波逐流和不作为，有人提出了这样的解释：绝大多数干部、党员和民众没有意识到执政上层的改制意图，为他们挂羊头卖狗肉的改革话语所惑，糊里糊涂地跟着他们上了复辟资本主义的贼船。"人民群众因此成了背叛的同谋者和工具，他们对待这件事的态度是消极的（漠不关心的）。几乎大多数人都没有搞清楚正在发生的事情的性质。而当开始有些明白的时候，背叛已经完成。"（季诺维也夫，2004：185）的确，苏联共产党最高领导人及领导集团从未宣称他们的目标是推翻苏联社会主义制度，相反，他们的公开口号是"改革和新思维"，宣称要建立"人道的、民主的社会主义"等，这些口号具有很大的迷惑性，使大量民众信以为真。在当时的情况下，很少有人能够想到，这场所谓改革会以国家解体、社会主义制度崩溃宣告完成。

普通党员和民众的这种不加质疑的盲从心理，在很大程度上出自"听党的话，跟党走"的惯性思维。不幸的是，这种带有盲目性的信任弱化了人们独立思考的能力，麻痹了人们的警惕性和判断力，以致在党政领导集团图谋不轨的时候，大多数党员和民众依然不加分析地予以响应，或至少不加以反对，使前者不必面对和克服可能出现的强大阻力，苏联崩溃从而在不发生大规模社会动荡例如暴力或革命的情况下得以实现。有人对此给出了这样的描述："在人民的行为中，我们国家的社会制度起了作用。政权体系的组织方式，使得被领导的人民群众完全丧失了社会政治的主动性。最终政权成了垄断政权。而在政权范围内权力又集中在政权的上层，只是一些微不足道的权力才下放到各个职官等级。人民群众已经完全习惯于听信政府。而在权力内部，这一信任又聚焦到上层人物身上。在人们的头脑中绝不会产生这样的想法，即上层人物会走上背叛的道路。因此，当叛变的程序一步步展开升级时，人民群众还把它当成是政府所颁布的一项项措施而欣然接受，对背叛的意图毫无察觉。"（季诺维也夫，2004：186）

颇具讽刺意味的是，公众的盲从心理在很大程度上源于共产党及其政府的公信力。这是因为，在长期的革命和建设中，即在夺取政权和建立社会主义国家的过程中，共产党在长期实践中积累了丰厚的遗产，在人民群众中建立了很高的信用度。

与以往历史上所有的革命或造反不同，共产党领导革命的目标固然也是要夺取政权，但却并非为了"打天下，坐天下"，而是要建立一个不同以往的社会制度，即消灭剥削和压迫，使劳动人民能够当家做主。社会主义制度的建立证明了这一点，也为共产党赢得了民心。共产党能够取得成功，一个基本条件就是"依靠群众"。共产党宣称没有任何私利，一切为了群众，长期以来的实践表明此言不虚，至少直到改革之前，苏联共产党的路线方针政策不但代表了整个国家的利益，而且确实有利于占人口绝大多数的劳动人民。这使民众产生了对共产党及其领导的政府的高度信任，习惯于相信党的决策是正确的，是为广大人民群众的根本利益服务的，由此形成了一种惯性思维，认为跟党走没有错，党指出的方向就是国家发展的正确方向；党的号召一定符合人民的利益，即使不符合眼前利益或部分人的利益，那也一定符合整个国家和民众的长远利益。长期的实践和宣传教育孕育了公众对政府的服从心理，以为共产党的大政方针不会有错，党和政府不会做损害工农利益的事情，更不会背叛其宣称的宗旨和目标。人们很少怀疑党的政策，习惯性地听从领导。不幸的是，共产党长期积累的雄厚的信任资本，反过来为图谋改制的党政上层利用，为他们发动对社会主义的全面进攻提供了不可多得的有利条件。

当然，苏联民众对戈尔巴乔夫改革并非都持同样的观点。事实上远非如此。不同人的态度和立场并不一样，有人赞成，也有人反对，还有人不置可否或不太关心。但就基本立场而言，苏联国内的政治光谱上同样存在着左右两端。苏联社会虽然消灭了阶级，但仍然存在着无产阶级和资产阶级两种意识形态的分歧和斗争，尽管前者很可能是社会主流，但后者往往表现出更大的能动性。代表资产阶级意识形态的主要是一小部分社会精英，他们向往资本主义，渴望推翻苏联的社会主义制度，按资本主义的面貌重塑国家。在戈尔巴乔夫改革期间，这部分人成为最活跃的政治群体。他们热心于组织动员、宣传鼓动、集会游行，展现出远超其人口占比的巨大能量。他们从戈尔巴乔夫改革的最先响应者，到投身更为激进的叶利钦阵营，成为反共倒苏的主要支持力量，推动改革朝着他们所希望的方向发展。相形之下，绝大部分苏联人则成了"沉默的大多数"，与激进分子积极投身、推波助澜的热情和劲头形成鲜明对照。即使大多数人拥护苏联制度，由于他们自身在这个所谓改革的大潮中随波逐流或无所作为，随着苏联的崩溃，他们自己也不能不最终变成失败的一方。

任何一种社会制度都关系到社会上所有群体的利益。但通常而言，大多数人的行为方式似乎更倾向于调整自己以适应制度而不是相反，即站出来主动维护、反对或改变制度。遗憾的是，在苏联改制过程中，或者由于没有认识到改革背后的改制目的，或者由于对改制的前景抱有幻想，或者由于对共产党的盲从心理，或者由于某种程度的政治冷漠，大多数民众成为被动的追随者，对上层决策听之任之，甚至事不关己高高挂起，站出来公开抗争的勇士即使不乏其人，但数量毕竟有限，从来没能形成足以产生影响力的社会声势。民众中普遍存在的政治消极完全无助于发挥监督政权的作用，反而给图谋改制的决策层放手一搏提供了有利的社会环境。

民众的普遍不作为，在一定程度上反映出社会上存在着某种政治冷漠。如果说，大多数民众最初观望甚至追随政府的改革决定是受到戈尔巴乔夫花言巧语的迷惑，那么，在高层背叛已经昭然若揭时，绝大多数人却仍然只是冷眼旁观，眼看着苏联大厦在自己面前轰然倒塌，其中必有更深层次的原因。对此，后面还会做进一步探讨。

不过，话又说回来，如果大多数民众反对执政上层以改革为名推翻苏联的倒行逆施，愿意挺身而出保卫社会主义制度，他们能否如愿以偿？似乎并不见得。第一，如前面谈到的，共产党有高度的组织纪律性，党员从入党之日起就接受了这样的党性教育，即必须维护党的组织纪律。因此，即使个人对中央的方针政策不甚认同甚至完全反对，也很难违背以党中央的名义下达的重要指示。因此，愿意并敢于公开站出来唱对台戏的人必然少之又少，更不要说对上层决策形成有效遏制了，正如改革过程所表明的那样。第二，在党内成员和干部按兵不动的情况下，普通民众更难有所作为，因为人们习惯于党员发挥模范带头作用这样的思维，即通常所说，"群众看党员，党员看干部，干部看组织，全党看中央"。如果广大党员置身事外，他们不但不可能去动员群众，而且对群众的自我动员还会产生消极影响。第三，在没有大范围大规模组织起来的情况下，民众只能是一盘散沙，即使部分人强烈不满，他们零散的反抗也完全形不成有效的战斗力，完全不能抗衡高度组织化和制度化的国家专政机器，包括警察和军队。第四，群众运动需要具有号召力的带头人，而直到苏联崩溃前夕，苏联国内从没有出现这样的人物。第五，表达民意的现有机制存在明显缺陷，使群众直接参与政治受到很大限制，难以发挥监督作用，尤其在事关国家前途的重大问题上。总之，由于种种原因，尽管执政上层发起的改革明显违背国家和人民利益，但苏联国内绝大部分人只是被动观望，在这一关系国家命运的紧要关头显得无所作为或束手无策，无力也没能力挽狂澜，阻止上层的倒行逆施。

苏联崩溃的过程表明，苏共最高领导人及领导集团有能力按照自己的意志确立大政方针，甚至改变国家发展的方向和道路。由于监督机制存在重大缺陷，不要说普通民众不能参与决策甚至表达不同意见，普通党员、各级党组织和各级苏维埃也同样如此。即使在领导集团内部，似乎也没有人能够制约最高领导人的所作所为，更不要说改变甚至只是影响其决策。这就是说，一旦最高领导人做出重大决策，只要其仍然大权在握，就没有任何力量能够加以改变。一句话，在各级决策机构中，最关键的是共产党中央的决策；而在党中央的决策中，最高领导人的指导思想、决心和意志发挥了关键作用，由此决定了苏联党和国家的命运。

第四部分

历史教训：苏联制度始终存在被颠覆的可能性

古今中外，国家权力的交接几乎无时不在发生，政权更替可以说是一部政治舞台上常演不衰的重头戏。在不同条件下，权力交接的方式和历史意义自然很不相同，概括起来，至少有这么几种类型。第一类权力交接在现有体制框架下依循所谓常规进行，例如封建时代的王位继承，皇室家族代代相传，或现代国家领导人任期结束，权柄移交选举上台的继任者，体现了现有制度下合法的权力更替。第二类权力交接不循常规，权力觊觎者篡权夺位，由于其行为非法或不合常规往往被称为政变，例如采用非暴力方式的宫廷政变和采用暴力手段的军事政变等，但即使如此，夺权者上台后通常并不改变原有的社会制度。第三类权力交接是改朝换代的结果，例如封建社会中一个王朝被推翻，另一个王朝建立起来，最高统治者从一个家族转向另一个家族，朝代有变，不变的则是他们治下的封建制度。第四类权力交接与社会制度的改变密切相连，例如，1688 年英国资产阶级和新贵族采取行动限制王权，国家权力由君主逐渐转移到议会；1789 年爆发法国大革命，人们夺取武器举行武装起义，7月 14 日攻克了象征专制统治的巴士底狱。这类行动的矛头对准封建统治，不但会使政权有变，而且开始了向资本主义制度的过渡。1917 年爆发的十月革命更是彻底推翻了原有的资本主义制度，无产阶级政党夺取了国家政权，建立起世界上第一个社会主义国家，并由此开启了从资本主义制度向社会主义制度过渡的历史时代。

包括政权更替在内的政治变动和社会变革都有各自的原因。例如，同一制度下的朝代更替，可能由于君主昏聩无能，使权力觊觎者有机可乘；也可能由于天灾人祸导致国内矛盾激化，执政者遭到群起而攻之被迫下台等；而社会制度的变革，按照马克思主义理论，则主要是由于生产力发展达到一定水平，上层建筑不再与之相适应导致的历史现象。在所有这些政治事件中，对现政权发起冲击或发动进攻的一方都可以被视为"敌对势力"，即不满现政权或现存制度并决意取而代之的社会力量。

权力交接的方式主要有暴力和非暴力两种。除了常规型权力交接，其他类型的政权变动往往离不开暴力手段。现政权与反政权力量双方依靠暴力决定胜败，前者获胜则现政权得以维持，后者获胜则权力易手，在野者摇身一变成为新统治者，所谓"成王败寇"是也。政权变动时常离不开暴力，在涉及社会制度的重大政治变革中，暴力更是不可或缺。马克思曾指出："暴力是每一个孕育着新社会的旧社会的助产婆。"[1]毛泽东的名言"枪杆子里面出政权"，说的也是这个道理。[2]事实上，历史上的重

1　《资本论》第一卷（节选），《马克思恩格斯选集》第2卷，北京：人民出版社，1972年，第266页。

2　也许由于简练和直白，这个说法曾招致误解甚至批评。例如，阿伦特认为，毛泽东的这句名言表达的是一种非马克思的暴力观。因为马克思说，暴力是新社会从旧社会产生的催生婆。在马克思那里，暴力只是催生婆，新社会的产生本质上并非源于暴力，而在毛泽东那里，暴力则由催生婆变成了产妇。照阿伦特之见，所谓"枪杆子里面出政权"曲解了暴力和权力的关联，夸大了暴力在政权建立过程中的作用，为暴力的滥用大开方便之门，埋下了政治野蛮化的种子。阿伦特认为，没有哪个政权是单靠暴力就能建立起来的。她说："枪杆子里面出来的是最有效的命令，它导致最快速最完全的服从。但枪杆子里永远出不了权力。"（阿伦特，2013：中译本序言）其实，她对毛泽东这句话理解有误。实际上毛泽东指的是，枪杆子作为催生婆，导致新生政权或新社会的产生，完全不意味着新政权单靠暴力建立和维持。这句话与马克思所说的意思基本一致。

大政治事件，几乎每一步都伴随着腥风血雨，更不要说推翻一种旧制度，建立一种新制度了。1688 年英国新资产阶级通过非暴力政变，把权力从国王转到议会，在没有发生流血冲突的情况下开始了向资本主义的过渡。这种通过非暴力手段得以颠覆封建王权的统治在历史上并不常见，也正因为如此，这个事件才被历史学家誉为所谓"光荣革命"。

与历史上的重大政治事件和社会变革相比，20 世纪末苏联发生的政权更替和制度转型更是独树一帜，可以说，在人类历史上产生了一个政治大变革的新模式。

苏联崩溃聚合了与政权更替有关的所有政治和社会要素，甚至更多。首先，苏联发生的是政权更替而不是政权的常规交接。因为随着苏联共产党下台，作为执政党，其 70 多年来党内最高领导人常规交接的历史宣告终结。其次，苏联原有的社会制度被推翻，国家的性质从社会主义变为资本主义。再次，作为联盟国家的苏联解体，由一个统一的联盟共和国分裂为 15 个独立国家。因此，苏联崩溃实际上集政权更替、制度变革、国家解体于一身，是所有这些政治变化的交错叠加。就此而言，历史上很少有其他事件堪与之相比。更有甚者，如此翻天覆地的政治和社会大变革竟然基本以非暴力的和平方式得以完成，既没有发生战争或军事对抗，也没有发生大范围的流血冲突，甚至没有出现大规模社会动乱。这在世界近代历史上恐怕很难找到先例。有历史学家曾指出，假如苏联政权决意保卫既有秩序，动用自己强大的军事力量抵抗任何敌对势力的攻击，则完全有能力阻止苏联崩溃的发生，正如第二次世界大战所表明的那样，而即使苏联不能获胜，攻守双方两败俱伤，后果也只能如"世界末日"降临一般，其可怕程度将超乎想象。（Kotkin, 2001）

更为奇特的是，在这场剧变中，对立双方的阵营并非一目了然，甚至很长时间内相当模糊。这主要表现为：力图让共产党下台、推翻苏联政府以及国家制度的"敌对势力"并非来自外部，而是来自国内，来自国内的执政当局，即党政最高领导人及领导集团本身。从政治地位和作用上说，他们本应是现存社会秩序最坚定的保卫者，因此他们理应是要求变革的力量或"敌对势力"的直接对象和矛头所向。但在戈尔巴乔夫发起的所谓改革中，却出现了令人匪夷所思的角色颠倒：国家的执政集团带头向本国的政治经济制度发起致命攻击，并最终将之彻底摧毁。如果说，英国从封建主义向资本主义的和平过渡有理由被称为"光荣革命"，那么戈尔巴乔夫发起的这场苏联改革以和平方式完成了从社会主义向资本主义的历史性大倒退，或许有资格被称为"耻辱革命"。如果说代表了社会进步的法国大革命或英国"光荣革命"长存史册，那么导致苏联社会制度倒退的"耻辱革命"在历史上必然也会占有一席之地。因为作为一个前所未有的案例，这样的"革命"对人们理解历史发展和变革的价值应该不亚于前者。

总之，苏联崩溃提供了一个独特的社会变革模式，值得历史学家深入研究。如果能够拨开其中的重重迷雾，当有助于加深人们对历史发展规律的认识和理解。毋庸讳言，这个任务将是长期的。有传闻说，20世纪70年代有人曾问周恩来总理对发生在300年前的法国大革命的历史作用有何看法，周总理的回答是："现在下结论还为时过早。"这句话同样适用于20世纪末的苏联崩溃。现有的分析和结论都有待检验。

前面一部分讨论的主要问题是，苏联最高领导人及领导集团为什么发起了旨在推翻苏联的所谓改革，他们为什么又能够取得成功。这一部分试图分析，为什么这样的事情会发生在苏联，或者说，苏联体制为什么会出现这样的历史性大倒退，这种变化是不可避免的吗。当然，即使能够回答这些问题，也还远不能对苏联崩溃这一重大历史事件做出全面诠释，而这里还仅仅是一个初步探讨。另外，怎样的制度建设，才有可能避免"抽心一烂"导致的悲剧，才有可能使社会主义健康发展，同样值得思考。可以说，未来的社会主义制度能否解决前进道路上的各种问题和障碍，避免重蹈苏联的覆辙，在很大程度上取决于能否正确认识苏联崩溃的原因，并从中汲取应有的历史教训。

第九章　社会主义道路具有可逆性

毛泽东曾说："领导我们事业的核心力量是中国共产党。指导我们思想的理论基础是马克思列宁主义。"[1] 把"中国共产党"换作"苏联共产党"，这句话同样适用于苏联。世界上第一个社会主义国家的建立是在共产党[2]领导下进行革命斗争的成果。它领导的十月革命打响了无产阶级建立社会主义国家的第一枪，由此掀开了历史发展的新篇章。[3] 由苏联开始，世界上所有的社会主义国家都公开宣布，这一新的社会制度是在马克思主义理论指导下建立起来的，因此，是马克思主义关于科学社会主义理论的具体实践。那么，实际情况是否如此？

马克思主义经典著作论证了社会主义社会取代资本主义社会的历史必然性。这是马克思主义创始人在对资本主义社会进行全面分析的基础上，总结历史发展的规律而做出的结论。在他们看来，从 16 世纪开始，随着工商业的发展，建立在小商品生产基础上的封建社会自然经济逐渐

1　毛泽东:《为建设一个伟大的社会主义国家而奋斗》（1954 年 9 月 15 日），《毛泽东文集》第 6 卷，人民出版社，1999 年，第 350 页。

2　起初为俄国社会民主党中的布尔什维克派，1918 年改称俄国共产党（布尔什维克）；1925 年改称全联盟共产党（布尔什维克）；1952 年改称苏联共产党。

3　这些话听上去有些俗套，但事实确实如此。

解体，为资本主义生产关系的产生和建立创造了条件。作为资本主义生产方式的前提和起点，资本原始积累在以下基础上得以实现：一方面，通过暴力使直接生产者与生产资料相分离，主要是对农民土地的剥夺，让失去生产资料的小生产者变成不得不出卖自己劳动力的无产者；另一方面，货币财富和生产资料集中在少数人手中转化为资本。开始于18世纪60年代的工业革命以机器取代人力，以大规模工厂化生产取代个体工场手工生产，标志着资本主义生产开始完成从工场手工业向机器大工业的过渡，而17世纪以来在欧美先后爆发的资产阶级革命则从政治上摧毁了封建专制统治，为新兴资产阶级掌权开辟了道路。随着资本主义生产方式的确立，即以社会化机器大生产为物质条件、以生产资料的资本家私有制为基础、以资本和雇佣劳动互为存在条件[1]为主要特征的社会经济制度的确立，人类进入资本主义历史时期。

根据马克思主义理论，生产力决定生产关系，由一定的生产力及生产关系的总和构成的经济基础，则决定了上层建筑。资本主义是封建社会生产力发展到一定程度即大机器生产阶段的产物。马克思和恩格斯说："人们所达到的生产力的总和决定着社会状况。"[2]就生产关系的主要内容即生产资料所有制形式、人们在生产中的地位和相互关系，以及产品分配的形式而言，资本主义生产关系的特征是：资本家阶级占有生产资料，一无所有的工人阶级依靠出卖劳动力为生，资本通过剥削雇佣劳动获取剩余价值，由此实现无休止的资本积累。资本主义就是在这个不断的循环中延续着自己的生命。

1　马克思说："资本只有同劳动力交换，只有引起雇佣劳动的产生，才能增加。雇佣工人的劳动力只有在它增加资本，使奴役它的那种权力加强时，才能和资本交换。因此，资本的增加就是无产阶级即工人阶级的增加。"《雇佣劳动与资本》，《马克思恩格斯选集》第1卷，人民出版社，1972年，第348页。
2　马克思和恩格斯，《德意志意识形态（节选）》，《马克思恩格斯选集》第1卷，人民出版社，1972年，第80页。

资本的全部动力和最终目标就是追逐利润。这一点只有在资本主义生产方式的基础上才能实现，正如马克思所说："因为资本主义的动力只有在这种生产方式本身的基础上才能充分发展。"[1] 这个过程一方面推动社会生产力的发展，另一方面又使其内在矛盾不断积累乃至激化。马克思主义创始人认为，资本主义生产方式的基本矛盾是生产的社会化和生产资料私人占有之间的矛盾，由此产生以生产过剩为标志的周期性经济危机。马克思和恩格斯指出，经济危机是资本主义经济发展的必然产物。这是因为，生产力发展到一定阶段，曾经与之相适应的资本主义生产关系变成了生产力发展的桎梏，这时就会发生革命性变革，由适应生产力发展的新生产关系取代旧的资本主义生产关系。（卫兴华，2014）资本主义不过是历史发展的一个阶段，是一定历史条件下的产物，也就是说，资本主义生产方式并不是永恒的。

在资本主义社会，生产力的发展孕育新的生产关系的萌芽，应运而生的新的社会制度必然取代原有的社会制度，正如封建社会孕育了最终取代它的资本主义社会一样。生产的社会性和生产资料的资本主义私人占有形式之间的矛盾的发展，必然导致社会主义取代资本主义。根据马克思主义的科学社会主义理论，社会主义是一种与私有制生产关系完全对立的"社会生产"，生产资料的公有制是它的最基本的特征。在这种制度中，商品货币关系将被废除，买卖关系将为产品交换、所有生产出来的物质财富的有计划的分配所取代。恩格斯指出："一旦社会占有了生产资料，商品生产就将被消除，而产品对生产者的统治也将随之消除。社会生产内部的无政府状态将为有计划的自觉的组织所代替。生存斗争停止了。于是，人才在一定意义上最终地摆脱了动物界，从动物的生存条件进入真正人的生存条件。人们周围的、至今统治着人们的生活条件，

---

1 《资本论》第二册，《资本的流通过程》，《马克思恩格斯全集》第49卷，人民出版社，1982年，第504页。

现在却受到人们的支配和控制，人们第一次成为自然界的自觉的和真正的主人，因为他们已经成为自己的社会结合的主人了。……只是从这时起，人们才完全自觉地自己创造自己的历史；只是从这时起，由人们使之起作用的社会原因才在主要的方面和日益增长的程度上达到他们所预期的结果。这是人类从必然王国进入自由王国的飞跃。"[1]

资本主义之后的新的社会制度不可能一蹴而就。马克思论述了共产主义社会发展的两个阶段，在谈到共产主义社会第一阶段时他指出："它不是在它自身基础上已经发展了的，恰恰相反，是刚刚从资本主义社会中产生出来的，因此，它在各方面，在经济、道德和精神方面都还带着它脱胎出来的那个旧社会的痕迹。"在这个阶段，消灭了生产资料私有制和人对人的剥削，在这个意义上实现了人们之间的平等。但是，在生活资料的分配方面，实行"按劳分配"的原则，人们以同等的劳动得到同等的报酬，这里通行的仍然是"商品等价物的交换中也通行的同一原则"，"这个平等的权利还仍然被限制在一个资产阶级的框框里"[2]。所以，"这种平等的权利，对不同等的劳动来说是不平等的权利"[3]。

因此，马克思认为，在共产主义社会的第一阶段，人们的不平等仍然是不可避免的。要消除这种不平等，只有在共产主义社会"自身基础上已经发展了的"高级阶段才能实现。在这个阶段，"在迫使人们奴隶般地服从分工的情形已经消失，从而脑力劳动和体力劳动的对立也随之消失之后；在劳动不仅仅是谋生的手段，而且本身成了生活的第一个需要之后；在随着个人的全面发展生产力也增长起来，而集体财富的一切源泉都充分涌流之后，——只有在那个时候，才能完全超出资产阶级权利的狭隘眼界，社会才能在自己的旗帜上写上：各尽所能，按需分配！"[4]

---

1 《反杜林论》，《马克思恩格斯全集》第 20 卷，人民出版社，1971 年，第 307—308 页。
2 《哥达纲领批判》，《马克思恩格斯全集》第 19 卷，人民出版社，1963 年，第 21 页。
3 同上书，第 22 页。
4 同上书，第 22—23 页。

在共产主义社会里，社会成员应该是得到全面发展的新人，到那时，人类将实现从必然王国进入自由王国的飞跃。

马克思主义的社会主义理论之所以是科学的而不是空想的或臆想的，就在于它以人类历史发展的客观规律为依据，而不是出自个人的美好愿望。正如列宁所说："马克思的这些解释的伟大意义，就在于他在这里也彻底地运用了唯物主义辩证法，即发展学说，把共产主义看成是从资本主义中发展出来的。马克思没有经院式地臆造和'虚构'种种定义，没有从事毫无意义的字面上的争论（什么是社会主义，什么共产主义），而是分析了可以称为共产主义在经济上成熟程度的两个阶段的东西。"[1]

那么，社会主义如何从资本主义脱胎而出，它的第一个阶段又有哪些特征？

资本主义是生产力发展到一定阶段的产物，但生产力的继续发展必将使这个制度框架不再与之相适应，从而导致资本主义向社会主义的过渡。但是，在马克思主义创始人看来，这个过渡并非自然而然地发生的，需要通过斗争或曰"革命"才能实现。马克思把暴力革命看作"每一个孕育着新社会的旧社会的助产婆"。恩格斯指出："暴力在历史中还起着另一种作用，革命的作用。……它是社会运动借以为自己开辟道路并摧毁僵化的垂死的政治形式的工具。"[2] 根据列宁的解释，革命就是用暴力打碎陈旧的政治上层建筑，即打碎那由于和新的生产关系发生矛盾而到一定时机就要瓦解的上层建筑。他说："无论从革命这一概念的严格科学意义来讲，或是从实际政治意义来讲，国家政权从一个阶级手里转到另一个阶级手里，都是革命的首要的基本的标志。"[3] 这是因为，如同一切旧的统治阶级一样，资产阶级为了维护自己的既得利益和经济、政治特权，

1 《国家与革命》，《列宁全集》第31卷，人民出版社，2017年，第94页。

2 《反杜林论》，《马克思恩格斯全集》第20卷，人民出版社，1971年，第200页。

3 《论策略书》，《列宁全集》第29卷，人民出版社，2017年，第137页。

绝不会自动退出历史舞台，而会利用手中的权力和控制的国家暴力机器维持自己的政权。在这种情况下，要建立新的社会制度，无产阶级就必须取得政治统治，而要达到夺取政权的目的就必须采用暴力革命方式，用革命阶级的暴力摧毁反动统治的暴力。

无产阶级夺取政权后，首先需要改变社会的经济基础，即把资本家的全部资本掌握在自己手里，以生产资料的公有制取代私有制。"无产阶级将利用自己的政治统治，一步一步地夺取资产阶级的全部资本，把一切生产工具集中在国家即组织成为统治阶级的无产阶级手里，并且尽可能快地增加生产力的总量。"[1]在马克思和恩格斯的论述中，公有制主要是作为国家所有制出现的。他们主张将土地、运输、信贷、国家银行都最大限度地集中在国家手中。除了国家所有制，他们认为合作社所有制也可能是公有制的一种形式，并且提出，联合起来的合作社按照总计划组织全国生产，从而控制全国生产。

此外，在马克思和恩格斯看来，资本主义之后的社会将是废除了商品货币关系，从而价值规律也将不复起作用的社会。在生活资料的分配问题上，马克思曾设想只能实行"按需分配"，但那是在社会主义发展到更高阶段的时候。如上面提到的，在社会主义第一阶段，马克思认可"按劳分配"的原则。

总之，在马克思主义创始人看来，从资本主义脱颖而出的社会主义阶段有如下主要政治、经济特征：无产阶级通过暴力革命夺取国家政权，以巴黎公社为榜样，建立无产阶级专政的民主国家，而无产阶级专政是达到消灭阶级和进入无阶级社会的过渡；消灭生产资料私有制，建立包括土地在内的生产资料公有制，把它们集中到国家手中，由国家和合作社组织生产；生产按照总的计划加以组织，从而控制全国的生产活动；依照"按劳分配"的原则在劳动者中分配生活资料。只有这样，社会主

---

1 《共产党宣言》，《马克思恩格斯选集》第 1 卷，人民出版社，2012 年，第 293 页。

义社会的生产才会受到社会实际的预定的控制，社会才能自觉地有计划地使用社会劳动力，消灭劳动的盲目性和私人性质，从而使劳动具有直接社会劳动的性质，社会也才会在用来生产某种物品的社会劳动时间的数量和要由这种物品来满足的社会需要的规模之间建立起联系。(汤润千，1995) 在这个基础上进一步发展，在未来的社会中，阶级差别将会消失，无产阶级也将消灭自己这个阶级的统治，而社会将是"每个人的自由发展是一切人的自由发展的条件"[1]的联合体。

对照马克思主义理论和苏联的实践不难发现，从十月革命到苏联制度的建设和经济发展，苏联所走的道路基本符合马克思主义创始人对社会主义社会的阐释和设想，在很大程度上把马克思主义理论变成了现实。这是人类历史上的首创。

苏联建立的社会制度具备社会主义第一阶段的几乎所有基本特征。十月革命成功后建立起无产阶级专政的国家机器，宣布全部政权归苏维埃即由工农兵代表组成的"代表会议"所有，从此，苏维埃成为国家政权的组织形式。从中央到地方，城市和乡村的最基本生产单位都设有苏维埃作为各级权力机关。1977 年通过的宪法再次确认，人民行使国家权力的机关是人民代表苏维埃，苏联共产党是苏联政治制度的核心。苏联最高苏维埃是苏联的最高国家权力机关，它的常设机构是最高苏维埃主席团。在共产党领导下，苏维埃承担包括修改宪法在内的立法功能，同时按照宪法和法律规定设置主管国家行政事务的组织体系。这种国家政权形式体现了巴黎公社的基本精神，是巴黎公社原则在当时具体条件下的继承与发展。

十月革命胜利后，新政府立即着手消灭生产资料的私人占有。从大工业企业开始，国有化开始在工业部门的大小企业中推行，到 1928 年，

---

1 《共产党宣言》，《马克思恩格斯选集》第 1 卷，第 294 页。以上论述参阅汤润千，
  1995。

私营成分在工业总产值中的比重下降为7.6%，基本上实现了工业国有化。在农村，十月革命胜利后立即颁布了《土地法令》，宣布没收地主、皇室、寺院以及教堂等的土地，取消其私有权，全部土地收归国有，无偿交由全体劳动者使用。所有地下矿藏和自然资源也归国家所有。随后一些年间，又通过农业集体化消灭了富农阶级，把农村劳动力组织到集体生产劳动中。到1937年，超过百分之九十的农户参加了集体农庄。

1925年，苏维埃政府正式提出把国家变成工业国的任务，通过了优先发展重工业的国家工业化方针。随着生产资料公有制的建立和逐渐完善，苏联制定了1928—1932年第一个国民经济发展五年计划，计划经济体系开始形成。这是人类历史上按照预先编制的详细计划进行经济建设的开端，也是人类历史上大规模社会主义现代化建设事业的开端。经过艰苦奋斗，第一个五年计划宣告提前9个月完成。紧接着开始了第二个五年计划（1933—1937年），其计划指标同样提前9个月完成。这种每五年为经济发展规划周期的五年计划一直持续到苏联崩溃。建立以五年计划为标志的计划经济是苏联首创，是苏联推进经济社会发展、实现现代化的实施蓝图。

第一个五年计划的完成，使苏联开始由农业国变成工业国，苏联初步建起了独立的比较完整的国民经济体系，为实现社会主义工业化奠定了物质基础。工业产值在工农业总产值中占的比重，由1928年的48%上升到70.7%；工业内部轻重工业的比重也由1927年的60.5：39.5，变成46.6：53.4；整个国民收入在第一个五年计划期间增长了68%，初步改变了长期落后的农业国面貌。在这五年内，苏联经济的发展速度超过同期所有资本主义国家，首次展现了社会主义制度在发展经济方面的巨大优势。第二个五年计划完成后，苏联的工业化再上一个台阶，1937年工业总产值占到世界的10.6%（1913年沙俄时期仅为2.6%，相当于美国的6.9%），超过德国、英国、法国跃居欧洲第一位，世界第二位，仅次于美国。在整个国民经济中，社会主义成分取得了彻底胜利，国家所有制和集体所有制成为苏联社会的经济基础，公有经济在国民经济中的比例占到 99.8%。

十月革命前的俄国是一个落后的农业国，工业产品只占国家全部产品的 1/3，被视为欧洲经济最落后的国家。在两个五年计划即短短 10 年之后，国家工业化就取得了如此大的进步，不能不说创造了人类经济发展史上的一个奇迹。

在这一时期，人民生活水平也有较大提高，国家大力兴建交通、暖气、自来水、电力、排水等公共设施，初步建立了社会保障体系，包括住房、教育、医疗等在内的各项社会事业得到很大发展。科学家爱因斯坦在 1950 年 3 月 16 日写给纽约大学的信中，不由盛赞"苏维埃制度在教育、公共卫生、社会福利和经济领域的成就无疑是伟大的，而全体人民已从这些成就中得到很大益处"。（朱庭光主编，1984：450）

第二个五年计划后，苏联的经济继续向前发展，其间经历了一定起伏，尤其在第二次世界大战期间遭受重创，但整体实力仍然在不断增强。"二战"后，苏联成为世界两个超级大国之一。到 1980 年，苏联在国民总收入和人均收入上虽然仍远不及美国，有些产品的产量也不及美国，例如发电量、家用轿车、粮食等，但其他很多产品的产量则超过美国，例如钢、石油、化肥、水泥、纺织品、联合收割机、拖拉机、奶制品、棉花、商船吨位等。[1]

历史统计数字显示，无论与西欧还是美国相比，沙俄时期的经济发展水平都呈现大幅度下降的趋势，就人均国内生产总值而言，从 1600 年相当于西欧的 65%，大幅度下滑到 20 世纪 20 年代初不足 35%；而与美国相比，从 1820 年与之大致持平，一路下滑到 20 世纪 20 年代初只占

---

[1] 以上数据引自周荣坤、郭传玲等编：《苏联基本数字手册》，时事出版社，1982 年。信息来源包括苏联统计年鉴和西方国家的报刊材料。不同时期的不同出版物给出的具体数据有所不同，但基本上都不否定这个总体的发展趋势。

其 20% 左右。只是在社会主义制度建立之后，国家经济不但终止而且逆转了这个下降趋势，开始了对西方的强力赶超过程。到 20 世纪 70 年代末，苏联的人均国内生产总值已经达到或接近西欧的 60%，美国的 40%。（波波夫，2018：056—057）1980 年，苏联的总体经济实力达到美国的 2/3 以上。苏联在 1928—1970 年间的发展速度仅次于日本，位居世界第二位，是这一时期世界上成功追赶西方的仅有的两个发展中大国之一。（Allen，2003：7；波波夫，2013：34—36）考虑到当年沙俄与西欧和美国之间的巨大差距，以及苏联在第一次世界大战、国内战争和第二次世界大战中遭受的巨大损失，这样的增长成就大大超出人们的预期。苏联为世界树立了一个经济落后国家赶超强国的典范。

在科学研究、工程技术、文化艺术、军事工业等领域，苏联同样取得了举世瞩目的成就。它创立了不少世界第一，例如建立了世界第一座核电站，发射了世界上第一颗人造地球卫星，第一次把人类送上太空，建立了世界上第一个宇宙空间站等。苏联科学家不断有所发明创造，推陈出新，在世界科学领域占有突出的一席之地。苏联的军事力量在世界上数一数二，是唯一有能力与世界霸权美国一争高下的国家。

苏联社会主义制度以其取得的巨大成就在人类经济社会发展史上写下了光辉的一页。与此同时，在这个过程中也出现过很多失误、挫折和问题。由于国家制度使然，国家／政府不仅是全国经济活动的唯一规划者，而且是国家各项事业发展的火车头和发动机。在这种情况下，正如其创造的发展奇迹在很大程度上理应归功于实行大一统领导的国家政权一样，国家政权对出现的所有失误、挫折和问题同样负有不可推卸的责任。例如 20 世纪 20 年代发生的大饥荒；20 世纪 30 年代中期开始的"肃反"扩大化，轻重工业发展不平衡导致生活消费品时有短缺；20 世纪 70 年代开始发展动力不足，出现经济增长放缓乃至停滞苗头等。

一个理想的或理论上的社会主义国家或许不应该也不可能出现这类问题，但是，苏联毕竟是一个现实存在。对建设一个历史上从未有过的新社会制度而言,失误、挫折和问题虽然代价沉重,但在一定程度上可以说在所难免。其原因或者是国家决策者判断失误、经验不足、指导思想偏差等;或者是民众的民主权利和政治参与不足,未能充分发挥其当家做主的潜力;或者是受到当时国内外形势和其他客观历史条件的制约,例如政权建立初期,为了应对必欲将其扼杀于摇篮里的国内外敌人,为巩固政权而不得不采取铁血手段;等等。尽管如此,苏联在建设社会主义国家的过程中毕竟出现过不少问题和失误,付出了包括无辜生命在内的沉重代价。

但是,这些问题不能否定这样一个基本事实,即苏联在社会经济各个领域取得的巨大成就足可彪炳史册。无产阶级通过夺取政权建立起社会主义制度,经过大规模社会改造,把生产资料私有制变为公有制,由此消灭了国内的阶级对立,并把全国经济纳入公有制基础上的计划体制中来,根据国家的统一计划,决定各个生产部门的生产和产品分配,这使苏联不但快速实现了工业化,以前所未有的速度跻身世界强国之列,而且避免了资本主义固有的生产过剩危机以及由此引发的社会震荡,使苏联成了一个不知经济危机为何物的国家。苏联在教育、医疗以及建立全民社会保障体制上也都走在了世界前列。

如上所述,对照马克思主义创始人的科学社会主义理论不难看出,苏联建立的制度具备社会主义第一阶段几乎所有主要特征,基本符合马克思和恩格斯的最初设想。更重要的是,苏联发展的历史表明,这条发展道路不但在实践中能够行得通,而且行之有效,具有资本主义发展道路远远不能相比的巨大优越性。苏联模式能够解放和发展生产力,实现物质和人力资源更合理的配置和利用,更快、更好地推动经济发展。尤其是,在生产力飞速发展的过程中,苏联完全避免了对社会资源和民众生活造成巨大伤害的周期性经济危机。苏联的社会主义发展模式推翻了生产资料占有的不平等,把私有制变为公有制,由此消灭了人剥削人的现象,从而避免了贫富差距拉大导致社会的两极分化。苏联成为世界上收入分配最为平等的国家之一。虽然苏联人民的生活水平依然低于西方发达国家，但得益于生产资料公有制、按劳分配和社会保障，苏联摆脱了其他制度下任何国家都难以避免的贫困人口问题。

反观资本主义的发展史，它不但是一部资本剥削劳动的历史，而且是一部列强掠夺弱国的历史。西方国家崛起的过程也就是资本在全球扩张的过程，是用血和火写就的文字载入人类编年史的。与资本主义工业化过程不同，苏联的工业发展依靠自身的力量，依靠最大限度地发挥国内人民的创造力，万众一心，艰苦奋斗，勤俭建国，从来没有像西方资本主义国家那样用殖民、战争、奴隶贸易、资本输出等各种手段强取豪夺，通过掠夺和剥削其他国家，在确保其他国家不发达的条件下维持自己的富国地位。可以说，在这方面，苏联的社会主义发展模式与西方模式形成了鲜明对照。在当年那些步入工业化行列的国家当中，或许唯有苏联有资格宣称，本国的发展摆脱了资本这种"血和肮脏的东西"所铺设的轨道，走出了一条和平崛起的新路。

苏联通过工业化迅速崛起为世界超级大国的过程并不平坦，在经济、政治、社会领域都不断面临各种困难和新的挑战。苏联在贯彻社会主义原则上还不到位，不完善，尤其是未能真正体现国家管理的巴黎公社原则，政府的政策也远非一贯正确，导致种种失误和问题，有些甚至很严重，造成不应有的人员和物力损失。但总体来看，苏联所走的社会主义道路是成功的，它既能更快、更好地实现工业化，不断推动经济社会向前发展，又能够克服资本主义发展模式必然产生的基本矛盾，因此，"苏联开辟了人类历史发展的新纪元"并非虚言，证明了资本主义并不是唯一的发展之路。同时，苏联的社会主义制度建设第一次把马克思主义理论变成现实。这反过来也表明，马克思主义理论是正确的，可行的。正是以马克思主义理论为指导，苏联才做到了更好、更快地发展生产力，使一个经济落后的国家能够在劳动者不受资本剥削的条件下成为世界工业强国。

当然，事情还有另外的一面。如果说苏联的发展和崛起证明了马克思主义关于社会主义第一阶段的设想作为一条与资本主义不同的发展道路是正确的，那么苏联的崩溃则表明，马克思主义关于生产力决定生产关系的理论作为一条社会发展规律同样是正确的。

　　在《资本论》中，马克思对资本的本质、运作机制和内在矛盾进行了最深刻的剖析，并做出资本主义必然灭亡、必然被新的社会制度所取代的结论。但是，这并不意味着马克思主义创始人全盘否定资本主义。相反，他们充分肯定资本主义在发展人类社会的生产力上的巨大作用。《共产党宣言》里有这样的表述："资产阶级在它的不到一百年的阶级统治中所创造的生产力，比过去一切世代创造的全部生产力还要多，还要大。自然力的征服，机器的采用，化学在工业和农业中的应用，轮船的行驶，铁路的通行，电报的使用，整个大陆的开垦，河川的通航，仿佛用法术从地下呼唤出来的大量人口，——过去哪一个世纪能够料想到在劳动里蕴藏有这样的生产力呢？"[1] 他们还明确指出，资产阶级在历史上曾经起过非常革命的作用。由此，不少人甚至认为，很少有人像他们那样肯定和赞美资本主义生产与交换方式乃至资本主义时代所创造的无与伦比的辉煌成就。实际上，无论是赞美还是批评，马克思主义创始人对资本主义的看法完全基于唯物主义历史观。在他们看来，生产力的发展必然导致生产关系的变化，当年封建主义的社会形态不再能够容纳生产力的发展，不得不被新的更高的生产关系即资本主义所取代，后者创造了前所未有的生产力发展的新纪录，从而证明这种新的社会形态比之前的封建制度更适应当时历史阶段的生产力发展。这个历史规律不以人的意志为转移，也不以人的好恶而改变。

　　与此同时，生产力在资本主义条件下发展到一定程度又会产生新的矛盾。"一旦劳动者转化为无产者，他们的劳动条件转化为资本，一旦资

---

1 《共产党宣言》，《马克思恩格斯选集》第 1 卷，第 277 页。

本主义生产方式站稳脚跟，劳动的进一步社会化，土地和其他生产资料的进一步转化为社会使用的即公共的生产资料，从而对私有者的进一步剥夺，都会采取新的形式。现在要剥夺的已经不再是独立经营的劳动者，而是剥削许多工人的资本家了。"[1] "这种剥夺是通过资本主义生产本身的内在规律的作用，即通过资本的集中进行的。一个资本家打倒许多资本家。随着这种集中或少数资本家对多数资本家的剥夺，规模不断扩大的劳动过程的协作形式日益发展，科学日益被自觉地应用于技术方面，土地日益被有计划地利用，劳动资料日益转化为只能共同使用的劳动资料，一切生产资料因作为结合的社会劳动的生产资料使用而日益节省，各国人民日益被卷入世界市场网，从而资本主义制度日益具有国际性质。随着那些掠夺和垄断这一转化过程的全部利益的资本巨头不断减少，贫困、压迫、奴役、退化和剥削的程度不断加深，而日益壮大的、由资本主义生产过程本身的机构所训练、联合和组织起来的工人阶级的反抗也在不断增长。资本的垄断成了与这种垄断一起并在这种垄断之下繁盛起来的生产方式的桎梏。生产资料的集中和劳动的社会化，达到了同它们的资本主义外壳不能相容的地步。这个外壳就要炸毁了。资本主义私有制的丧钟就要响了。剥夺者就要被剥夺了。"[2] 生产资料的集中和劳动的社会化之间的矛盾导致资本主义经济发展中不断爆发经济危机，预示着资本主义外壳必然炸毁的前景。由此，马克思和恩格斯指出，"资产阶级的灭亡和无产阶级的胜利是同样不可避免的"[3]。也就是说，一个取代资本主义的新的社会形态一定会出现。

那么，这种新的社会形态或制度何时出现？马克思有一句名言："无论哪一种社会形态，在它所能容纳的全部生产力发挥出来以前，是决不

---

1 《资本论》，《马克思恩格斯全集》第 23 卷，第 831 页。

2 同上书，第 831—832 页。

3 《共产党宣言》，《马克思恩格斯选集》第 1 卷，第 263 页。

会灭亡的；而新的更高的生产关系，在它的物质存在条件在旧社会的胎胞里成熟以前，是决不会出现的。"[1]

综上所述，马克思主义创始人认为，生产力的发展带来生产关系的变化，从而推动人类社会的进步；资本主义取代封建主义是生产力发展的结果，发挥了推动生产力更快发展的作用；与此同时，资本主义条件下的矛盾也在逐渐积累，到一定程度便成为阻碍生产力发展的桎梏；因此，生产力的发展会摆脱资本主义的外壳，社会主义这个新的制度将破壳而出，既适应这一更高的生产力发展水平，又能更好、更快地进一步发展生产力。在这里，生产力被看作社会发展和变革的决定性因素。

对照苏联的情况不难发现，苏联的社会主义制度并非建立在生产力高度发达的基础上（世界上迄今存在的所有社会主义国家同样如此）。即使横向相比，十月革命前的俄国非但不是当时世界上生产力最发达的国家，而且远远落后于欧美先进工业化国家。它的工业产值不到国民经济总产值的一半，农业人口占全国人口的80%，被形象地形容为一个"只有木犁"的农业国。经济相对落后的国家率先进入社会主义是否具有历史合理性？这个问题曾被屡屡提及，直到今天仍然争论不休。但在十月革命前后，这却不仅仅是一个理论问题，而是摆在革命者面前急需回答的现实问题。当年，肯定和否定的意见各执一词。列宁给出的答案是：

首先，经济比较落后的国家的无产阶级可以用革命手段夺取政权，之后在这个基础上发展生产力。列宁指出："世界历史发展的一般规律，不仅丝毫不排斥个别发展阶段在发展的形式或顺序上表现出特殊性，反而是以此为前提的。……俄国能够表现出而且势必表现出某些特殊性，这些特殊性当然符合世界发展的总的路线。……既然建立社会主义需要有一定的文化水平……我们为什么不能首先用革命手段取得达到这个一定水平的前提，然后在工农政权和苏维埃制度的基础上赶上别国人民

---

1 《〈政治经济学批判〉导言》，《马克思恩格斯选集》第2卷，第33页。

呢? ……我们为什么不能首先在我国为这种文明创造前提……然后开始走向社会主义呢?"[1] 这就是说,无产阶级在经济相对落后的国家夺取政权后,可以为生产力的发展创造条件或前提,尽快赶上和超越生产力高度发达的资本主义国家,从而迈向历史发展的下一个阶段即共产主义。实际上,这是选择了一条与资本主义不同的发展道路。

其次,社会主义可以首先在一国或数国取得胜利。列宁说:"经济政治发展不平衡是资本主义的绝对规律,由此就应得出结论:社会主义可能首先在少数或者甚至在单独一个资本主义国家内获得胜利。"[2]1923 年,列宁在《论我国革命——评尼·苏汉诺夫的札记》[3]中指出,帝国主义发展不平衡的规律,使得一个国家的无产阶级革命有可能突破帝国主义统治的薄弱环节,首先取得胜利。当时的俄国就是这样的一个国家。

再次,在社会主义这个过渡阶段,存在着资本主义复辟的可能性。列宁指出:"从资本主义过渡到共产主义是一整个历史时代。只要这个时代没有结束,剥削者就必然存在复辟希望,并把这种希望变为复辟尝试。"[4]

苏联的实践证明,列宁的这三个判断都是正确的。首先,十月革命的确取得了成功,资产阶级被推翻,无产阶级夺取政权,建立起了社会主义制度,使国家走上了一条快速推进生产力发展的新的发展道路。马克思和恩格斯当年的设想也由此变成了现实。第二次世界大战之后,在很大程度上受苏联的影响,革命的成功使社会主义制度在其他数国也被建立起来。其次,苏联社会主义建设所取得的伟大成就表明,与资本主义发展道路相比,苏联的发展道路的确具有无可比拟的优越性,如果拿付出与所得,或

---

1 《论我国革命》,《列宁选集》第 4 卷,第 775、第 776 和第 777—778 页。

2 《论欧洲联邦口号》,《列宁选集》第 2 卷,第 709 页。该文写于 1915 年,而写于 1916 年的《无产阶级革命的军事纲领》一文对此又做了进一步的阐述。

3 载于 1923 年 5 月 30 日《真理报》。译自《列宁全集》俄文第 5 版第 117 号第 45 卷,第 378—382 页;列宁:《论我国革命》(单行本),人民出版社,1975 年。

4 《无产阶级革命和叛徒考茨基》,《列宁选集》第 3 卷,第 612 页。

成就与代价作为衡量标准，那么，用现在比较时髦的话形容，苏联的发展道路完全可以说是性价比最高的发展模式。以社会主义的方式改造国家、发展生产力，这条道路对整个人类社会的发展产生了巨大影响。

但是，马克思主义关于生产力决定生产关系的理论毕竟反映了社会发展的客观规律，它就像幽灵一样徘徊不去，随时随地地顽强表现自己。马克思说："人们在自己生活的社会生产中发生一定的、必然的、不以他们的意志为转移的关系，即同他们的物质生产力的一定发展阶段相适合的生产关系。这些生产关系的总和构成社会的经济结构，即有法律的和政治的上层建筑竖立其上并有一定的社会意识形式与之相适应的现实基础。……社会的物质生产力发展到一定阶段，便同它们一直在其中运动的现存生产关系或财产关系（这只是生产关系的法律用语）发生矛盾。于是这些关系便由生产力的发展形式变成生产力的桎梏。那时社会革命的时代就到来了。随着经济基础的变更，全部庞大的上层建筑也或慢或快地发生变革。"[1] 苏联的崩溃为此提供了一个最新的佐证。

苏联从成功建立到最终崩溃的经历表明，作为一种不同于资本主义的发展模式，苏联的社会主义发展模式既是可行的，但同时又是可逆的，即始终存在着逆转的可能性。原因就在于，苏联（以及其他社会主义国家）即使在经济取得多年突飞猛进的发展之后，它们的生产力水平与世界上最发达的资本主义国家仍然存在不小的差距，遑论实现全面超越，达到世界生产力最发达的水平了。发达资本主义国家借助于科技创新和其他资源利用途径，以及在社会领域进行一系列改良，至少到目前为止，仍然维持了一定的上升势头，由此或可判断，就生产力发展而言，似乎尚没有走到与资本主义的外壳完全不相容的地步。因此，一方面，社会主义发展道路显示了无可否认的优越性；但另一方面，资本主义生产方式依然在延续，尽管不时爆发周期性危机，但直到目前为止似乎仍能应

---

1 《〈政治经济学批判〉序言》，《马克思恩格斯选集》第 2 卷，第 32、33 页。

付，对现有生产力发展水平而言似乎尚没有完全失灵。就此而言，资本主义尽管沾满了血和肮脏的东西，但作为一条发展道路，迄今仍然是摆在各国面前的一条貌似自然而然或合乎常理的必由之路。

资本主义的崛起源自封建主义的衰落，尤其在工业革命之后，生产力的发展突破了封建生产关系的束缚，资本主义生产关系应运而生，它不断巩固和完善以资本增值为目标、以商品生产与交换为手段、以资本剥削劳动为基本特征的市场经济。与此同时，多党竞争的选举制度的建立，保证了不管哪个政党上台，资产阶级都牢牢掌握国家政权，从而维持了资产阶级和无产阶级两大对立阶级的基本社会结构。很难想象，进入了资本主义发展阶段后，人类社会还会退回到蒸汽机和珍妮纺织机之前的手工业生产状态，重返地主或领主占有土地并以剥削农民或农奴为基本特征的封建社会，更不要说退回到刀耕火种年代了。在资本主义阶段，生产力的发展已经不允许退回以土地为基础，农业与手工业结合，以家庭为生产单位，以满足自身需要为主的经济结构，而资本—劳工关系也完全不再可能让位于领主—农奴这种人身依附关系。在政治上，虽然资产阶级革命期间不乏重建君主制的尝试，试图恢复以"天赋神权"为名由皇族世袭治国，但生产力的发展毕竟已经突破了封建主义的外壳，残存的封建势力大势已去，根本无力动摇代表新生产力的资产阶级统治。资产阶级政权内部尽管争斗不断，但在维护资本主义制度上各党各派却永远高度一致，不要说最高当政者中从未有人意欲逆转资本主义，即使假定有人试图这样做，从资本主义倒退回封建社会也根本不可能实现。历史上也从来没有过这样的先例。

但是，苏联的崩溃表明，从社会主义倒退到资本主义不但可以想象，而且具有很大的现实可能性。苏联崩溃后，生产资料公有制变为私有制，劳动者重新变为无产者和雇佣劳动力，市场经济取代计划经济，商品生产和交换重新成为经济活动的基本内容，而且追逐利润也再次名正言顺地成为主导一切经济活动的目标和动力。这种倒退不但是可能的，而且已经发生了。

20世纪的社会主义并不是生产力发展突破现有生产关系的产物，而是共产党带领劳动人民主动选择的一条既符合自身利益，又能更好、更快地发展生产力的道路。然而，苏联崩溃和其他社会主义国家实行制度转型的事实表明，与资本主义相比，尽管社会主义是一条更合理，更公平，也更有效的发展道路，但这条道路却是可以逆转的。从根本上说，这是由生产力发展水平所决定。为什么资本主义不存在封建社会复辟的可能性，而社会主义却"存在着社会主义同资本主义两条道路的斗争，存在着资本主义复辟的危险性"，道理就在这里。戈尔巴乔夫及领导集团以改革为名推翻社会主义制度的图谋之所以能够得逞，从根本上说，正是由于客观上存在着制度逆转的可能性和危险性。如若不然，即使他们想这样办，纵然使尽浑身解数恐怕也根本办不到。另一方面，假设苏联的生产力已达到世界最先进水平，实现了财富的充分涌流，民众享有世上最富足的物质和精神生活，苏联道路的逆转也就更无从谈起了。

在生产力尚未达到突破生产关系的外壳之前，虽然走社会主义道路是一个更好的选择，苏联发展的事实也证明如此，但要坚持这条道路却并不容易，需要时刻应对巨大压力和挑战，尤其是要防止执政党内部的思想嬗变。在国际上，社会主义国家始终处于资本主义世界体系之中，当年的苏联犹如资本主义汪洋大海中的孤岛，即使后来又出现了一系列社会主义国家，但作为少数异类，它们无时无刻不受到资本主义世界体系的制约和挤压，而能不能顶住这种强大的外部压力，也时刻考验着这些国家的民众，尤其是党和国家领导核心坚持走社会主义道路的决心和意志。在所有社会主义国家，社会主义同资本主义两条道路的斗争从未停歇。苏联在早期异常艰难的条件下顶住了这个压力，但几十年后，在生产力得到很大发展时却败下阵来。据说后来的俄罗斯总统普京把苏联崩溃称为"20世纪最大的地缘政治灾难"。这场悲剧或许并非完全不能避免。社会主义存在着资本主义复辟的危险性，社会主义道路存在着逆转的可能性，但这并不意味着复辟或逆转是必然的。事在人为。是维护并不断完善社会主义发展模式，还是破坏并最终摧毁之，关键在于人，尤其在于位于执政地位的党政领导人。

综上所述，苏联在建立之初并不具备生产力高度发达的特征，并从未超过甚至达到资本主义发达国家那样的生产力发展水平。因此，与其说社会主义制度的建立是由于其生产社会化已经到了非此不可的程度，倒不如说，苏联主动选择了一条不同于资本主义的发展道路。与资本主义相比，这条道路能够在消灭雇佣劳动、消灭资本剥削、消除不平等、避免两极分化的条件下，更好、更快地推动生产力的发展。这对于经济发展水平相对落后的其他国家来说同样如此。与此同时，在生产力发展的现阶段，社会主义道路尽管是一个更好的选择，却并非唯一的选择，更不是必然的选择。私有制基础上的资本主义市场经济尽管罪恶丛生，却仍然是一个现实存在，其中发达国家的生产力仍处于较高水平，不难被当作具有吸引力的另一种选择或另一条道路。[1]这也就是为什么资本主义绝不会重返封建制度，而社会主义阶段却始终存在"资本主义复辟的危险性"的根本原因所在。苏联崩溃就是资本主义复辟由可能性变为现实的第一个（但绝不是最后一个）历史案例。

---

1 根据沃勒斯坦的世界体系论，在现有的资本主义世界体系中，发达和不发达互为条件，少数国家的发达以多数国家的不发达为条件。因此，以为经济落后的国家只要走资本主义道路就会变成西方那样的发达国家只不过是一种幻觉。

第十章 党国体制的内在矛盾

无论在发展生产力方面，还是在推动社会进步，最大限度保障和维护劳动者利益方面，苏联时期取得的成就都可谓空前巨大，体现了社会主义制度的优越性。与此同时，苏联无疑始终面临种种困难和问题，民众中也一直存在着要求在各方面进一步改进、改善和提高的呼声。然而，这些问题和不满从来没有达到威胁现存制度的程度，也远没有形成足以抗衡国家制度的反体制力量。直到戈尔巴乔夫推出所谓改革之前，没有哪一个社会群体与苏联制度之间存在你死我活、水火不相容的紧张关系，即使那些最激进的满怀不满的人，例如持不同政见者，他们在对苏联制度的认识以及如何改善国内状况等问题上也是意见纷纭，远非所有的人都主张推翻苏联，重返资本主义道路。[1] 可以说，以戈尔巴乔夫为代表的

---

1 例如，据报道，苏联崩溃后，当年著名的持不同政见者、诺贝尔文学奖得主索尔仁尼琴内心开始忏悔，对曾经强大的祖国充满无尽的惋惜，甚至说"是我害了俄罗斯祖国"。高国翠，2006；《忏悔的诺贝尔文学奖得主：索尔仁尼琴》，《环球视野》，源自新华网，2016-11-11，http://www.globalview.cn/html/global/info_14552.html。俄罗斯学者 Alexander Tsipko 在一篇长文中提到，苏联崩溃后，他在一次宴会上见到了索尔仁尼琴。两人谈话期间，后者脱口而出，说："上帝明鉴！假如知道苏联崩溃导致这样的结果，而取代共产党的是这样一批人，我当初连一行字也不会写。"（原文："Видит Бог! Если бы я знал, к чему приведет крах СССР, кто придет на смену коммунистам, то я бы не написал ни одной строчки»."）Александр Ципко："Идейные истоки и исторический смысл перестройки Горбачева",Готовящаяся к изданию монография А.С. Ципко находит первых читателей на «Гефтере»: фрагменты новой книги，http://gefter.ru/archive/9952.

党政领导高层以改革为名颠覆苏联制度的行径既不代表各阶层民众的利益，也不反映全国的民心民意。然而，他们却能够在短短几年时间内轻易得手，把千百万人艰苦奋斗、流血牺牲换来的成果毁于一旦，让一个存在了 70 多年，各方面成就不凡的社会彻底颠覆，不能不说，他们这种足以翻天覆地的能力十分惊人。这在资本主义国家是无法想象的。在资本主义国家，没有任何当权者有这样的打算，也没有出现过经他们之手颠覆现存制度的先例，无论是退回到封建社会，还是转向社会主义。但在苏联，这种事却发生了。个中原因，除了前面提到的，包括苏联上层这样做的动因以及取得成功的各种主客观条件，还在于苏联制度本身存在缺陷，尤其在政治制度上。这种缺陷就像计算机里存在的重大安全漏洞，可以使攻击者能够通过"正常"操作，破坏乃至瘫痪一个貌似完整和安全的系统。

苏联的政治制度常被称为"党国体制"[1]。苏联的根本政治制度是十月革命后建立的苏维埃制度，从 1918 年的苏俄宪法到修改后的 1924 年、1936 年、1977 年宪法，都坚持了全部政权归苏维埃这个基本原则。与此同时，宪法还规定苏联共产党是苏联社会的领导力量和指导力量，是苏联社会政治制度以及国家和社会组织的核心。共产党被赋予唯一合法的执政党地位，在长期实践中共产党也的确发挥着领导全国各项事业发展的核心作用，就此而言，称苏联为党国体制并非没有道理。[2]

国家的政治体制由社会性质决定。资本主义政治制度建立在生产资料私有制基础上，是维护资本—劳动关系、保护剥削阶级利益的政治制度。在形式上，现在的资本主义国家大多实行多党制，通过选举政党或政党候选人产生国家元首，通过立法、行政和司法三权分立进行权力制衡，以便

---

1 科兹、威尔，2002；王绍光，2014/B；乔海玉、赵宇，2013；王行坤，2015；黄纪苏，2017；等。

2 在这里只是作为一种客观描述，不含褒贬之意。

在制度层面上应对可能出现的挑战。例如通过弹劾制约国家领导人可能出现的某些越轨行为，使国家的政治经济体制沿着既定轨道运转，确保国家的资本主义性质不变。迄今为止，发达资本主义国家基本都实现了普选制，公民享有投票权带来的形式上的民主，即在资产阶级代理人中选择领导人。这些国家几乎从来没有出现过从内部颠覆制度的情况。这或许可以说明，现行的政治制度大致适应其发展需要，在维护生产资料私有制和国家的资本主义性质上颇为有效，至少到目前为止是这样。

苏联的社会主义政治制度建立在生产资料公有制基础上，由共产党代表工人阶级和劳动人民掌握政权，对反对社会主义的敌对势力实行无产阶级专政。它与历史上其他类型的政治制度有着本质的不同。在苏联，共产党员拥有党内选举权，公民拥有国内选举权，但个人投票类选举往往流于形式。其原因在于，苏联政治制度实行民主集中制原则，共产党被认为天然代表工人阶级的利益，只要共产党掌权，只要它的理论基础仍然是马克思列宁主义，党的决策就会被认为代表了广大人民的意愿，代表了国家的整体利益。与西方式民主相比，这被认为是一种新型民主。但是，苏联却出现了从内部颠覆制度的情况。以苏联崩溃为标志的历史性大逆转表明，苏联的政治制度未能有效完成其使命，在维护生产资料公有制和国家的社会主义性质上相当无效甚至完全失败。

那么，是什么导致了苏联政治制度的失效甚至失败？或者说，苏联崩溃的体制根源或制度漏洞究竟在哪里？

这至少可以从两个方面寻找，一是国家权力的结构，二是国家权力的范围，两者相互关联又有所不同，既突显了党国体制的基本特色，也反映了这个体制的内在矛盾。

一、国家权力的结构

由于共产党是唯一合法的执政党，拥有作为整个社会的"领导力量和指导力量"的宪法地位，苏联政治体制的确具有党国合一的特点。在这种情况下，共产党最高领导人及领导集团实际上集党和国家的权力于一身，对国家实行自上而下的单一领导。德热拉斯对苏联体制的指责显然不乏偏见，但其中也含有部分事实。例如，他说："尽管共产主义的权力机构导致世界上最巧妙的暴虐统治和最残酷的剥削，但它或许可以说是最简单的权力机构。它之所以简单，是由于整个政治、经济及意识形态活动都以共产党一个党做骨干。整个国家的公共生活是停滞或前进，是倒退或转向，完全由党的会议决定。"（德热拉斯，1963：63）另有研究指出，"在苏联，政治权力由两个平行的机构来操纵，一个是国家机关，另一个是共产党机关。在名义上，党有一个民主的体制"，"然而在实际上，权力是自上而下，而非自下而上的。总书记是该制度的全权人物，他主持的政治局则是解决重大问题的决策机构"。（科兹、威尔，2002：27）

有研究指出："苏联（共产主义）的政权领域是按照多个系统在几十年的时间里形成的。其中主要的有国家的系统、公务系统和党的系统。各级行政区域的各级苏维埃构成了第一个系统。苏维埃是由按一定期限，以直接、普遍、平等和秘密的方式选举产生的各中央机关以及从属于它们的、非选举产生的、对其管辖的地区的各个领域进行日常管理的各机关网组成。这是苏维埃的工作机关。对除国家的和党的系统以外的各种不同的方面进行管理——从事务性的细胞开始一直到国家的各部和部长会议等各级机关构成了第二个系统。这两个系统从属于第三个系统——党的系统。"（季诺维也夫，2004：312）实际上，无论国家和共产党两个系统，还是国家、公务和共产党三个系统，都不能改变一个基本事实，即共产党在其中发挥领导作用。在这种政治结构中，党和国家高度一体化，党领导着国家，决定着国家的基本性质甚至命运，正如苏联演变的事实所表明的那样。

如何看待苏联的"党国体制"，用西方的所谓民主体制作为标准进行判断和衡量显然并不合理。正如其他类型的政治体制一样，苏联的党国体制模式既与特定的政治理念有关，更是社会实践的产物。它在苏联的特定条件下，在革命和建设中形成，在相当长时期内有效地服务于苏联的生产活动、阶级斗争和科学实验这三大社会实践。这种体制为后起的社会主义国家普遍接受，成为政权建构的标准模式。[1] 作为身处资本主义汪洋大海之中的第一个社会主义国家，面临国内外严峻挑战以及快速实现工业化的紧迫任务，苏联的这种政治体制显示了巨大的优越性，难怪当年苏联国内持不同政见者在苏联崩溃后，对苏联政治体制做出了这样的评价："从纯形式方面来看，苏联的权力体制是人类历史上最完美的（按我的标准）的权力体制。……所有的历史性的胜利和成就首先都应当归功于苏联的权力体制。令人吃惊的不是它的崩溃，而是它维持了这么长的时间。"（季诺维也夫，2004：313）

但是，优势和劣势往往是一体两面。随着社会的发展，苏联政治体制在彰显其巨大动员力和领导力的同时，其内在矛盾也越来越明显，以至于越来越反客为主，不但未能有效维护苏联的社会制度——这本应是其基本职责所在，而且不断带来伤害，最终葬送了苏联的社会主义。苏

---

[1]　例如，在分析 20 世纪党国体制在中国的历史作用时，有研究指出："党国体制或许可称为一种'革命式的现代化'的政治体制。它的确提供近代国家组织形态，讲求高度动员和效率，也促使国家走上工业化、军事化，正与高涨的民族主义合拍。"（吕芳上：《政治转型的挑战——近代中国"党国"体制的发展与省思》，日本名古屋中国现代史研究会年会；另见吕芳上，2013，上册，第四章"政治转型的挑战——近代中国'党国'体制的发展与省思"）还有学者指出，从中国的经验来看，党国体制为中国解决了治理能力问题，因为在当时，"要治理这个大国，就得有一个权力高度集中的政府。……共产党后来建立的体制，就是一个党国体制。这个体制你认可也罢，不认可也罢，它确实解决了中国的第一个问题，就是治国能力。到 1956 年几乎没有人再怀疑，中国共产党建立的这套体制，可以治理这片国土。所以，它是历史的产物。……是为了解决能不能治国的问题，才建立了这样一个党政合一、高度统一的体制"。（王绍光，2014/B）

联党国体制的一个致命缺陷就是：在这种政治体制下，虽然字面上宣称一切权力归苏维埃，实际上却是一切权力归共产党，或者说，归党政最高领导人及领导集团。在这种情况下，当共产党的核心领导集团滥用权力的时候，没有任何力量能够与之抗衡，更没有任何力量有能力加以制止。一句话，苏联党国体制的根本问题在于，对最高权力缺乏切实有效的监督和制约。

从苏联政治体制的结构不难看出，作为唯一的执政党，共产党集政党和国家权力于一身，不仅苏维埃的部长会议即苏联政府相对于苏共缺乏相对独立性，而且作为立法机构的最高苏维埃，同样听命于苏共最高领导机构，因此常被称为政治局的"橡皮图章"。在这种情况下，如何运用国家权力完全取决于党的最高领导层。他们既不受政权内部独立的常设监督机构，例如议会或最高法院的限制，也不受定期大选的限制，这就给了共产党，尤其是最高领导人及领导集团滥用权力的机会和可能性。

在这一体制下，国家发展的方向在很大程度上取决于党政最高领导人的个人意志。70多年间，苏联经历了几次最高领导人变更，而"苏联最高领导人的变更对苏联的影响是巨大的，有时是翻天覆地的。列宁去世留下的不确定性，斯大林去世留下的政治真空，赫鲁晓夫去职的戏剧性，勃列日涅夫去世的平静，安德罗波夫去世留下的惋惜，契尔年科去世留下的希望，戈尔巴乔夫去职留下的巨大黑洞和无奈，所有这些都给苏联社会造成了一定的影响"。（邢广程，2009：333—334）当然，并非每次最高领导人的变更都代表了代际更替，"到目前为止，苏共总共发生过三次大规模的代际更替，第一次发生在20世纪50年代，赫鲁晓夫成为党的最高领袖标志着苏联第一代革命家权力已转到第二代手中；第二次发生在20世纪60年代，勃列日涅夫上台标志着第三代已掌握了权力；第三次发生在20世纪80年代中期，戈尔巴乔夫出任党的总书记标志着'老人政治'的结束，第四代成为苏联政治舞台的主角"。根据这种划分，几代最高领导人为：第一代列宁、斯大林；第二代赫鲁晓夫；第三代勃列日涅夫、安德罗波夫、契尔年科；第四代戈尔巴乔夫。他们都与上一代有交叉，都曾是上一届最高领导人手下的领导班子中的一员。（邢广程，2009：338）

苏联最高领导人实际上终身任职，他们之间的更替大多按照相关的正式程序进行，其中赫鲁晓夫是唯一一个没有按照惯例任职终身的最高领导人。当初，苏联的这个政治制度，包括最高领导人的更替程序，可能依据一个潜在的前提，那就是共产党人，尤其是最高领导人绝不会背叛共产主义信仰，绝不会改换马克思主义理论基础，也绝不会抛弃社会主义事业。长期以来，苏共最高领导人的历次更替似乎也表明，这个假设至少在戈尔巴乔夫上台之前站得住脚。尽管由于缺乏有效的监督和制约，党政最高领导人的某些所作所为给国家和人民带来了严重伤害，例如斯大林时期的"肃反"扩大化，但直到戈尔巴乔夫上台之前，苏联的党国体制一直在维护原有的社会主义制度，守卫着以生产资料公有制为基本特征的国家性质，即使以反斯大林著称并被指为推行修正主义的赫鲁晓夫，似乎也从没有推翻苏联，实现制度转型的计划甚至意图。但后来的事实表明，认为共产党最高领导人绝不会背叛社会主义的假设并非永远成立。在一个高度集权化的党国体制下，一旦共产党最高领导人及领导集团决意改变制度，他们就能够运用手中掌握的绝对权力，借助有利的国内外条件，推动并实现历史的大逆转。一方面是权力的高度集中，另一方面缺乏有效的监督和制衡，在党政领导人图谋不轨，国家面临巨大风险的时候，党内的反对力量要应对这种局面，往往只能诉诸非常规手段，而这样做的结果难以确定。例如，被认为行为出格的赫鲁晓夫被迫让位，而试图罢免戈尔巴乔夫，挽救苏联的"8·19事件"则以彻底失败而告终。在党国体制下，相对于一言九鼎的最高领导层，看似强大的全国党政系统很容易陷入完全被动之中，只能眼看国家命运任由区区少数人摆布。

有研究指出，在苏联最高领导人更替中，决定谁能成为继任者的基本因素包括：政治主张的正确程度；党组织力量的向背；各种政治势力的对比状况；政治领袖的斗争艺术和斗争方法；全党的心态；军界和国家保安系统的态度。"总之，苏共党内斗争的成败是多种因素'合力'作用的结果。每一次党内斗争的胜负都是取决于当时具体环境的内外因。上述六种基本制约因素对苏共党内斗争起着重要的作用和影响，但并不是每次党内斗争这六种因素都同时发挥作用。例如，列宁之所以取胜主要依靠政治主张的正确和个人精湛的斗争艺术；而斯大林主要是依靠党组织力量、控制权力的手段和国家保安系统的暴力取胜的。"（邢广程，2009：388，394—395）但是，如果说无论是所有因素合力还是其中某些因素发挥作用，都未能避免戈尔巴乔夫这样的人物上台，那么在缺乏对执政的共产党组织，尤其是最高领导人及领导集团有效制约的情况下，显然难以完全避免悲剧的发生，即使之前多次领导人更替没有出现意外，但只要出现一次失误，就足以使整个社会制度面临被颠覆的命运。

总之，权力结构高度集中和相对单一，党政内部和外部缺乏独立、有效的监督和制约机制，尤其对最高领导人及领导集团缺乏监督和制衡，可以说是苏联模式的国家权力结构中存在的一个重大安全漏洞。

二、国家权力的范围

就国家权力的范围或权限而言，苏联执政者集决策权、物权和人事权于一身，通过这种三位一体的权力模式领导和管理国家，其治理和管控能力远远超过资本主义国家的政府。

苏联共产党领导核心的主要职责之一是决策，即制定国家发展的路线、方针和政策，并通过立法把党的意志上升为国家意志，以此统筹全局。中央做出的决策再由各级党政部门按照统一部署具体实施，以实现预定的各项目标。当然，现代各国政权都有制定政策的权力和职责，但在苏联体制下，领导核心的决策权无论就涉及的范围和力度而言，还是就影响和作用而言，都远超资本主义国家的政府机构。

这首先与生产资料的所有制形式有关。苏联实行生产资料公有制。尽管生产资料名义上为全民所有，但在现实中，国家代表人民行使所有权，全民所有实为国家所有，因为实际控制、使用和处置生产资料的权力即所谓物权完全掌握在国家政权手中。国家通过中央计划即著名的五年计划，以领导核心制定的大政方针为依据，规划和安排经济领域各行各业的生产和经营，完成国家经济发展的目标和任务。这种物权同时还包括决定生活资料的分配，这通常由基层生产或行政单位根据国家政策负责安排。

苏联党国体制体现为两个基本要素的结合，即政治的高度集权和经济的中央计划，这使领导核心具有掌握和动员国土范围之内一切资源的能力，其决策不但决定了国家的发展和走向，而且限制和规范了社会结构和人们的生活方式。苏维埃政权建立后，苏联无论是在经济、军事、科技和文化等诸多领域取得的巨大成就，包括第二次世界大战期间战胜德国法西斯，还是在某些时期遭遇的严重挫折甚至灾难，例如20世纪二三十年代强制推行激进农业集体化运动造成的人力、物力损失，可以说，都是党政领导核心决策和一手推行的后果。如果不是建立了生产资料公有制，使国家拥有了对生产资料的绝对控制权，领导核心的决策根本不可能对国家和社会的发展发挥如此广泛而又深远的决定性作用。

生产资料公有制为人民群众提供了当家做主的必要条件，正如有人指出："只有在这种体制下，工人才有可能批评干部，下级才有可能批评上级，人民群众才有可能对政治、经济、文化、教育等领域的所有方面保有发言权、参与权，乃至决策权。"（阳和平，2018）在理论上，生产资料公有制是生产资料由联合劳动者共同所有、占有、支配和使用的所有制形式。在实践中，这种所有制基本上消灭了生产资料的私人占有，因此也消灭了资本和雇佣劳动，消灭了资本家阶级和无产阶级两个阶级的对立。但与此同时，在苏联体制下，人民群众作为生产资料共同所有者的各项权利实际上转交给了最高当政者，由他们代表并代理人民群众支配和使用生产资料。人民名义上拥有的物权变成了被国家政权独揽。

在这种情况下，如果国家政权尤其是党政领导核心确实代表人民利益，理应能够代理人民群众管好用好生产资料，发展经济，造福人民，服务于整个社会，使全体人民作为生产资料所有者享有生产发展带来的成果。长期以来苏联的情况也确实如此。

然而，全国各行各业在一根指挥棒下运作，一切行动依靠一个中心发号施令，这种体制的潜在风险也是显而易见的。苏联政权对权力独家垄断的合理性建立在这样一个前提之下，即作为无产阶级的先锋队，共产党领导的革命之所以取得成功并建立了新的政权，就在于它提出的建设社会主义国家，最终实现共产主义的大目标得到了人民群众的认可和拥护，这使它能够自称代表人民的利益，能够从人民的利益出发掌权和用权，从而服务于人民和国家的整体和长远利益。但是，这个前提并非永远可靠。它是否可靠取决于共产党本身，尤其是党政领导核心的立场。一旦党政领导核心决意背弃社会主义，独揽大权就使他们有能力反仆为主，翻云覆雨，依靠对大政方针的决策权和对生产资料的支配和处置权，改变国家的制度及其发展方向，正如苏联崩溃所表明的那样。

在苏联，国家权力的范围之广、触角之深可以说超过俄罗斯历史上任何时期。有研究指出："根据与生产资料支配、管理权的关系，苏联社会区分为两大社会集团：掌握国家全部生产资料管理权的管理集团与运用生产资料进行劳动的劳动集团。"这使得苏联体制具有社会结构单一性与两极性的特点。[1]（黄立茀，2006）这个分析不无道理。但是，作为"管

1　作者在书中谈道："社会结构两极化包括四个层面，第一，在生产资料属于全体人民的前提下，官僚集团支配、管理国家全部生产资料，劳动集团运用生产资料进行劳动，两个社会集团与生产资料的关系处于平等的两极。第二，官僚集团是市场的指挥者、管理者，劳动集团是被指挥者、被管理者，在生产关系中的地位处于两极。第三，获得经济收入的方式和数量多寡差别巨大。第四，两个社会集团在未来的社会资源再分配中的机会相差悬殊。"（黄立茀，2006：15）

理集团"的党政领导尤其是领导核心的权力绝不仅限于管理，他们实际上还掌握着生产资料的支配权，这无异于把代表人民管理变成了代替人民做主。在政治权力高度集中的情况下，执政集团既能随意修改甚至完全抛弃作为国家根本大法的宪法，也能改变生产资料所有制，通过一纸私有化法令化公为私，一举剥夺亿万人民的生产资料所有权，轻松摧毁决定国家性质的经济基础。只有到这时，作为所有者的人民群众方才发现，由于缺乏制约手段及发言渠道，他们很难确保自身当家做主的地位。完全依赖党政领导核心为之服务、代为管理是靠不住的，因为一旦党政领导核心变质，决意改变社会主义制度，他们便会立即坠入权力和权利尽失的境地。

缺乏监督的权力很容易或甚至必然导致权力的滥用，这似乎适用于所有类型的国家。不过，由于苏联模式下国家权力高度集中，权限范围更广，在缺乏监督和制衡的情况下，一旦权力遭到滥用，其影响和后果也就更为严重，以致足以颠覆整个国家的社会制度。

苏联国家权力的范围或权限还包括人事权，即对全国各地、各级和各个领域的干部／官员的任免大权。有研究甚至认为，苏共的权力最根本的来自它对政府、非政府组织机构和官员的控制。党控制着重要职位任免权，这被称为"任命制"。最高党组织（政治局和中央委员会）决定谁在政府、军队、安全部门、大众媒体、贸易联合会、专家组织等组织机构中占据某个高层职位。下级党组织任命各自管辖范围内的政府和非政府组织的下层职位。（科兹、威尔，2002：27）正是因为牢牢掌握从上到下的人事大权，政府才能号令三军，在全国范围内把中央决策变成行动。

政府任命官员是现代国家普遍通行的做法，被认为是政府的正常职能之一，尽管涉及的范围和级别在不同国家存在较大差异。苏联党国体制的独特之处在于，党内干部自不必说，即使任命党外干部或政府官员，共产党员的身份也是一条重要的考量标准。据此，有人评论说，党的机关尽管不是一个国家部门，"但它作为最高政权——作为一种超级政权行事。它能够扮演这样一种角色，是因为国家的（及事务性的）机关的工作人员通常都是党员，他们也要听命于党的机关。各级国家机关和事务性机关的最高领导人物都进入了党的权力机构。要在党的机关的监督下任命政权体系中的各种重要职位。党的机关在各种事务性团体中拥有几百万要按它的意志行事的成员，并以这种方式对所有的民众进行监控。最后，党机关直接支配了权力的动力杠杆和包括媒体在内的意识形态机构"。（季诺维也夫，2004：313）另外，政府机构中的某些职务只允许党员担任，包括警察，特别是秘密警察人员，外交官员和军官，特别是负责情报并从事政治活动的人员等，还有司法机构的最高位置。这种把若干专门的和非专门的职位保留给党员的任命制，把国家和军队牢牢置于党的领导之下，这被有些人看作共产党用以控制社会机构的基本方式。（德热拉斯，1963：64—65）

实际上，在共产党作为唯一执政党的政治体制下，由共产党掌握人事大权并没有什么奇怪之处。因为，"党的机构是国家机构体系的一部分，而且是特殊的一部分。首先，它是整个权力体系的轴心、骨架。其次，它也是这样的一部分权力：它管理所有其他权力——也就是说，它是相对于权力本身的权力，是二级权力。对社会的整个权力和管理体系都处于党的机构的监督之下，实际上是党的机构的延伸和分支；反过来，权力和管理体系又在党的机构中以某种方式发生交叉，并影响着党的机构"。（季诺维也夫，2004：22）总之，作为唯一执政党的苏联共产党，一方面通过党员直接掌握国家权力并在政府机构内建立党的组织，另一方面通过党对政府主要干部所具有的组织人事权，再加上以民主集中制为基础、自上而下、高度集权的决策机制，在全国形成一盘棋，保证不偏离共产党设定的发展轨道。

共产党掌握党内外的人事任免大权，在国家发展大方向不变的情况下，能够最大限度地动员全国力量，上下一心形成合力，实现国家制定的发展目标。但当决策者的思想和立场发生变化，这种一党独揽任命权的负面作用就突显出来。例如，当戈尔巴乔夫借改革之名决意改变苏联制度的时候，作为被上级党政机构任命的各级、各地和各领域的党政官员面临艰难选择：应该忠于所谓职守，按照民主集中制原则执行上级指示，与党政高层领导一道改变苏联制度，还是忠于共产党人的信仰，与背叛社会主义的行为做坚决斗争，甘冒与党政领导集团决裂的风险？选择后者无疑十分困难，尽管对真正的共产党人而言这是唯一正确的选择；但选择前者，则符合通常的所谓职业道德和个人操守，因为服从上级、忠于赋予自己官位的机构似乎无可厚非。事实上，在戈尔巴乔夫改革过程中，绝大多数党员和官员做出的正是前一种选择。

在自上而下的全面任命制下，从个人利益出发，各级官员选择服从上级无疑具有更大吸引力。因为只有这样，他们才能保住自己的职位，继续享有随职位而来的待遇和特权。如果说，在苏维埃政权建立之初，优先为干部提供某些物质保障完全出于维护新政权有效运转的需要，那么随着国家政权的巩固和各项事业的发展，随着人民生活水平的逐渐提高，包括干部在内，人们的生存之忧逐渐解除，以工作之需获得特殊物质待遇的做法似乎失去了存在的理由。但是，由于种种原因，党政官员的特权及其待遇非但没有逐步削减，使之越来越向普通民众靠拢，反而进一步固化和加强，越来越拉大了领导干部与普通民众的距离。这种体制导致官员干部中形成能上不能下的氛围和心态，如何保护自己的官职难免成了工作中的主要考量，而只有追随领导、服从上级才能确保自己的既得利益。

自上而下、全国一盘棋的干部委任制还带来另一个必然结果，那就是大大削弱了普通民众参与国家政治事务的自主性和主动性。有学者指出："这种逐层委任的干部制度，使得少数人代替了广大党员群众行使自己的宪法权力，人民的监督权和罢免权就此化为乌有。于是，干部队伍的质量全靠几个上层人物的伯乐相才，一旦上层缺乏这种才能，或选才时精力不够集中，看走了眼，蜕化变质、官僚主义、庸碌无为的人就会层出不穷，而要清除他们却由于上层的保护伞的庇护而障碍重重。更为严重的是，干部的升迁只在于上级的旨意，不在于下层民意，于是，对上阿谀逢迎、唯唯诺诺，对下盛气凌人、颐指气使之辈，为乌纱帽所左右而置群众疾苦于不顾之徒充斥干部队伍。……与干部委派制相应并存的，是干部职务的终身制。这是集权领导体制的孪生物。干部职务的终身制上行下效，普遍存在，成为不成文之法。这使一些政治庸人得以长期安居高位，而大批深得民心、年富力强、才华出众、品德优秀的治国安民之才却长期被湮没在这些政治庸人之下。这也使个人集权得以从组织上获得强化和巩固，而国家各级干部的素质却日渐下降，一代不如一代。"（刘新宜，2010：121）

由此不难理解，在国家制度面临被颠覆的危险的时候，苏联的几千万党员和党政军干部无所作为，少数变质分子积极追随，推波助澜，多数人消极服从，随波逐流，而奋起抵抗者寥寥无几，民众中也没有出现大规模或有组织的抵抗，整个社会随着最高领导层的指挥棒一步步走进资本主义复辟的泥坑，也就不奇怪了。这是共产党全面掌控人事权在党的最高领导人决意改制这一非常时期的一个突出表现。这个结果或许出人意料，却并非没有缘由。

总之，权力高度集中，权限范围空前广泛，是苏联党国体制的突出特征。在这个体制下，下级服从上级，全党服从中央，党政虽有分工也有合作，但最终一切取决于党的领导核心。从苏联发展的历史来看，这种体制既有优势也有劣势。在领导核心坚信马克思主义、坚持走社会主义道路的情况下，这一体制的优势能够得到充分发挥，一切从国家和人民的整体利益出发，全国一盘棋，调动各种因素，在消灭剥削的基础上推进经济发展，造福全体人民，苏联70多年来取得的巨大成绩证明了这一点。然而，一旦作为核心力量的共产党尤其是最高领导人思想变质，党国体制的劣势就充分暴露出来，即党政领导核心能够依靠手中的权力不但独断专行，而且号令三军，从根本上改变国家和人民的命运。在这种时候，没有其他任何社会力量能够与之相抗衡，更不要说加以制止了。

在苏联这样的社会主义国家，一切权力归共产党尤其是其领导核心的政治结构，既是革命的历史产物，同时也建立在人民信任的基础之上。人民信任新政权建立后的共产党及其领导人，相信他们会像领导了推翻旧制度、建立新制度的大革命时期一样，兑现自己的承诺，继续坚守马克思主义理论和立场，立党为公，不畏艰难，带领人民建设社会主义国家，最终实现共产主义。但苏联崩溃的严酷事实表明，如果没有制度保障，单凭信任并不可靠。信任并不能使国家规避党变质、国变色的风险，即使人民有理由信任执政当局及最高领导人，也仍然需要不断验证，随时监督。对国家的大政方针如此，对做出这些关系国家和人民命运决策的执政党、国家政权及党政最高领导人更需要如此。

要验证和监督必须依靠制度保障，例如设立独立的常设机构，解决由谁以及如何验证和监督的问题，保证其行为切实有效。例如，主要对象应为党和国家最高权力机构、最高领导人及领导集团，主要职责应在于维护国家宪法，捍卫生产资料公有制，维护国家的社会主义性质。为实现这一目标，这样的常设机构必须在一定程度上独立于党政领导集团，例如采取人民直接推举和任免的方式决定该机构的人员组成。只有这样的机构才有权代表人民对政权行为进行监督。作为党、政之外的第三方，这个监督机构应该有权否决任何违背宪法、有损国家基本制度的方针政策，并有权通过例如弹劾或其他方式在必要时撤换党政最高领导人。

相对独立的监督机构的主要目标虽然主要是国家权力，尤其是党政最高领导人及领导集团，但这样的监督机构并非作为反对党发挥作用，因为它拥有与执政的共产党和社会主义国家政权同样的信仰、宗旨和目标。苏联崩溃表明，缺乏这样一个独立的监督和制衡机制，犹如计算机中缺失了必不可少的防火墙，在体系正常运转的情况下尚可安然无事，但一旦遭遇病毒入侵，便足以导致整个系统陷入瘫痪。戈尔巴乔夫的所谓改革就像在苏联体制内试图兴风作浪的内生病毒，由于缺乏有效的防范机制，导致整个社会主义体制像一台受到病毒攻击的计算机一样瞬间瘫痪，最终崩溃。

　　要保证人民群众真正当家做主的权力，保证社会主义制度的长治久安，就必须正视苏联党国体制中存在的矛盾和弊端。当然，如何制衡党政最高领导人及领导集团，如何建立有效、可行的验证和监督机制，以保证社会主义制度不会从内部被推翻，这是一个远没有完成的课题，在社会主义的实践中也还找不到成功的案例。但是，建立一个健全、有效的监督和制衡机制的重要性和必要性已不需要讨论，因为苏联崩溃已经以历史大倒退的惨重代价给出了证明。

第十一章　进一步思考的问题

　　苏联崩溃宣告了苏联社会主义制度的终结。作为人类历史上第一个，也是相当成功的一种崭新的社会制度，苏联的生命周期竟然只有短短70来年，这在世界历史上可以说极其罕见。导致这一结果的既不是外部的敌对势力，也不是国内的在野反对派，而是该制度的最高领导人及领导集团本身，这在世界历史上更是绝无仅有。

　　前面的讨论指出，苏联崩溃完全是党政最高领导人及领导集团一手造成的。这一事实清楚表明，这个特权阶层既是社会主义制度的产物，又与这个制度完全对立和不相容，两者之间存在着你死我活的关系。在苏联，这场斗争以社会主义制度失败而告终。苏联崩溃之前，极少有人认识到这个问题的严重性。[1] 然而无论是否认识到官僚特权阶层对社会主义制度潜在的致命威胁，无论执政党和政府是否采取措施加以遏制和削弱，事实上都没能从根本上扭转官僚特权阶层逐渐坐大，最终导致苏联

---

[1]　毛泽东是极少数洞察者之一，甚至可能是共产党领导人中唯一的一个。他不但持续不懈地指出"中央出了修正主义"的问题，而且为解决这个问题进行了一系列大胆尝试。例如，1965年10月，毛泽东在一次讲话中强调："如果中央出了修正主义，应该造反。"（逄先知、金冲及主编，2003：1395）

解体及其社会主义制度转型的后果。那么，为什么社会主义制度如此脆弱？除了前面谈到的一些原因外，还有其他一系列问题值得探讨，其中至少包括如下两个。

一、强大国家机器的悖论

20世纪涌现的社会主义国家有一个共同特征，那就是拥有一个强大的国家机器。作为当年的超级大国，苏联取得的一切成就往往首先被归因于政府的领导，这是有充分理由的，因为正是这个强大的国家机器造就了苏联这个强大的国家。当时"世界上没有任何人会怀疑苏联的强大，尤其是第二次世界大战之后的苏联，只有稳固和强大的国家才能承受住如此巨大的考验并取得胜利"。（麦德维杰夫，2005：278）拥有一个超强国家机器不但是苏联作为强国的特征，而且被视为社会主义制度的保障。然而，不无吊诡的是，这个强大的国家机器既有能力捍卫国家利益，有效推动社会进步和发展，在一定条件下，也有能力掉转枪口，摧毁连同其自身在内的整个社会制度。在其他由政府主动发起和推动制度转型的社会主义国家，情况也大致如此。

强大国家机器的悖论由此而生：一方面，社会主义国家不能没有强大的国家机器，因为这是建立和维护一个前所未有的新社会制度的必要条件；另一方面，强大的国家机器本身完全有可能成为一个致命隐患，在一定条件下甚至直接导致制度的崩溃。

社会主义国家必须拥有强大的国家机器，这是由这些国家的制度条件所决定的。与资本主义相比，苏联社会主义制度最大的不同之处就是，消灭了生产资料的私有制，从而消除了雇佣者和被雇佣者的分野，也就消灭了资产阶级和无产阶级的对立和矛盾，从根本上改变了原有的生产关系。在公有制条件下，无论是全民所有制还是集体所有制，任何个人都不再占有生产资料，没有人能够以拥有生产资料而剥削他人的劳动，也没有人由于不拥有生产资料而不得不遭受他人的剥削，在这个意义上，人人都是平等的。与此同时，在经济运行中，计划经济体系取代了市场经济，国家／政府作为生产资料的实际掌管者，通过制定和实现经济计划，决定着生产资料的使用和生活资料的分配。在这种情况下，人与人的关系或者国家与社会的关系都发生了根本变化。

无产阶级政权建立之初，新政权首先面临的是如何巩固政权的问题，因为剥削阶级虽然已经被推翻，但被打倒的阶级"人还在，心不死"，他们千方百计谋求夺回政权，恢复旧秩序。在这个时期，新政权强调阶级和阶级斗争，目的在于最终消灭剥削阶级的残余势力，为社会主义建设打下基础。随着政权的巩固，尤其是公有制的建立和巩固，新的生产关系逐步成形，被推翻的剥削阶级残余势力重新夺取政权的可能性基本不再存在。

在资本主义私有制条件下，人们在生产中形成的基本关系是雇佣者和被雇佣者、剥削者和被剥削者的关系，即资产阶级与无产阶级的关系。资产阶级和无产阶级是资本主义制度下的两大主要阶级。由于两者在根本利益上相互对立，两者之间的阶级矛盾就成为资本主义社会的主要矛盾。这种矛盾反映在社会的各个层面，从生产领域到消费领域，从社会组织到工作场所，从政治舞台到日常生活等。同时，阶级地位决定着人们的思想，不同的阶级有不同的利益要求和政治诉求。由于人们的经济地位和生活条件不同，由此产生的物质利益对立和政治权力冲突必然反映在意识形态领域，形成各自的阶级意识。阶级意识制约和指导着人们自觉或者不自觉的社会行动。根据马克思主义理论，阶级斗争是阶级社会发展的根本动力。

在阶级社会，国家是一个阶级统治另一个阶级的工具。统治阶级必须建立一整套法律、制度和执行机构，实现对被统治阶级的统治；军队、警察、法院等专政机关则是国家机器的重要组成部分。资本主义制度下国家机器的运行，保证了统治阶级即资产阶级对被统治阶级即无产阶级的统治，从而维护着资产阶级的整体利益。在资本主义历史上，还从未出现过作为统治阶级的资产阶级主动发起革命，推翻本阶级的统治，进而改变资本主义制度的例子。这一点很好理解，因为捍卫资本主义制度正是资本主义国家机器最重要的使命，也是其存在的理由。

与此同时，资本主义社会的资产者是由一定数量的人组成的群体。作为资产阶级，他们剥削和压迫作为整体的无产阶级和劳动大众。作为单个资本家，无论兼任管理者还是作为管理者背后的决策者，他们之间却是彼此独立、各行其是、相互竞争的关系。资本家以个体面貌出现，无论张三、李四，或家族集团，都作为私人生产资料的唯一所有者和生产的最高决策者。因此，他们不得不对自己的一切生产行为负责。作为雇用工人的雇主，个体资本家通常成为工人发泄怨气和不满的直接对象，被看作一切责任的承担者，因为在他们之上不存在更高的权威。在物质资料生产领域之外，情况更是如此。各种社会组织各有自己的结构和运作体系，包括学校、医疗机构、科研单位、文化娱乐机构、社区组织等，并不从属于某个共同的上司，彼此之间即使存在千丝万缕的联系和交叉，即使处于同一个专业系统之内，也并不听命于某个单一的资本家，即使是国内最大的资本家。资本主义国家从来不乏资本大鳄、财富寡头、家族财团等，人们常常听到诸如"某某富可敌国"这样的说法，但在这些国家内部，还从来没有一个资本家的财富和权力能够一统天下。总之，在资本主义制度下，产权私有而分散，资本既竞争又垄断，各自的运作主要听命于市场这只看不见的手，国家政权在必要时加以干预，以维护资本主义制度的有效运行。这种情况在西方发达国家如此，在不发达的资本主义国家同样如此。

更重要的，在资本主义制度下，作为"一种表面上凌驾于社会之上的力量"，国家发挥着缓和冲突的作用，目的是把冲突控制在资本统治秩序的范围之内。如恩格斯所说："国家是社会在一定发展阶段上的产物；国家承认：这个社会陷入了不可解决的自我矛盾，分裂为不可调和的对立面而又无力摆脱这些对立面。而为了使这些对立面，这些经济利益互相冲突的阶级，不致在无谓的斗争中把自己和社会消灭，就需要有一种表面上凌驾于社会之上的力量。这种力量应当缓和冲突，把冲突保持在'秩序'的范围以内；这种从社会中产生但又自居于社会之上并且日益同社会相异化的力量，就是国家。"[1] 国家具有鲜明的阶级属性，是社会中占统治地位的阶级的专政工具，如恩格斯指出："由于国家是从控制阶级对立的需要中产生的，由于它同时又是在这些阶级的冲突中产生的，所以，它照例是最强大的、在经济上占统治地位的阶级的国家，这个阶级借助于国家而在政治上也成为占统治地位的阶级，因而获得了镇压和剥削被压迫阶级的新手段。"[2] 列宁也指出："国家是阶级矛盾不可调和的产物和表现……国家是特殊的强力组织，是镇压某一个阶级的暴力组织。"[3] 但是，国家表面上凌驾于社会之上，"不偏不倚"地缓和冲突，给人一种错觉，似乎资本/资本家与国家是两回事，似乎在数量众多的单个资本和资本家群体之外，还存在着一个强大而又不同的权力来源。在这种资本关系与权力关系表面分离的假象面前，雇佣劳动者对单个资本家的愤怒，不那么容易转化为对整个资产阶级的愤怒，更难上升为对整个政治体制的愤怒。因此，要推进工人阶级自觉的有组织的斗争并非易事。工业革命以来，无产阶级争取解放的斗争过程跌宕起伏。在西方发达国家，以各种形式出现的工人运动为无产阶级和其他劳动大众争得了一些利益。但迄今为止，在彻底改变资本劳动关系上似乎还没有成功的例子。近几十年来，民众运动的矛头不是越来越集中在资本统治上，反而显得越来越分散。不得不说，国家凌驾于社会之上的假象有利于维护资产阶级统治下的资本主义制度。

1　《家庭、私有制和国家的起源》，《马克思恩格斯选集》第4卷，第170页。

2　同上书，第172页。

3　《国家与革命》，《列宁选集》第3卷，第114、130页。

社会主义国家的情况非常不同，原因就在于生产资料所有制发生了根本变化。公有制条件下的生产资料实际上由国家全面掌控。各种资源的配置、原材料的开发、各种产品的生产和分配，大部分或甚至全部由国家统一计划，统一管理。与这种生产资料公有制基础上的计划经济相适应，生产管理体制呈现自上而下的大一统格局，即以国家政府为核心，所有经济和经营活动作为任务层层下达，分级完成。不但生产经济领域如此，其他领域例如教育科研、医疗保健、文化体育等同样如此，同样由政府统一管理。结果就像有一张从中央/核心层层向下垂直延伸的蛛网，覆盖全部经济和社会活动的空间，指挥着全国各行各业的运行。国家即管理者，从中央到地方莫不如此，从工厂到学校也莫不如此。管理者代表国家行使职能，虽然这些管理者位于不同领域，分为不同的级别，听命于各自的直接上司，彼此之间大多并没有从属关系，但他们与分散的、各行其是的、自主决策的资本家完全不同，因为他们有一个共同的最高决策和指挥中心，那就是国家或者说中央政府。不难想见，这种制度特征赋予了国家/政府空前强大的能力，使之在确立国家的发展方向及具体措施上发挥决定性作用，并由此常常被西方攻击为"独裁""专制"，甚至"极权"。

在拥有空前强大权力的同时，苏联这类国家的政府也承担了空前沉重且完全难以推脱的责任。大到全国经济和社会发展中的成就或问题、灾难，小到国内人们日常生活中的满足或不便，公众往往把所有这些现象统统归因于政府这只看得见的手，认为这一切都是国家行为造成的，都是国家控制和管理的结果。这种普遍的社会心理自然有一定道理，成为像苏联这种体制的强政府不得不承担的压力和面对的现实。哈耶克在谈到这个现象时也指出："虽然人们将会忍受任何人都有可能遭到的痛苦，但是如果这种痛苦是由当局做出的决定的结果，他们就不会那样容易忍受。当每个人意识到他的生命是由于某些人有意识地做出的决定的结果时，他对他的命运的不满，就会同他的这种意识一齐增长。……政府一经负起筹划整个经济生活的任务时，不同的人们和团体都要得到应有的

地位这一问题，事实上就一定不可避免地成为政治的中心问题。"（哈耶克，1962：103—104,104）

强大的国家机器显示了建设性和巨大优势。在国内，它使政府能够最大程度地集中人力物力资源，通过统一的计划和调配，有效地实现国家预定发展目标。在国际上，强大的国家机器同样必不可少，因为只有具备这个条件，作为第一个社会主义国家的苏联才有可能在现代资本主义世界体系中赢得生存和发展空间。也正是仰仗这一优势，苏联取得了前所未有的成就和进步，从欧洲一个落后农业国很快变成工业国，成为与美国并列的世界两个超级大国之一。

但是，在一定条件下，强大的国家机器可以反过来变成巨大的破坏力量，对自己治理并理应维护的社会制度带来毁灭性打击。苏联崩溃表明，一旦政府决意改变道路，就完全有能力以一己之力颠覆原有的社会制度，而其他任何力量在它面前都显得微不足道，完全不能对它形成任何有效的制约。

生产资料公有制是社会主义国家经济基础的基石。当年共产党领导人民浴血奋战，付出了巨大牺牲，才得以建立起以生产资料公有制为基础的新制度。但在苏联，由政府发起的私有化运动公然在全国范围内化公为私，把理应归全民和集体所有的生产资料很快转为私人所有，以政府的一纸公文就瓦解了国家的经济基础。如此轻松地实现生产资料所有制及随之而来的国家经济基础的彻底改变，在任何以生产资料私有制为基础的国家都是完全无法想象的，无论它们的国家机器是强是弱。

苏维埃国家原本应该代表人民行使权力，在建立政权后很长一段时间内，苏联政府也确实做到了这一点。但随着无产阶级专政的不断强化，国家机器强大到足以自行其是的地步，在缺乏有效制衡的条件下，就能够以一己之力成功实现推翻社会主义制度的设想。在这个过程中，其他一切条件和力量根本无力与之抗衡，都在这个巨大机器的碾压下溃不成军，包括数量庞大、理应发挥支柱作用的党员队伍，超强的苏联军队和警察力量，以及被视为神圣和至高无上的国家宪法等。

总之，对于苏联这样的社会主义国家来说，强大的国家机器或强政府一方面是社会主义制度能够建立、维持和不断发展壮大的先决条件和有力保障；另一方面也可以变成摧毁这个制度的决定性力量，造成其他任何力量都无法比拟的致命破坏。苏联的发展壮大和最后崩溃为此提供了正反两方面的经验教训。能不能克服这一悖论，无疑是未来社会主义革命和建设以及世界进步事业必须面对的一个巨大挑战。

二、无产阶级政权建设与践行巴黎公社原则

推翻资产阶级统治后，无产阶级需要建立一种不同于资产阶级国家机器的新的国家管理形式。那么，这个新的国家机器应该是什么样子？巴黎公社为此提供了一个参照样本。

马克思说："工人阶级不能简单地掌握现成的国家机器，并运用它来达到自己的目的。"[1] 谈到巴黎公社的做法，他指出："公社是由巴黎各区通过普选选出的市政委员组成的。这些委员是负责任的，随时可以罢免。其中大多数自然都是工人或公认的工人阶级代表。公社是一个实干的而不是议会式的机构，它既是行政机关，同时也是立法机关。警察不再是中央政府的工具，他们立刻被免除了政治职能，而变为公社的负责任的、随时可以罢免的工作人员。所有其他行政部门的官员也是一样。从公社委员起，自上至下一切公职人员，都只能领取相当于工人工资的报酬。从前国家的高官显宦所享有的一切特权以及公务津贴，都随着这些人物本身的消失而消失了。社会公职已不再是中央政府走卒们的私有物。"[2] 如此，"旧政权的纯属压迫性的机关予以铲除，而旧政权的合理职能则从僭

1　《法兰西内战》，《马克思恩格斯选集》第 3 卷，第 52 页。
2　同上书，第 55 页。

越或凌驾于社会之上的当局那里夺取过来，归还给社会的负责任的勤务员"[1]。恩格斯1891年在为《法兰西内战》单行本所写的导言中，对"巴黎公社的活动和历史意义"做了一些补充。他说："为了防止国家和国家机关由社会公仆变为社会主人——这种现象在至今所有的国家中都是不可避免的，——公社采取了两个可靠的办法。第一，它把行政、司法和国民教育方面的一切职位交给由普选选出的人担任，而且规定选举者可以随时撤换被选举者。第二，它对所有公务员，不论职位高低，都只付给跟其他工人同样的工资。公社所曾付过的最高薪金是六千法郎。这样，即使公社没有另外给代表机构的代表签发限权委托书，也能可靠地防止人们去追求升官发财了。"[2]这里实际上指出了如何解决无产阶级政权建设的两个根本问题：第一，如何构建新的国家机器，即通过"普选"产生"公仆"并可以随时撤换；第二，如何防止产生特权阶层，即通过"限薪"遏制追求升官发财的倾向。

苏维埃政权的建立标志着无产阶级在政权建设上成功地迈出了第一步，即"摧毁和打碎资产阶级的国家机器，实行无产阶级专政"。但多年后苏联的崩溃和其他社会主义国家的制度转型表明，它们未能实现第二步，因为所构建的无产阶级政权未能成功防止执政者"从社会公仆变成社会的主宰"，以致执政上层得以反戈一击，最终摧毁了无产阶级专政的国家和社会主义制度。

苏联的无产阶级新政权建设没有真正践行革命导师提出的"两个可靠的办法"，导致这一结果的既有当时历史条件的限制，也有共产党领导人的主观原因——尤其在第一代革命领导人列宁去世之后。

实际上，苏联革命的导师列宁始终对巴黎公社充满热情，而且出于无产阶级革命和建设的需要，他对巴黎公社的经验教训给予极大关注。俄

1　《法兰西内战》，《马克思恩格斯选集》第3卷，第57页。
2　同上书，第12—13页。

国 1905 年革命的失败提出了新的问题，迫使革命者们重新审视巴黎公社的经验。列宁涉猎了有关巴黎公社的几乎所有出版物，仔细研究了公社成员所写的所有东西，对公社的历史了如指掌。据说，他能从记忆中准确地说出与之相关的具体事件、战斗细节和表现特别英勇的参与者的名字。当然，列宁的主要思想来源是马克思和恩格斯的著作。他了解他们关于巴黎公社的所有论述。在评价巴黎公社的本质、原则和历史意义上，列宁与马克思和恩格斯的立场完全一致。而且列宁还进一步将公社的经历与俄国无产阶级的革命斗争直接联系起来，他坚定地相信，巴黎公社的经验教训将有利于俄国即将到来的革命事业的具体实践。例如，列宁很早就开始呼吁在俄国革命中汲取巴黎公社无产阶级专政的经验教训。他认为，公社本身的错误，例如无产阶级的过度慷慨，与公社的失败不无关系。与马克思和恩格斯一样，他指出，无产阶级应该消灭敌对阶级，而不是在道德上影响他们。但尽管如此，列宁认为，巴黎公社是 19 世纪最伟大的无产阶级运动的伟大典范，其中最重要的贡献之一就是要建立无产阶级专政，而巴黎公社本身就是实现无产阶级专政的第一次尝试。

列宁不仅高度评价巴黎公社的英勇斗争，而且把公社的原则贯彻到俄国无产阶级的革命斗争中，主导了工人代表委员会这种新政权形式的诞生。十月革命前夕，1917 年 4 月，列宁返回俄国，把党的主要目标从资产阶级民主革命转变为社会主义革命。他指出，工人代表委员会是唯一可能建立的未来新政府，除了巴黎公社之外，这样的政府在世界上还未曾有过。[1] 十月革命成功后，列宁以巴黎公社为榜样开始了苏维埃新政权的建设，把公社的经验创造性地运用到完成国内的社会、政治和经济

---

1 原话：«Надо разъяснять массам,— заявил он,— что Совет рабочих депутатов — единственно возможное правительство, правительство, еще невиданное в мире, кроме Коммуны». 见 Московский В.П., Семенов В.Г.: "Ленин и Парижская коммуна", https://leninism.su/biography/4050-lenin-vo-franczii-belgii-i-danii.html?start=19。

等各项任务中。他多次提到，巴黎公社的失败并不意味着它已经死了，它在苏维埃共和国的建设中延续着自己的成功，作为十月社会主义革命成果的苏维埃国家，将是巴黎公社原则的自然延续和发展。[1]

打碎资产阶级国家机器之后，无产阶级建立起自己的新政权，作为世界上前所未有的第一个无产阶级政权，它无论在本质上还是形式上都不能不有别于旧的国家机器。列宁一直强调借鉴巴黎公社的经验，强调在巴黎公社原则指导下，打造一个不同于历史上任何国家机器的无产阶级政权。在这个问题上，列宁毫不动摇地坚持无产阶级立场。他在各个场合不断阐述这样做的必要性和重要性，不留情面地批判官僚主义作风和倾向，在行动上更是呕心沥血，竭尽全力，让巴黎公社原则在苏维埃国家的建设中得以发扬光大，确保无产阶级政权不变质。

根据列宁的设想，无产阶级夺取政权后，将在生产资料公有制基础上组织大生产。在这种情况下，"我们工人自己将以资本主义创造的成果为基础，依靠自己的工人的经验，建立由武装工人的国家政权维护的最严格的铁的纪律，来组织大生产，把国家官吏变成我们的委托的简单执行者，变成对选民负责的、可以撤换的、领取微薄薪金的'监工和会计'（当然还要用各式各样的和各种等级的技术人员），——这就是我们无产阶级的任务，无产阶级革命实现时就可以而且应该从这里开始做起。在大生产的基础上，这个开端自然会导致任何官吏逐渐'消亡'，使一种不带引号的、与雇佣奴隶制不同的秩序逐渐建立起来，在这种秩序下，日益简化的监督职能和填制表报的职能将由所有的人轮流行使，然后将成为一种习惯，最后就不再称其为特殊阶层的特殊职能了"[2]。在政府工作人员组成上，列宁主张实行巴黎公社那样的社会主义民主制，由人民群

---

1 《国家与革命》，《列宁选集》第 3 卷，第 109—221 页；《无产阶级革命和叛徒考茨基》，《列宁选集》第 3 卷，第 587—682 页。

2 《国家与革命》，《列宁选集》第 3 卷，第 153—154 页。

众直接参加管理和监督国家的事务。他说，为了防止国家工作人员变成官僚，必须采取三项措施："（1）不但选举产生，而且随时可以撤换；（2）薪金不得高于工人的工资；（3）立即转到使所有的人都来执行监督和监察的职能，使所有的人暂时都变成'官僚'，因而使任何人都不能成为'官僚'。"[1] 他认为，这些简单且不证自明的民主措施完全符合工人阶级和大多数农民的利益，同时可以成为从资本主义到社会主义的桥梁。根据列宁的看法，这些措施，再加上通过教育提高人口的文化水平从而使所有的人都能参加管理政府，应该能够保障官僚主义的消亡。（Shmelev and Popov, 1989: 67–78）

列宁把巴黎公社的这些原则运用到构建无产阶级政权的实践中。十月革命胜利后，苏维埃政府颁布了《人民委员会关于高级职员和官员的薪金额的决定草案》，对国家公职人员的薪金做出法律规定，限制高级公职人员的薪水和住房条件，并且参照公社办法，逐步建立了一套保障群众基本利益和民生权利的比较完整的体系，包括生活物资供应、教育、医疗、住房、税收等。在列宁的领导下，新政权勇于创新，除了借鉴巴黎公社的举措外，还采取了一系列其他措施构建新式政府，使十月革命胜利后的苏维埃政权在很多方面都具有新的面貌，例如立法和行政机构的设置、行政管理的范围、中央和地方的关系、建立监督机制、公开选拔和任用国家工作人员、严肃吏治等，由此形成了有别于资产阶级国家政权的自身特色。（姚元军，2017。相关讨论，张有军，2002；靳晓霞，2012；陈安杰，2017；等等）

然而，苏维埃政权尽管摧毁了旧的官僚机器，建立了代表人民利益的新型政权，从根本上扫除了人民群众参加国家管理的障碍，第一代革命领导人也始终不渝坚持贯彻巴黎公社原则，但俄国当年的经济、政治和文化条件限制了这一设想的最终实现。例如，人民群众参加国家管理

---

1 《国家与革命》，《列宁选集》第3卷，第210页。

的可能性受到文化水平的严重限制。当年的俄国是个以半文盲农民为主的国家，从上到下选举的所有官员并不能提供反官僚主义的保障。因为普遍的文化水平低下，相当一部分群众还没有完全确立起人民是国家权力主体、国家工作人员是人民公仆的观念，没有真正意识到自己的主人翁地位，还不会通过国家监察机构来行使自己的权利。而要提高人民的政治觉悟，使人民更有能力和更习惯于参与公共事务，使每个人都能认识到日常关注和政治全局之间、政府政策和政策长远后果之间的联系，事实证明都比预期的更加困难。在俄国，真正的自由选举迟到1917年才第一次出现，在这种历史背景下，要提高人民群众基本的民主技巧，培养当家做主、参政议政的习惯，都不是一件容易的事，需要一定时间才能逐渐形成。而没有相应的政治文化，民主很容易变成一种虚构甚至逐渐退化。（Shmelev and Popov, 1989: 67—78）列宁对此有着深刻的认识。他说："由于文化水平这样低，苏维埃虽然按党纲规定是通过劳动者来实行管理的机关，而实际上却是通过无产阶级先进阶层来为劳动者实行管理，而不是通过劳动群众来实行管理的机关。"[1]

正是由于难以实现全体人民直接进行管理的巴黎公社式民主制，而只能由人数不多的无产阶级先进阶层来代行管理，也就是说，不能使所有的人都变成"官僚"，而只能使少数人在一定时间内变成"官僚"，而当这少数"官僚"处在不具备群众直接选举、直接监督和罢免的条件下，不但官僚主义会逐渐抬头，官僚特权阶层也由此获得了滋生的土壤。十月革命后，苏维埃政权上下级各部门主管人员的工资确曾定在工人平均工资的水平上，但这些官僚开始利用自己的职位寻求增加自身实际收入的途径。列宁很早就认识到了这一点，不断呼吁解决官僚主义的问题，警惕权力的官僚化。列宁逝世后，虽然苏维埃政权领导层中仍有人沿着列宁的政权建设思路继续努力，例如捷尔任斯基，但国家的官僚机器日

1　《关于党纲的报告》，《列宁选集》第3卷，第770页。

益巩固和扩大，尤其在获得法律地位，成为执政党之后，共产党开始决定从中央到地方的一切事务。而事实上，在列宁之后，没有任何一个后来的苏联领导人认真提出过在巴黎公社原则基础上改革甚至改进政治体制的问题。（Shmelev and Popov, 1989: 67–78）

总之，在贯彻巴黎公社原则以限制官僚特权方面，苏维埃政权离建立一套行之有效、持之恒久的措施的目标还相去甚远。这在一定程度上受限于当时的历史条件。除了上面提到的，例如人民群众的文化水平较低，民主素养有待提高，还有苏维埃政权面临的严峻国际环境。在相当一段时间内，苏维埃政权和国家面临生死存亡的危机，如何凝聚力量一致对外，不能不被当作革命政权的头等大事。在这种情况下，对各级领导人和公职人员的民主选举很难成为优先考虑的事项，而且在当时的国家政治生活中，"国家机关工作人员由社会公仆变为社会主人"的问题虽然已经有所显现，但还不那么突出。此外，无论在理论上还是实践中，普选本身也并非只有一种形式，而通过普选是否就能实现实质性民主也并非没有疑问。苏联曾经建立了某些选举程序，但由于种种原因，事实上从未做到真正通过普选产生包括最高领导集团在内的公职人员。

尽管如此，不解决官僚机器的问题，不消除这个致命隐患，就不能保证社会主义的长远发展。关于官僚主义对革命事业的危害，列宁曾经写到，经常发生的情况是，不是我们控制自己的国家机关，而是它控制我们；它不是为我们工作，而是为反对我们而工作。与此同时，国家机关对社会主义而言又不可或缺，列宁充分认识到这种两重性。正是在这个意义上，他说："如果没有'国家机关'，那我们早就消亡了。如果不进行系统的顽强的斗争来改善国家机关，那我们一定会在社会主义的基础还没有建立以前灭亡。"[1]（同上：67–78）现在看来，列宁的判断不但完

1　列宁：《论〈粮食税〉一书纲要》，《列宁全集》第 32 卷，人民出版社，1958 年，第 311 页。

全正确，而且具有非凡的先见之明。

随着苏联政权的巩固，国内外环境不断改善，苏联逐渐走上了经济社会发展的快车道，改善国家机关的问题理应被提上重要的议事日程。然而，遗憾的是，多年来苏联在政权的民主化建设上进展不大，已有的民主程序往往流于形式，干部的选拔和任命大多由党政上级部门决定，民众的普遍选举权和罢免权无法得到保证，但公职人员的待遇反而水涨船高，逐渐形成了一个脱离人民的官僚特权阶层。

当年的苏维埃政权曾经不得不付给专家高额报酬，尽管列宁认为这是对巴黎公社原则的背离，会对苏维埃政权起"腐蚀作用"。后来，这种职业精英"特殊化"待遇非但没有消除，反而逐渐蔓延到整个国家机器乃至愈演愈烈。当初给予干部某些特殊待遇的一个出发点是首先保证干部的生存，使他们能够履行行政管理的职责，完成维护新生政权的任务。随着政权的巩固，在社会主义按劳分配的原则下，官僚阶层得到报酬和待遇开始被认为与他们的职务和工作的付出相当，因此并不违反社会主义的分配原则。至于多高的待遇、多大的特权算是合理，那也只是见仁见智，在实践中往往取决于拥有决策权的领导层。这种做法显然不符合马克思主义者倡导的巴黎公社原则。这个问题的严重性在于，政权赋予干部特权的结果是滋生出一个官僚特权阶层。表面上，苏联制度主要依靠他们才能正常运作，但实际上，官僚主义、干部特权等日益盛行，离巴黎公社通过限薪所要实现的目标越来越远，以致这个逐渐形成的高高在上的特权阶层不仅与群众利益相背离，而且与社会主义制度本身也越来越格格不入。（黄宗良，200；胡扬、曹雪松，2013）也就是说，这个阶层与苏联制度之间的关系不是相辅相成，而是渐行渐远，背道而驰，最后达到水火不容、你死我活的地步，其最后的总爆发带来苏联崩溃这样的恶果。苏联崩溃的过程表明，有官僚特权阶层，就不会有社会主义；而有社会主义，就不能或者说不应该有官僚特权阶层。

说到底，在打碎资产阶级的国家机器，实行无产阶级专政后，无论对官员实行普选还是限薪，都着眼于建立劳动人民自己的新式政权，使之沿着代表人民、为了人民的整体利益而行使权力的轨道前进，最终实现共产主义。实现这一目标，关键在于如何保证人民群众始终拥有掌控国家机器的能力。在苏联，尽管实行生产资料公有制后消灭了剥削阶级和被剥削阶级的分化，并在这个基础上消灭了阶级差别，但由于生产力发展所限，还长期存在着城乡差别、工农差别和脑力劳动与体力劳动差别这三大差别，而无论在城乡、工农还是脑力劳动与体力劳动中，人群之间也存在着差别。但是，社会人口中最大的差别是管理者与被管理者之间的差别。在社会主义制度下，这个差别不但最突出，而且得到强化。这是因为，在计划经济体制下，从上到下的管理者代表国家行使对各行各业的管理职能，其他所有人都是被管理者，无论在权力、职能、工作性质还是在生活待遇上，两者的地位明显不同。无论在社会日常运作还是在紧急情况下，两者之间的关系基本表现为：管理者一方做出决策并指挥实施，被管理者一方接受决策并听从指挥。在这种情况下，如何发挥后者的能动性，一方面使前者的决策代表后者的意志；另一方面，尤其在必要时能够反其道而行之，对管理方，尤其是党政最高领导人及领导集团进行有效的反制，成为决定无产阶级政权和社会主义国家生死存亡的关键所在。

为了发挥群众监督政权的作用，包括苏联在内，一些社会主义国家曾经采取过措施和行动。例如，设立检查检察部门规范干部的行为，限制和减少干部特权，动员群众批评和举报干部，甚至发动矛头直指各级领导干部的大规模群众运动。这些措施取得了一定成效，但远没有实现管理者和被管理者，或国家干部和群众之间的良性互动。大规模群众运动似乎能够最大限度地发挥震慑作用，清理干部队伍，但这样的群众运动打乱了社会生产和生活的正常秩序，不可能持续不断地进行下去。总之，在苏联及其他社会主义国家的体制下，群众作为被管理者和被领导者始终处于被动地位，即使一时一地似乎占得上风，获得了很大发言权，但从来未能在此基础上建立起某种常设机制，使民主监督不但有章可循、有据可依，而且让被管理者真正拥有发言权，使两者在权力、责任、义务等方面取得相对平衡。在这种情况下，即使群众的人数再多，参政议政的热情再高，也仍然形不成持久有效的制衡力量，能够真正监督和制约各级政府的行为，更不要说制约最高领导人及领导集团了。

马克思指出："人们在自己生活的社会生产中发生一定的、必然的、不以他们的意志为转移的关系，即同他们的物质生产力的一定发展阶段相适合的生产关系。这些生产关系的总和构成社会的经济结构，即有法律的和政治的上层建筑竖立其上并有一定的社会意识形式与之相适应的现实基础。物质生活的生产方式制约着整个社会生活、政治生活和精神生活的过程。不是人们的意识决定人们的存在，相反，是人们的社会存在决定人们的意识。"[1]官僚特权阶层敌视乃至反叛社会主义的思想并非凭空形成，也不取决于个人好恶，而是来自这个阶层的社会存在。常言道，什么藤结什么瓜，什么阶级说什么话。不同的阶级存在，必然产生不同的意识形态。只要存在官僚特权阶层，早晚必然从中产生与社会主义格格不入的意识或思想。要遏制这一趋势，当然需要对党员干部不断进行思想教育，包括批判资产阶级意识形态和特权思想，坚持共产主义信仰等，但最根本的解决之道在于解决官僚特权阶层本身的存在这个问题。只有真正消除作为社会存在的官僚特权阶层，避免产生一个高高在上、对立于群众的社会阶层，才能根除必然形成的官僚特权意识形态。正是在这个意义上，巴黎公社采取的办法，包括民主选举和随时撤换干部、通过限薪避免干部享有特权等，对建立一个不同以往的新式国家政权提供了极有价值的借鉴。

当然，任何社会实践都不可能是某个主义、理论或某项原则的完整翻版。巴黎公社只存在了短短两个多月，苏联也只有70多年的历史，其

---

1 《〈政治经济学批判〉序言》，《马克思恩格斯选集》第2卷，第32页。

他大部分社会主义国家的历史甚至更短。作为资本主义世界体系中第一个也是长期以来唯一的社会主义国家，苏联有太多的国内外挑战需要应对。这是苏联当年在一国建立社会主义的环境中不得不面对的困难局面。列宁为巩固苏维埃政权殚精竭虑，逝世之前还有好多事情没有完成，包括构建完整的社会主义理论和相对完善的新政权模式。在后来的社会主义国家领导人中，可能只有毛泽东在解决这个问题上保持了清醒头脑，并在实践中进行了一系列尝试，采取措施削减官僚特权，力图遏制官僚特权阶层与人民群众日益离心离德的倾向。尽管这些努力最终功败垂成，但事实证明，尤其在今天看来，由于找准了社会主义制度中存在的要害问题，这类尝试的大方向完全正确，正如当年列宁的努力一样。

在人类历史上，无产阶级政权的出现是一个新生事物，其建设和健全不可能一蹴而就，即使正确的尝试也难免存在种种不尽如人意之处。但问题在于，社会主义国家是朝着马克思主义创始人指明的方向不断发展和完善，还是止步不前、无所作为甚至相反。例如，是不断强化群众在政权建设中的地位和作用还是相反，是不断缩小干群之间收入和待遇的差距还是相反，是不断消除旧国家机器的残留遗迹还是相反，等等。说到底，社会主义政权建设的成败取决于能否确保前者而防止后者，否则难免前功尽弃，使社会主义革命和建设的所有努力和成绩毁于一旦。

现在来看，在如何构建社会主义政权这个生死攸关的问题上，尽管迄今为止不乏有益的探索，但总体来看并不成功。这个问题还远没有得到解决。通过普选任免国家公职人员，通过限薪等避免干部特权等措施势在必行，而其中至关重要的是如何选择、任命和罢免党政最高领导人及领导集团成员。我们已经看到，在苏联体制下，最高领导人是维护社会主义制度最关键的一环。国家最高领导权一旦掌握在像戈尔巴乔夫这样的人手里，整个社会主义大厦就难以为继，或者瞬间坍塌，或者被偷梁换柱，变成改头换面的资本主义。这无疑是苏联崩溃留给后人最沉痛的教训。

结　语

本书的讨论起源于这样一个问题：世界上第一个社会主义国家苏联，为什么短短 70 多年后惨遭失败，不但国家解体，而且社会主义制度遭到彻底颠覆，从以生产资料公有制为基础的计划经济转变为以私有制为基础的市场经济，重新走上了资本主义道路。

正如其他重大历史事件一样，苏联崩溃的过程可谓风谲云诡、一波三折，充满戏剧性，难免令人眼花缭乱。在这种情况下，能否把握事件发展的主要脉络，客观公正地呈现和解释这一巨大的历史转折，关系到能否正确回答苏联究竟为何崩溃，或者说，究竟是什么力量摧毁了苏联社会主义制度这一重大问题，否则，难免被种种貌似合理，实则似是而非的所谓论证或推理误导，陷入重重历史迷雾之中而不识庐山真面目。不能实事求是地看待历史，也就不能正确地认识客观世界，发现真理。

能否客观地认识苏联为何崩溃，还关系到另一个重要问题，即出路何在？也就是说，在未来社会主义的革命和建设中，能否以及如何避免重蹈苏联的覆辙。事实上，如何认识前一个问题，基本上决定了对后一个问题的回答，而这一点，对如何看待未来人类社会的发展至关重要。例如，如何建立以及建立怎样的社会主义制度，才能克服和最终消除资本主义带来的种种顽疾，包括战争、剥削、阶级压迫、两极分化、日益增长的不平等。

本书的讨论指出，首先，尽管十月革命后建立的社会主义制度存在这样或那样的问题甚至弊端，苏联在自身发展过程中也出现过这样或那样的失误甚至严重教训，但无论是其中某个或几个问题，还是所有这些问题加在一起，都很难导致苏联崩溃。这个结论不同于大多数有关20世纪社会主义失败的研究。大多数研究认为或相信，苏联崩溃的结果完全由于该制度本身弊病太多，问题缠身，以致20世纪80年代终于走入了死胡同，苏联别无选择，只能改制转型，重走市场经济的资本主义老路。导致苏联崩溃的问题常常首先被认为是计划经济体制不可行，高度集中的管理模式阻碍了经济增长，除此之外，还有军备竞赛、西方的和平演变战略、苏联意识形态的所谓僵化等因素。然而，依靠罗列问题或者弊病远不足以推导出苏联必然崩溃的结论。不要说至今仍然存在、实行社会主义制度的古巴和朝鲜，就是现存的实行其他社会制度的任何国家，无论是发达国家还是发展中国家，恐怕没有哪个敢断言自身白璧无瑕，不存在任何问题或弊病，也从未出现过任何所谓政府政策的失误。

专注于罗列问题和挖掘负面因素，无助于认清苏联崩溃的历史真相。相反，这种研究思路只能导致一个结论：苏联崩溃表明社会主义行不通，其必然选择就是走资本主义道路。这样一来，有关苏联崩溃的许多研究不知不觉地加入了讨伐社会主义的意识形态大合唱中，有意无意地变成了英国前首相撒切尔夫人那个著名口号"别无选择"的追随者。错误的诊断必然导致错误的药方和错误的治疗方式，结果只能是在进步力量中造成思想混乱，甚至失去行动的方向。

本书的讨论提出，苏联崩溃完全是苏联党政最高领导人及领导集团顶层设计、一手策划、全力推行和强制实施的结果。无可辩驳的历史事实表明，正是在这只赤裸裸的看得见的手的指挥和操控下，苏联才一步步最终走向了崩溃。在苏联历史上，只要最高领导人意志坚定，坚持走社会主义道路，无论国内外敌对势力如何强大，也无论面对的军事威胁和经济困难如何严峻，从来就没有任何力量能够摧毁和推翻这个制度。就军事威胁而言，苏维埃政权建立后面临长达数年的内战和外国武装干涉，"二战"期间更是经历了血与火的严酷考验。在这些情况下，苏联的社会主义制度非但没有垮掉，反而越战越强，从一个胜利走向另一个胜利。相反，到20世纪末期，在军事实力空前强大，国家并没有面临任何重大军事威胁的情况下，这个早已成为世界两个超级大国之一的苏联却解体了。为什么面临军事威胁时社会主义制度能够屹立不倒，总能够转危为安，在和平年代反而自行倒掉？没有最高领导人和最高领导层的集体反水，任何外部敌对势力、国内反对力量或实践中遇到的种种困难，都不可能颠覆社会主义制度。只要不是选择性失明，恐怕很少有人能否认这一历史事实。

苏联在各个领域无疑都一直存在不少问题，存在很多有待改善和提高的地方，民众中也始终存在着各种各样、时起时落的不满。但是，解决这些问题并非只有推翻苏联，重走资本主义道路这样一个选择。正如斯蒂格利茨指出的："前社会主义国家在选择其发展道路时其实有许多不同的途径，并不只是两条。社会主义70年尝试的最大教训就在于它们放弃了探索其他道路。"（斯蒂格利茨，1998：316）的确，苏联及其他社会主义国家并非只能在原封不动的苏联模式和资本主义模式两者之间进行选择，而推翻社会主义制度、解体苏联既不是唯一选择，更不是最好的选择。这只不过是戈尔巴乔夫集团主动做出的选择罢了。

苏联最高领导人及领导集团彻底抛弃苏联社会主义制度，转而在各个领域竭力效法和引进资本主义机制，他们之所以做出这种选择，背后自然有其原因。

苏联上层精英的决策和行动受他们的主导思想支配。他们不再信奉马克思主义，早已放弃了为实现共产主义理想而奋斗的目标，转而接受资产阶级意识形态，把资本主义制度视为榜样甚至奉为圭臬，从而决意与社会主义分道扬镳，开始用资本主义面貌改造苏联，最终通过手中掌握的权力实现了他们的愿望。意识形态上的这种180度大翻转,与上层精英在社会中的地位密切相关。

苏联建立后,在生产资料公有制基础上实行计划经济,产生了一个空前强大的国家机器,其职能范围之广可以说前所未有。作为唯一的执政党,共产党领导集团集各种大权于一身,依靠自上而下、组织严密的管理网络推动社会运转。在这个过程中,在消除了基于生产资料私有制而产生的阶级差别之后,社会中出现了管理阶层与被管理阶层的分野。这两个阶层在利益和地位上有明显的不同,前者由此可称为"官僚阶层"或"特权阶层"。这个阶层最初由有理想有信念的共产党人组成,他们在建立和维护苏维埃政权的斗争中把国家利益、人民利益摆在首位。第二次世界大战后苏联进入和平年代,从事行政和技术管理的人员逐渐变为官僚政客或所谓专业人士,自身利益成为他们的优先考量。官僚特权阶层掌握党政大权,享有各种特权,却又对从理念到制度上天然强调平等的苏联体制最为不满,他们在丧失共产主义信仰后,必然演变成社会主义制度内部最危险的异己力量。出于自身利益的需要,在条件成熟时,他们必然起而与制度作对。由于他们掌握国家机器,拥有特权地位,也就最容易得逞。可以说,这样的官僚特权阶层不啻社会主义国家内最危险的定时炸弹。

社会主义制度建立后,虽然消灭了阶级和阶级对立,但阶级斗争依然存在,这主要反映在思想领域,并且首先反映在特权阶层内部。长期以来,无产阶级和资产阶级这两种立场在这个阶层内部都有代理人。实践表明,决定国家命运的是领导集团尤其是最高领导人的立场和思想路线。一旦放弃共产主义信仰的人占据了最高领导地位,就会利用手中掌握的大权,千方百计摧垮社会主义制度,把国家推向资本主义道路。实现这一转变之后,官僚特权阶层摇身一变,成为名副其实的新资产阶级,不但继续维持其凌驾于社会之上的特权地位,而且变成拥有恒产的资产者。这样一来,他们权钱俱得,如愿以偿地实现了自身利益的最大化。特权阶层既是苏联社会主义制度的产物,又与这个制度不相容。但这种与制度对立的倾向并非总能变成推翻苏联的动力，症结就在于最高决策者是屈从和代表这种倾向，还是坚持建设社会主义，最终实现共产主义的"初衷"。苏联制度为什么在更困难的条件下没有崩溃，主要原因就在于，历任苏联最高领导人无论在工作中犯有多么严重的过失，都没有改变其维护社会主义制度的基本立场，直到一心走资本主义道路的戈尔巴乔夫上台。

那么，为什么他们能够得逞？为什么在关乎国家发展方向和道路这样重大的问题上他们能够为所欲为，几乎兵不血刃地在很短时间内就实现了苏联社会主义制度的历史性大逆转？无论对总结历史教训，还是对未来的社会主义实践，这些问题都至关重要。

最直观的原因就是，他们成功的关键条件在于掌握国家权力。以政权名义自上而下发号施令，调动各种资源，动用各种手段，坚定不移地朝改变制度的既定目标前进，不达目的决不罢休。在苏联所谓改革过程中，位居政权最顶端的所谓改革派把他们独有的这个优势发挥到淋漓尽致的地步。本书引用的资料展示，苏联党政高层这只看得见的手，如何通过决策机制、组织手段、舆论工具等一切途径，发起全国范围的政治总动员，扶持、拉拢包括持不同政见群体和知识精英在内的支持者，获取西方国家在各个方面的大力支援，同时强力打压国内的反对意见和持不同意见的群体，尤其是苏联强大的军队在国家基本制度遭到致命威胁时按兵不动，而当苏联崩溃后俄罗斯新政府遭到挑战时，却被毫不犹豫地用来进行血腥镇压，例如1993年10月发生的"炮打白宫"事件。总之，凡是国家政权能够动用的手段和资源统统被利用起来，强力推行改制主张，以国家机器之力压制反对力量，清除在各个领域遇到的所有障碍。这一切都有目共睹，有据可查。可以说，没有这个条件，要推翻苏联并不是一件容易的事，甚至完全不可能办到。

苏联最高领导人及领导集团能够视国家大法即《苏联宪法》如无物，一意孤行，倒行逆施，推翻由他们执政的社会制度，表明苏联政治制度中存在严重的缺陷。这主要就是监督和制约机制流于形式，以致平日里起不到监督作用，到官僚特权阶层逐渐坐大、国家面临生死存亡的紧要关头，则更显得形同虚设。进一步思考可以发现，这个问题关系到无产阶级的政权建设。马克思主义经典著作对此多有论述，提出了打碎旧的国家机器，建立无产阶级专政的巴黎公社原则。但在社会主义实践中，似乎迄今还没有十分成功的经验。

十月革命成功打碎了旧的国家机器，在这个基础上建立了苏维埃政权，苏联的社会主义制度由此而生。毫无疑问，苏联的无产阶级政权在本质上不同于资产阶级政权。但是，这样的政权在建立后应该如何不断完善，使之在形式和内容上都有别于资产阶级政权，切实贯彻巴黎公社原则，使人民能够真正当家做主，在这方面，无论在苏联还是在其他很多社会主义国家似乎都没有取得明显进展。例如，如何通过巴黎公社所倡导的普选或其他方式，由人民群众选择各级政府及其领导人，并有权随时撤换，而不是由上级指定？如何通过巴黎公社所倡导的"限薪"或其他方式，使各级干部能上能下，不至于固化为脱离人民大众、高高在上的官僚特权阶层，并由此摆脱以追求个人名利为目的的人进入政府部门？无产阶级政府应该由谁领导和运作，职业官僚还是有能力的无私奉献者？如何使各级干部既是领导者又是普通一员，永远代表并服务于人民群众？如何在保留管理者与被管理者行使不同社会职能的情况下，消除两者之间在社会地位上的差别？尤其是，如何监督和制约无产阶级政权的最高领导人及领导集团？总之，如何使无产阶级政权无论在构建上还是在人员配置及功能上都不同于其他政权，使人民群众真正能够行使当家做主的权力？由于种种主客观原因，在列宁逝世后，苏联领导人中很少再有人思考这些问题，更不要说寻求解决办法了。后来的结果已经有目共睹。

苏联的国家机器以强大著称，甚至常被指为专政，政府控制有余，而民主、自由不足。这个说法或许离事实不远。在这种情况下，从国家的大政方针到社会的生活细则，一切由政府说了算，人民群众的民主权利和言论自由受到很大限制，往往只有服从和遵循的义务，没有抵制和反抗的能力。这无疑大大增强了政府为所欲为的可能性。

对这个问题，共产党领导人中并非没有人意识到，毛泽东就曾多次提到。例如他说："我们的目标，是想造成一个又有集中又有民主，又有纪律又有自由，又有统一意志，又有个人心情舒畅、生动活泼，那样一种政治局面，以利于社会主义革命和社会主义建设，较易于克服困难，较快地建设我国的现代工业和现代农业，党和国家较为巩固，较为能够经受风险。总题目是正确地处理人民内部的矛盾和正确地处理敌我矛盾。方法是实事求是，群众路线。派生的方法是党内党外在一起开一些有关大政方针的会议，公开整风，党和政府的许多错误缺点登报批评。"[1] 然而，在苏联整个社会主义时期，似乎从未造成两者关系均衡发展这样一种政治局面，集中、纪律、统一意志为先，民主、自由、个人意志为后，甚至常常被置于可有可无的境地。

这种状况与执政者的主观认识和努力有关，同时离不开苏联所处的国际环境。作为世界上第一个并且几十年来唯一的社会主义国家，苏联始终处于资本主义的汪洋大海之中，它面临的第一要务是如何生存下来。作为资本主义世界体系中的一个"异类"，经济发展又相对落后，苏联时刻面临被扼杀、被推翻、被颠覆的危险，即使第二次世界大战后出现一系列社会主义国家，苏联不再完全孤立无援，这些国家加在一起也仍然数量有限，不能也没有从根本上改变世界体系的基本结构。在敌强我弱的情况下，强大的国家机器必不可少。因为只有这样才能抵御外敌，也才能在夹缝中求得生存，维护国家的发展。也正因为如此，无论国家经济处于怎样的发展水平，拥有一个强政府被认为是社会主义国家的基本特征之一。这反过来又为增强内部控制提供了依据，借以避免民主和自

---

1 《一九五七年夏季的形势》（1957 年 7 月），《毛泽东选集》第 5 卷，人民出版社，第 456—457 页。

由可能引发的内部争斗甚至国内动荡,导致政权效率低下甚至陷入瘫痪,难以实现社会主义发展的各项目标。如此,一边是必须强化政府功能,加强集中领导,另一边是需要扩大民主自由,两者似乎难以兼得。苏联和诸多社会主义国家大多选择了前者。可以说,没有一个强政府,苏联很难生存下来,更不要说在短期内取得巨大的经济社会进步,成为世界超级大国了。但是,如果不能通过民主和其他实际可行的途径使人民真正行使当家做主的权力,一旦非马克思主义者上台就不难颠覆整个制度,以致终结社会主义的历史,正如苏联崩溃所表明的那样。这是社会主义制度始终面临的一个巨大挑战。

另外,在资本主义主导的世界秩序下,社会主义国家还始终面临如何处理国与国之间关系的问题。例如,如何处理与政治制度相似和不同的国家之间的关系,如何处理与各国政府和它们国内反资本主义的进步力量之间的关系等。总之,面对资本主义世界体系这个现实,如何在国内的专政和民主之间找到某种平衡,如何在维护国家利益的同时建立有利于世界共产主义运动的国际新秩序,都是身处资本主义世界体系中的社会主义国家的政权建设不能不面对却又不易解决的难题。

苏联崩溃和其他社会主义国家制度转型还有一个更深层的原因,那就是尽管与资本主义制度相比,社会主义制度在经济尤其是社会发展等各方面具有很大优越性,但它的产生和建立却并非如马克思主义理论指出的那样,是生产力高度发达的必然产物。一个基本事实是,无论当时还是现在,包括苏联在内的这些社会主义国家从来不曾跻身世界生产力最发达国家行列,更没有变成世界最先进生产力的代表。因此,与其说社会主义国家的出现是由于其生产力水平达到了必然突破资本主义生产关系的程度——因为这并非事实,倒不如说这些国家选择了一条不同于资本主义的发展道路。然而,马克思主义关于生产力和生产关系的理论毕竟是一条客观规律,它会在实践中不断表现出来。历史上,生产力的发展突破了封建主义的桎梏,资本主义应运而生。新的资本主义制度建立之后，政权可以易手，但制度本身不曾改变，从来没有也不会倒退回资本主义之前的生产方式。可以说，资本主义国家不可能走回头路，因为那里的生产力发展到今天，已经不存在封建主义复辟的可能性。但是，由于生产力水平所限，社会主义国家却依然存在资本主义复辟的可能性，而且这种可能性以苏联崩溃为标志变成了现实。苏联崩溃固然是国家最高领导人及领导集团一手造成的后果，但他们之所以能成功，更深层的原因则在于社会主义国家存在资本主义复辟的可能性，否则即使苏联政权易手或政府倒台，也很难甚至不可能改变现有制度。总之，产生这一历史性逆转的深层原因就在于，社会主义制度并不是生产力发展冲破了资本主义生产关系限制的产物，而是代表了一条不同于资本主义的发展道路，而且发展道路是可以选择的。

社会主义制度远远谈不上完美，但无可否认，它取得了前所未有的经济和社会人文发展成就，在促进生产力发展的同时，消除和避免了资本主义发展道路给人类带来的巨大灾难，包括导致空前生灵涂炭的殖民主义和世界大战。但是，作为一条发展道路，社会主义制度又并非唯一的选择，因此并非不可逆转。在资本主义由衰落、垂死直到最终灭亡之前，在社会主义的生产力发展尚未取得世界领先地位之前，资本主义道路始终代表着另一种选择。这就是为什么毛泽东指出，社会主义社会"始终存在着资本主义复辟的危险性"的道理所在。身在其中，当年社会主义国家没有其他领导人曾经意识到这个问题。现在来看，不能不承认毛泽东高瞻远瞩，不能不赞叹他超人的判断力。

当然，对社会主义社会而言，资本主义复辟只是一种可能性。从可能性变成现实需要一系列条件，其中最关键的决定因素就是国家政权领导核心是否出现"抽心一烂"。苏联一路走来的历史以及古巴、朝鲜等少数社会主义国家依然存在的现实表明，只要最高领导人及领导集团意志坚定，坚守马克思主义和共产主义信仰，坚持走社会主义道路，那就没有任何力量能够摧毁和推翻这个制度，无论是国内外的敌对势力，还是军事威胁或经济困难。如果看不到这一点，社会主义国家存在的一切问题和困难，都会被用来作为重返资本主义道路的理由或借口。例如，把经济发展中的所有问题（尽管远远不到发生经济危机的程度）都归咎于公有制和计划经济，于是唯一的出路就是重建私有制和市场经济；把人民未能充分行使当家做主的权力归咎于社会主义政权必定缺乏民主，于是唯一的出路就是推翻共产党执政，实行多党大选制，建立西方那样的国家机器；等等。如果不能对导致苏联崩溃以及社会主义制度失败的原因做出客观分析和判断，很容易陷入认识误区，也就找不到未来的出路。

这个研究指出，对社会主义制度的致命威胁来自思想变质的最高领导人及领导集团，来自以他们为代表的官僚特权阶层，但苏联制度的致命缺陷就在于没有建立起使人民群众能够真正行使当家做主权力的机制，从而对当权派形成真正有效的制约。因此，要从苏联崩溃中汲取教训的话，除了通过群策群力，通过实干探索不断提高生产力水平之外，最重要的就是，如何防止最高领导人和最高决策层背叛社会主义事业，如何防止产生一个与社会主义制度格格不入的官僚特权阶层。这是未来社会主义建设面临的最大任务和挑战。

苏联是 20 世纪最伟大的制度创新的产物。社会主义社会消灭了阶级剥削和阶级压迫，消除了产生资产阶级富豪的土壤，不难理解，为什么被推翻的剥削阶级、官僚特权阶层以及怀揣发财之梦的人会如此执着地诋毁它，反对它，千方百计地要推翻它。但社会主义是一条符合工人阶级和最广大劳动群众利益的发展道路。它改变了千千万万劳动者的命运，开辟了人类发展的新纪元，为世界带来了希望。正如巴黎公社的失败一样，苏联的失败同样为实现人类的最终解放留下了宝贵遗产。正如斯蒂格利茨所说："虽然，社会主义在这方面的错误和不全面使其经济理论很快成为历史，但它的理论和价值将成为永恒，并且它为我们探寻一种更人道、更平等的社会提供了有益的尝试。"（斯蒂格利茨，1998：314）这句话适用于包括苏联在内的所有社会主义国家的实践。毋庸讳言，在现存资本主义世界体系中坚持走社会主义道路非常不易，不但需要马克思主义理论指导，而且需要在实践中不断有所创新，有所发展。这就要求，在汲取经验教训的时候，必须分清哪些必须坚持，哪些需要改善，哪些应该抛弃，而绝不能把洗澡水和孩子一起倒掉，否则就只能转而复古、复旧，重新走资本主义的老路。

苏联的历史已经终结，但人类社会不能也不会放弃实现共产主义目标的努力。这种努力必将克服暂时的历史倒退，重新开辟一条更平等、更人道、更民主、更自由、更能激发劳动热情、更环保、更丰裕、更可持续的社会主义发展道路，再次冲破资本主义的牢笼，把人类解放事业推向前进。

参考文献

［俄］格·阿·阿尔巴托夫著，徐葵、张达楠等译：《苏联政治内幕：知情者的见证》，新华出版社，1998 年。

［美］汉娜·阿伦特著，陈周旺译：《论革命》，译林出版社，1999 年。

［美］汉娜·阿伦特著，郑辟瑞译：《共和的危机》，上海人民出版社，2013 年。

［英］乔纳森·艾特肯著，姜毓星、罗小丽译：《撒切尔夫人：权力与魅力》，重庆出版社，2016 年。

［美］曼库尔·奥尔森著，吕应中等译，吕应中校：《国家兴衰探源——经济增长、滞胀与社会僵化》，商务印书馆，1999 年。

毕洪业：《俄罗斯对独联体外交政策研究》，中央编译出版社，2013 年。

［俄］弗拉基米尔·波波夫：《为何西方在中国之前先富而中国自1949 年以来迎头赶上西方："大分流"和"大趋同"问题的另一个解释》，载《发展经济学研究》第九辑，《中国与俄罗斯产业与经济发展比较研究》，武汉大学经济发展研究中心编，经济科学出版社，2013 年。

［俄］弗拉基米尔·波波夫著，孙梁译，韦森审校：《荣衰互鉴——中国、俄罗斯以及西方的经济史》，格致出版社 / 上海人民出版社，2018 年。

《勃列日涅夫 18 年》;《叶利钦自传》;〔俄〕A.H. 博哈诺夫等:《20世纪俄国史》,莫斯科 1996 年版。

〔俄〕A.H. 博哈诺夫等:《20 世纪俄国史》,莫斯科 1996 年版。

〔美〕兹·布热津斯基著,军事科学院外国军事研究部译:《大失败——20 世纪共产主义的兴亡》,军事科学出版社,1989 年。

蔡翔:《革命 / 叙述——中国社会主义文学—文化想象(1949—1966)》,北京大学出版社,2010 年。

曹长盛、张捷、樊建新主编:《苏联演变进程中的意识形态研究》,人民出版社,2004 年。

曹英华:《俄罗斯制度变迁与产业结构耦合》,经济科学出版社,2013 年。

陈安杰:《列宁的执政党作风建设思想及其现实启示》,《上海党史与党建》2017 年第 11 期 。

陈平:《资本主义战胜社会主义了吗?——评科尔奈〈警惕近在眼前的威胁〉》,2014 年 8 月 12 日,观察者网 http://www.guancha.cn/chen-ping/2014_08_12_255729_s.shtml。

陈映芳:《前苏联阶级结构的社会学分析》,《俄罗斯研究》2002 年第1 期〔内中援引:Paul Hollander(ed) American and Soviet Society, "A Reader in Comparative Sociology and Perception";David K. Shipler, Russia, "Broken Idols, Solemn Dreams";Theodore P. Gerber, "Educational Stratification in Russia during the Soviet Period", *American Journal of Sociology*,Vol101, Number 3(November 1995)]。

陈之骅:《苏联剧变历史之再考察》,《中国社会科学》2011 年第 6 期。

陈之骅:《苏共领导人新老交替特点》,2013 年 04 月 11 日,http://theory.people.com.cn/n/2013/0411/c112851-21101903.htm。

程恩富、丁军:《苏联剧变和解体深层次主要原因的系统分析——兼评其他五个主要原因论》,载《中国社会科学》2011 年第 6 期。

程又中：《苏联模式的兴衰》，湖北人民出版社，2000年。

崔之元：《鞍钢宪法与后福特主义》，《读书》1996年第3期。

戴隆斌：《苏联解体：特权阶层的"自我政变"》，载《决策与信息》2010年第7期，2010/A。其中谈到根据"职务名册"任命的各级干部所享有的与众不同的各种特权，以及不同时期的变化（见文后资料部分）。

戴隆斌：《苏联特权阶层的形成及对苏联剧变的影响》，《当代世界与社会主义》2010年第2期，2010/B。

［南斯拉夫］密洛凡·德热拉斯著，陈逸译：《新阶级》（供内部参考），世界知识出版社，1963年。

［英］梅格纳德·德赛著，汪澄清译，郑一明校：《马克思的复仇——资本主义的复苏和苏联集权社会主义的灭亡》，中国人民大学出版社，2006年。

［俄］亚·维·菲利波夫著，吴恩远等译，张树华、张达楠校：《俄罗斯现代史（1945—2006）》，中国社会科学出版社，2009年。

［俄］E.T.盖达尔著，王尊贤译：《帝国的消亡——当代俄罗斯的教训》，社会科学文献出版社，2008年。

高国翠：《"忏悔"的亚历山大·伊萨耶维奇·索尔仁尼琴》，《辽宁大学学报（哲学社会科学版）》2006年第6期。

［苏］米·谢·戈尔巴乔夫：《改革与新思维》，中译本，新华出版社，1987年。

［俄］米·谢·戈尔巴乔夫著，述弢等译：《真相与自白：戈尔巴乔夫回忆录》，社会科学文献出版社，2002年。

［俄］米哈伊尔·戈尔巴乔夫著，徐葵、张达楠、王器、李方仲、宋锦海译：《对过去和未来的思考》，新华出版社，2002年/B，引文简称"戈尔巴乔夫1"。

［俄］米哈伊尔·谢尔盖耶维奇·戈尔巴乔夫著，潘兴明译：《孤独相伴：戈尔巴乔夫回忆录》，译林出版社，2015年。

［美］洛兰·格伦农等编，《20世纪人类全纪录——炼金时代》，中国友谊出版公司，2008年。

［芬］尤卡·格罗瑙著，向建华译：《趣味社会学》，南京大学出版社，2002年。

郭春生：《苏联特权阶层的形成及影响》，《当代世界与社会主义》2003年第5期。

郭连成：《俄罗斯经济转轨与转轨时期经济论》，商务印书馆，2005年。

［奥］哈耶克著，滕维藻、朱总风译：《通向奴役的道路》，商务印书馆，1962年。

郝宇青：《苏联政治生活中的非制度化现象研究》，华东师范大学出版社，2008年。

胡鞍钢：《毛泽东和文革》，大风出版社，2008年。

胡扬、曹雪松：《苏联特权现象演化逻辑与反对特权困境》，《廉政文化研究》2013年第6期。

黄宏、纪玉祥主编：《原苏联七年"改革"纪实》，红旗出版社，1992年。

黄纪苏：《中国革命与苏联特色——纪念十月革命一百周年》，2017年11月8日，http://www.wyzxwk.com/Article/sichao/2017/11/384911.html。

黄立茀著：《苏联社会阶层与苏联剧变研究》，社会科学文献出版社，2006年。

黄宗良：《官僚特权阶层问题与社会主义的命运》，《国际政治研究》2002年第1期。

［英］艾瑞克·霍布斯鲍姆著，马凡、赵勇、李霞译，舒小昀校：《极端的年代》，江苏人民出版社，2011年。

［瑞典］尼尔斯·霍姆伯格著，钟典译：《和平的反革命——苏联从社会主义变成国家资本主义和社会帝国主义》，商务印书馆，1976年。

纪军：《匈牙利市场社会主义之路》，中国社会科学出版社，2000年。

［俄］亚历山大·季诺维也夫著，侯艾君、葛新生、陈爱茹译，葛新生校：《俄罗斯共产主义的悲剧》，新华出版社，2004年。

靳晓霞：《列宁关于苏维埃选举的思想及启示》，《政治学研究》2012年第4期。

［匈］雅诺什·科尔奈著，张安译：《社会主义体制——共产主义政治经济学》，中央编译出版社，2007年。

［匈］科尔奈：《消除短缺经济：匈牙利发展的一般分析和研究》，载［匈］雅诺什·科尔奈著：《后社会主义转轨的思考》，吉林人民出版社，2003年。

［德］埃贡·克伦茨：《要么过渡到社会主义，要么退回到野蛮时代》——在第八届世界社会主义论坛上的发言，2017年10月14日，《世界社会主义研究》2017年第8期。

［俄］B.A.科西奇金、［俄］J.I.A.谢列平著，徐昌翰、赵海燕、殷剑平、宿丰林译：《第三次世界大战：信息心理战》，社会科学文献出版社，2003年。

［美］大卫·科兹：《苏联解体的原因》，《当代思潮》2000年第5期，摘自戴隆斌：《苏联特权阶层的形成及对苏联剧变的影响》，《当代世界与社会主义》2010年第2期。

［美］大卫·科兹、［美］弗雷德·威尔著，曹荣湘、孟鸣岐等译：《来自上层的革命——苏联体制的终结》，中国人民大学出版社，2002年。

［俄］尼·伊·雷日科夫著，徐昌翰译：《大国悲剧：苏联解体的前因后果》，新华出版社，2008年。

李瑞琴：《23年后俄罗斯媒体重提"我不能放弃原则"》，载《世界社会主义研究动态》2011年第65期。

李慎明主编：《居安思危：苏共亡党的历史教训》（八集党内教育参考片解说词），社会科学文献出版社，2013年。

李慎明主编，陈之骅副主编：《居安思危：苏共亡党二十年的思考》，社会科学文献出版社，2011 年。

李慎明主编：《历史在这里沉思：苏联解体 20 周年祭》，社会科学文献出版社，2011 年。

李兴耕等编：《前车之鉴——俄罗斯关于苏联剧变问题的各种观点综述》，人民出版社，2003 年。

李正华著：《中国改革开放的酝酿与起步》，方志出版社，2007 年。

［意］弗朗科·里沃尔西：《葛兰西与左翼的政治文化》，载［意］萨尔沃·马斯泰罗内主编，黄华光、徐力源译：《一个未完成的政治思索：葛兰西的〈狱中札记〉》，社会科学文献出版社，2000 年。

［苏］Т.Ｂ.里亚布什金、［苏］Г.Ｂ.奥西波夫主编，陈一筠、哈余灿译：《苏联社会学》，中国社会科学出版社，1986 年。

梁柱：《毛泽东的预见与苏联解体的历史教训》，《思想理论教育导刊》2011 年第 1 期。

刘新宜：《社会主义国家演化简史》，社会科学文献出版社，2010 年。

刘友田：《苏联解体的改革失误原因及启示》，《沧桑》2013 年 5 月。

陆南泉、黄宗良、郑异凡、马龙闪、左凤荣主编：《苏联真相——对101 个重要问题的思考》（上、中、下），新华出版社，2010 年。

陆南泉：《苏联剧变的根本原因是什么？》，载陆南泉等主编《苏联真相：对 101 个重要问题的思考》（下），新华出版社，2010 年。

吕芳上：《政治转型的挑战——近代中国"党国"体制的发展与省思》，日本名古屋中国现代史研究会年会，2013 年；另载吕芳上：《民国史论》（上、中、下），台湾商务印书馆，2013 年。

吕芳上：《民国史论》（上、中、下），台湾商务印书馆，2013 年。

［美］约翰·罗默著，余文烈等译：《社会主义的未来》，重庆出版社，2010 年。

马龙闪：《俄罗斯学界苏联解体原因的解说》，《炎黄春秋》2013 年第 11 期。

马社香：《前奏——毛泽东，1965 年重上井冈山》，当代中国出版社，2006 年；席宣、金春明著：《"文化大革命"简史》，中共党史出版社，1996 年第 1 版，2005 年第 2 版。

［美］莫里斯·迈斯纳：《马克思主义、毛泽东主义与乌托邦主义》，中国人民大学出版社，2005 年。

［苏］罗·亚·麦德维杰夫：《让历史来审判——斯大林主义的起源及其后果》（上、下），人民出版社，1983 年。

［苏］罗·麦德维杰夫：《勃列日涅夫的政治肖像素描》，载［苏］麦德维杰夫等著，舟山选编：《我所了解的勃列日涅夫》，世界知识出版社，1990 年。

［俄］罗伊·麦德维杰夫著，王晓玉、姚强译：《苏联的最后一年》，社会科学文献出版社，2005 年。

门洪华、肖晞：《国际战略惯性与苏联的命运（1979—1989）》，《中国社会科学》2011 年第 6 期。

［德］汉斯·莫德罗著，马细谱、余志和、赵雪林译：《我眼中的改革（民主德国总理亲历苏东剧变始末手记）》，中央编译出版社，2012 年。

南帆：《后革命的转移》，北京大学出版社，2005 年。

牛安生：《苏共党章述评》，《苏联东欧问题》1988 年第 2 期。

［美］道格拉斯·诺思著，钟正生、邢华等译，杨瑞龙、郑江淮校：《理解经济变迁过程》，中国人民大学出版社，2008 年。

潘德礼：《改革的失误——苏联剧变的直接原因》，载《东欧中亚研究》1992 年第 6 期。

逄先知、金冲及主编：《毛泽东传》，中央文献出版社，2003 年。

逄先知：《回顾毛泽东关于防止和平演变的论述》，中央文献出版社，1990 年。

［澳］科伊乔·佩特罗夫著，葛志强、马细谱等译，马细谱统校：《戈

尔巴乔夫现象——改革年代：苏联东欧与中国》，社会科学文献出版社，2001 年。

[法]托马斯·皮凯蒂著，巴曙松译：《21 世纪资本论》，中信出版社，2014 年。

伊·伊·皮丘林著，蒋菁译：《戈尔巴乔夫"激进经济改革"在苏联解体中的作用》，2012 年。

[美]沙希利·浦洛基著，宋虹译，四川人民出版社，2017 年。

[斯洛文尼亚]齐泽克、[意]鲁索、海裔、汪晖：《共产主义假设与二十一世纪》，《区域：亚洲研究论丛》第二辑，清华大学出版社，2012 年。

乔海玉、赵宇：《从苏联政治体制建设中的教训看中国特色社会主义政治体制的建设》，《青年与社会》2013 年第 10 期。

[俄]阿纳托利·丘拜斯主编，乔木森等译：《俄罗斯式的私有化》，新华出版社，2004 年。

[美]塞勒尼·伊万著，顾海燕译：《后共产主义国家的资本主义》，《国外理论动态》2017 年第 3 期（原载 *New Left Review*，2015，11）。

[美]本杰明·I. 史华慈著，陈玮译：《中国的共产主义与毛泽东的崛起》，中国人民大学出版社，2006 年。

[美]约瑟夫·E. 斯蒂格利茨著，周立群、韩亮、余文波译《社会主义向何处去——经济体制转型的理论与证据》，吉林人民出版社，2010 年。

彼得·塔弗：《评〈红色资本主义：中国非凡崛起之脆弱金融基础〉》，发表于 2011 年 7 月 /8 月期《今日社会主义》杂志。英文原文链接：http://www.socialistworld.net/doc/5169。

谭索：《戈尔巴乔夫的改革与苏联的毁灭》，社会科学文献出版社，2006 年。

谭索：《叶利钦的西化改革与俄罗斯的社会灾难》，社会科学文献出版社，2009 年。

汤润千：《马克思恩格斯关于社会主义社会概念的论述 ——纪念恩格

斯逝世 100 周年》,《河北学刊》1995 年第 6 期。

汤应武:《改革开放 30 年重大决策纪实》(上、下),中共中央党校出版社,2008 年。

田文林:《从苏联改革教训看中国改革的正确》,《红旗文稿》2014 年第 1 期。

王金存:《葬送苏共和苏联的一剂毒药——评戈尔巴乔夫"人道的民主的社会主义"》,《中华魂》2008 年第 1 期。

王绍光主编,欧树军译:《选主批判》,北京大学出版社,2014 年。

王绍光:《国家治理与国家能力——中国的治国理念与制度选择(上)》,《经济导刊》2014 年第 6 期。

王绍光:《民主四讲》,生活·读书·新知三联书店,2008 年。

王行坤:《体制与后政党政治——基于社会主义经验的讨论》,《开放时代》2015 年第 4 期。

王占阳:《新民主主义与新社会主义——一种新社会主义的理论研究和历史研究》,中国社会科学出版社,2004 年。

王正泉:《戈尔巴乔夫与"人道的民主的社会主义"》,社会科学文献出版社,2012 年。

[美]魏昂德、胡松华著,张霞、那丽芳译:《革命、改革和地位传承:1949—1996 年的中国城市》(上、下),上册载《国外理论动态》2011 年第 7 期,下册载该刊 2001 年第 8 期(原文发表于《美国社会学杂志》2009 年第 114 卷第 5 期)。

卫兴华:《科学把握生产力与生产关系研究中的唯物史观——兼评"生产关系决定生产力论"和"唯生产力标准论"》,《清华政治经济学报》2014 年第 2 卷。

[美]卡尔·沃尔特、弗雷泽·豪伊著,祝捷、刘骏译,王海审校:《红色资本:中国的非凡崛起与脆弱的金融基础》,东方出版中心,2013 年。

吴恩远：《近年来学界关于列宁的几个争议问题》，《俄罗斯中亚东欧研究》2010 年第 5 期。

吴恩远：《苏联改革与中国改革缘何结果迥异》，人民论坛，2016 年 9 月 30 日，http://www.rmlt.com.cn/2016/0930/441349.shtml。

吴恩远：《对"苏联解体教训"一些流行观点的反思》，《马克思主义研究》2005 年第 3 期。

吴恩远，《苏联解体的历史反思》，《中国社会科学报》2014 年 11 月 19 日。

向祖文、张锦冬：《论戈尔巴乔夫的经济"新思维"》，《俄罗斯学刊》2012 年第 4 期。

[俄] 谢尔盖·谢曼诺夫：《勃列日涅夫十八年》，东方出版社，2010 年。

邢广程：《苏联高层决策 70 年》，世界知识出版社，1998 年。

邢广程：《苏联高层决策研究》，中华书局，2009 年。

徐颂陶、刘嘉林：《中国工资制度改革》，中国财政经济出版社，1989 年。

徐天新：《关于农业集体化》，载陆南泉、黄宗良、郑异凡、马龙闪、左凤荣主编：《苏联真相——对 101 个重要问题的思考》，新华出版社，2010 年。

徐天新：《民主集中制的破坏与苏共的瓦解》，《当代世界社会主义问题》2003 年第 3 期。

许新、陈联璧、潘德礼、姜毅：《超级大国的崩溃——苏联解体原因探析》，社会科学文献出版社，2001 年。

[俄] 亚·尼·雅科夫列夫著，徐葵、张达楠、王器译：《一杯苦酒——俄罗斯的布尔什维主义和改革运动（修订版）》，社会科学文献出版社，2016 年。

[俄] 亚库宁著，徐向梅译：《俄罗斯与西方：理解危机还是制度化对抗》，《国外理论动态》2017 年第 1 期。

［美］默里·雅诺维奇、［美］韦斯利·费希尔编，蔡仲立译：《苏联社会阶层的形成与变动》，上海人民出版社，1976 年。

阳和平：《就先锋队理论百年的回首与黄纪苏老师磋商》，2018 年 1 月 23 日，激流网，http://www.wyzxwk.com/Article/sichao/2018/01/386905.html。

杨奎松：《从供给制到职务等级工资制——新中国建立前后党政人员收入分配制度的演变》，《历史研究》2007 年第 4 期。

姚元军：《巴黎公社与列宁社会主义政权观的形成》，《马克思列宁主义研究》2017 年第 8 期。

张捷：《试析戈尔巴乔夫的"人道的民主的社会主义"》，《高校理论战线》2008 年第 8 期。

张捷：《从赫鲁晓夫到普京》，社会科学文献出版社，2010 年。

张树华：《过渡时期的俄罗斯社会》，新华出版社，2001 年。

张树华：《苏联解体与戈尔巴乔夫"人道的、民主的社会主义"》，《中国社会科学院院报》2007 年 4 月 5 日。

张树华：《英国前首相撒切尔夫人谈瓦解苏联》，《红旗文稿》2010 年第 11 期。

张树华：《俄罗斯经济私有化的后果及教训》，《红旗文稿》2012 年第 20 期。

张树华、单超：《俄罗斯的私有化》，社会科学文献出版社，2013 年。

张薇：《建国后工资制度的建立及其沿革》，《贵阳文史》2008 年第 5 期。

张有军：《巴黎公社的"公仆"原则与列宁的实践》，《聊城师范学院学报（哲学社会科学版）》2002 年第 2 期。

中共中央党史研究室：《中国共产党历史（1949—1978）》第二卷（上、下），中共党史出版社，2011 年。

周尚文等：《苏共执政模式研究》，上海世纪出版集团，2010 年。

周新城、张旭：《苏联演变的原因与教训——一颗灿烂红星的陨落》，社会科学文献出版社，2008 年。

周新成：《俄罗斯的全面私有化之痛》，2011 年 06 月 03 日《国企杂志》，http://www.sina.com.cn。

周新城：《苏联演变过程中的意识形态与知识分子》，《中华魂》2012 年第 15 期。

朱鸿召：《延安：日常生活中的历史》，广西师范大学出版社，2007 年。

朱庭光主编：《外国历史名人传》（现代部分·上册），中国社会科学出版社、重庆出版社，1984 年。

［美］弗拉季斯拉夫·祖博克著，李晓江译：《失败的帝国：从斯大林到戈尔巴乔夫》，社会科学文献出版社，2014 年。

左凤荣：《冷战与斯大林有何关系?》，载陆南泉等编《苏联真相：对101 个重要问题的思考》（上），新华出版社，2010 年。

Allen, Robert C., *Farm to Factory: A Reinterpretation of the Soviet Industrial Revolution*, Princeton and Oxford: Princeton University Press, 2003.

Allen, Robert C., *Global Economic Hstory: A Very Short Introduction*, New York: Oxford University Press, 2011.

Allen, Robert, "A Reassessment of the Soviet Industrial Revolution," *Comparative Economic Studies*, 2005, 47(2), 315-332.

Aron, Leon, "Everything You Think You Know About the Collapse of the Soviet Union Is Wrong," *Foreign Policy*, No. 187 (July/August 2011), pp. 64-70.

Aslund , Anders Aslund, *Russia's Capitalist Revolution: Why Market Reform Succeeded and Democracy Failed*, Cambridge: Cambridge University Press, 2008.

Brzezinski, Zbigniew, "Soviet Politics: From the Future to the Past?" in Paul Cocks, Robert Daniels and Whittier Heer eds, *The Dynamics of Soviet*

Politics, Cambridge: Harvard University Press, 1976.

Clarke, Simon, *The Developmnent of Capitalism in Russia,* London: Routledge, 2006.

Clarke, Simon and Ashwin, Sarah, *Russian Trade Unions and Industrial Relations in Transition*, London: Palgrave Macmillan, 2003.

Clarke, Simon, *Globalization and the Development of Capitalism in Russia,* London: Routledge, 2007.

Clarke, Simon, *Making Ends Meet in Contemporaty Russia,* Tallinn: Edward Elgar, 2002.

Clarke, Simon, "Privatization and the Development of Capitalism in Russia," *New Left Reviewer*, Iss. 196, Novl, 1992:3.

Denisova, I et al, Denisova Irina, Eller Markus, Frye Timothy, and Zhuravskaya Ekaterina: "Everyone Hates Privatization, but Why? Survey Evidence from 28 Post-Communist Countries," May 2010, Center for Economic and Financial Research at New Economic School, Working Paper No 143, CEFIR/ NES Working Paper series.

Easterly W. and Fisher S., "The Soviet Economic Decline," *The World Bank Economic Review*, Vol. 9, No.3, 1995, pp.342-371.

Fukuyama, Francis, "The Future of History—Can Liberal Democracy Survive the Decline of the Middle Class?" *Foreign Affairs*, January/February 2012.

Gerber, Theodore P., "Educational Stratification in Russia during the Soviet Period," *American Journal of Sociology*, Vol.101, No.3 November 1995.

Grigoriev, Leonid (Tanslated by Siriol Hugh-Jones), "Elites: The Choice for Modernization," in Piotr Dutkiewicz and Dmitri Trenin eds. 2011, *Russia The Challenges of Transformation*, NY: New York University Press, pp. 191-224.

Hollander, Paul (ed), *American and Soviet Society: A Reader in*

Comparative Sociology and Perception; David K. Shipler, Russia: Broken Idols, Solemn Dreams.

Huang, Yasheng, *Capitalism with Chinese Characteristics: Entrepreneurship and the State*, Cambridge: Cambridge University Press, 2008.

Kotkin, Stephen, *Armageddon Averted: The Soviet Collapse 1970-2000*, NY: Oxford University Press, 2001.

Kryshtanovskaya, O., "Transformatsiya buznes-elity Rossii: 1998-2002," [The transformation of Russia' business eliteP 1998-2002] Sotsiologicheskie Issledonaniya 8, 2002, pp.17-29; and O. Kryshtanovskaya, "Anatomiya rossijskoj elity," [An anatomy of the Russian elite] Moscow: Zakharov, 2005.

Maddison, Angus, "World Population, GDP and Per Capita GDP,1—2008 AD, 2010," http://www.ggdc.net/maddison.

Popov, Vladimir and Chowdhury Anis, "What Uzbekistan tells us about industrial policy that we did not know?" MPRA paper 67013, Oct. 2015.

Popov, V., "Life Cycle of the Centrally Planned Economy: Why Soviet Growth Rates Peaked in the 1950s," Paper presented at American Economic Association Annual Meeting in Boston, January 2006. CEFIR and NES working paper # 152. November 2010.

Shmelev Nikolai and Popov Vladimir, *The Turning Point—Revitalizing the Soviet Economy*, New York: Doubleday, 1989.